NARRATORI MODERNI

MICHELA TILLI

OGNI GIORNO COME FOSSI BAMBINA

Garzanti

Prima edizione: gennaio 2015

Per essere informato sulle novità del Gruppo editoriale Mauri Spagnol visita:
www.illibraio.it

Pubblicato in accordo con Thèsis Contents S.r.l., Firenze-Milano

ISBN 978-88-11-68783-2

Printed in Italy

www.garzantilibri.it

OGNI GIORNO COME FOSSI BAMBINA

All'anima fu dato il risveglio:
ed ecco di nuovo tu apparisti,
come una fuggitiva visione,
come il genio della pura bellezza.

E il cuore batte nell'ebbrezza,
e per il cuore sono risorti di nuovo
e il dio, e l'ispirazione,
e la vita e le lacrime e l'amore.

Puškin, *A K.*

PROLOGO

Mi chiamo Arianna e a volte perdo il filo dei miei pensieri e della mia vita. Ma poi lo ritrovo.

Argentina me lo diceva sempre, e rideva. Se non aveva la dentiera, e non l'aveva quasi mai, metteva una mano davanti alla bocca, perché era abituata a essere bella, e allora la vedevi ridere con gli occhi, che avevano mantenuto una sfumatura grigia che era un incanto. Spuntavano dalla mano ossuta e luccicavano come brillanti, facendoti pensare che sì, doveva essere stata bella davvero.

Sei brava a raccontare le storie, mi diceva, fai dei giri, di qua, di là, e mimava i miei giri con le mani chiazzate di scuro, attraversate da vene viola tese tra le ossa e la pelle, con le unghie come artigli, che infliggevano graffi profondi alla carne quando si grattava. Fai dei giri, diceva, però alla fine ritorni sempre a casa. Le piaceva quest'idea del tornare a casa. Come fosse un altro modo per dire: trovare il senso delle cose, chiudere il cerchio, toccare la verità. Raccontamene un'altra, ti prego.

No, adesso tocca a te, le rispondevo io, appoggiando il mento su una mano.

Volevo sentire ancora della banda di Grassano caduta nel burrone, dei monachicchi e delle streghe con le loro pozioni, ma soprattutto volevo sapere di Rocco, l'uomo dal bello sguardo di cui si era perdutamente innamorata. Argentina sospirava adagiata sulla poltrona, così leggera che sembrava sfiorarla appena, e faceva finta di essere delusa, sospirava ancora, ma lentamente cominciava a cedere. Alla fine metteva su un'espressione furba e iniziava a raccontare.

Le storie hanno uno strano rapporto con la vita, sembra

che si rincorrano, a volte una chiama l'altra, altre volte sembra che la vita e la storia che la racconta si escludano a vicenda. Capita che una storia nasca proprio dove la vita finisce, ma se c'è una cosa che Argentina mi ha insegnato, è che dove ci sono storie la vita rinasce sempre, trova la sua strada, a patto che ci sia qualcuno che le ascolti. È lì, diceva Argentina, nel mezzo, tra gli occhi e ciò che guardano, tra le orecchie e ciò che odono, tra le mani e ciò che toccano, che si annida la bellezza.

Adesso so che è arrivato il mio turno. Due giorni fa ho ricevuto la telefonata che temevo. Ero a Roma. Da più di un anno, ormai, condivido una piccola casa con tre amiche e ho trovato lavoro in una pizzeria, quattro sere alla settimana. Non è granché, ma posso permettermi l'affitto della stanza e ho molto tempo libero per leggere e scrivere. Faccio un'altra vita e sono dimagrita parecchio. Argentina sarebbe orgogliosa di me, soprattutto perché non mi peso e non me ne importa. I miei genitori, invece, sono perplessi e le rare volte che torno a Milano mi osservano preoccupati: non capiscono perché sono andata fino a Roma se devo fare la cameriera. Io alzo le spalle e non dico che forse volevo allontanarmi da loro, non lo dico perché farebbe male a tutti ed è vero solo in parte. La verità è che mi mancano e solo adesso, da lontano, riesco a comprendere il senso di molte cose. Ma sto divagando, come sempre.

Quando il telefono ha squillato, due giorni fa, stavo lavando i piatti; avevamo pranzato insieme, io e Roberta, come facciamo di solito al lunedì. Roberta studia giurisprudenza, ha vent'anni, uno più di me, e viene da Recanati. L'anno scorso abitava con altri studenti, poi hanno litigato e si è trasferita da noi. È l'ultima arrivata ma abbiamo legato subito, forse perché le nostre coinquiline, Francesca e Loredana, sono più grandi e lavorano insieme in un grosso studio di architettura.

Ha risposto lei, al telefono, e mi ha chiamato.

«È per te», mi ha detto porgendomi il cordless.

Con i guanti nell'acqua insaponata le ho lanciato un'occhiata interrogativa.

«È il tuo amico di Grassano», mi ha detto.
«Lui?» ho chiesto incredula.
Lei non lo conosce, ma gliene ho parlato tanto. Da due anni ci scriviamo, molte e-mail, qualche cartolina. Soprattutto lui, le cartoline. A me non piace scrivere a mano, lo trovo faticoso, e con la mia scrittura tonda e grossa da bambina occupo subito tutto lo spazio che ho a disposizione. Le cartoline mi ricordano le vacanze al mare con i miei genitori, quando la sera, al tavolo della vecchia pensione che ci ospitava ogni anno, mia madre tirava fuori dalla borsa la bustina bianca del tabacchino e con l'aria di proporci un'attività alternativa e divertente obbligava me e mio fratello a scrivere ai parenti, con tanto di baci e abbracci. Ma al telefono non ci sentiamo mai: non piace a nessuno dei due quella finta presenza, l'imbarazzo dei silenzi senza la possibilità di osservare un paesaggio comune o scambiarsi uno sguardo. Così, quando Roberta mi ha detto che era lui, ho capito subito che qualcosa non andava.
Ho sfilato i guanti di gomma in un baleno e ho afferrato l'apparecchio. Non è stato necessario che mi dicesse molto.
«Parto subito», gli ho assicurato.
Ho trattenuto le lacrime finché non ci siamo salutati.
Poi sono scoppiata a piangere, mi sono lasciata andare, davanti a Roberta che mi guardava sbigottita.
«È morta Argentina. Il funerale è dopodomani», le ho spiegato, tirando su col naso.
Mi ha abbracciata.
«Mi presti la macchina per due o tre giorni?»
«Certo», mi ha detto. «Parti già domani mattina?»
«Adesso.»
«Ma sei sicura? Da sola, in macchina? Mi sembri un po' sconvolta, adesso.»
«Devo andare, voglio arrivare il prima possibile. C'è bisogno del mio aiuto per fare una cosa, una cosa che le avevamo promesso.»
«Vuoi che ti accompagni?»
«No, ti ringrazio. Va tutto bene.»

Mi sono precipitata, il tempo di fare due telefonate e buttare qualcosa in un borsone.

Mi piace guidare, mi piace l'isolamento che si crea dentro alla macchina. Ho guidato piano, all'inizio un po' tesa, finché non sono uscita dal traffico di Roma. Poi è andata meglio e qualche ora dopo, superata Salerno, mi sono rilassata. Quando mi sono immersa nella terra di Argentina, mentre viaggiavo verso Potenza, ho iniziato a osservare ogni dettaglio con attenzione e mi venivano in mente i suoi racconti e la sua faccia la prima volta che siamo arrivate insieme. «Sembra di essere sulla Luna», mi aveva detto, commossa, guardando la valle dal finestrino dell'auto che da Potenza ci portava a Grassano. Dopo Potenza mi sono fermata due o tre volte, in mezzo al nulla. Ho accostato, anche se non ce n'era bisogno. La mia era l'unica macchina sul costone, in lontananza si intravedevano alcuni paesi sospesi come relitti di un naufragio. Il buio stava calando rapidamente. Sono cambiata molto dall'ultima volta che sono stata qui e non so cosa mi aspetta.

Durante una delle soste, ho telefonato a mia madre. Mentre parlavo ho dovuto mandare indietro le lacrime. Aveva già saputo della morte di Argentina, che è – che era – la mamma di Monica, il suo capo. Quella mattina Monica non si era presentata in ufficio e la segretaria le aveva prenotato un volo per Bari. Mi ha detto che avrebbe firmato anche a mio nome il telegramma di condoglianze che stava per spedire. L'ho ringraziata e le ho spiegato che anch'io mi ero messa in viaggio e stavo andando proprio là, al paese.

«Vai al funerale?» mi ha chiesto, stupita.

«Sì.»

«Ma sarà tra due giorni», mi ha detto dopo averci pensato un po'.

«Lo so.»

È seguito un lungo silenzio, uno di quelli in cui sento scorrere la distanza tra le nostre vite, che si fa sempre più difficile da colmare. Ho sempre pensato che fosse colpa sua, della sua incapacità di capirmi, mentre ora mi rendo conto che avrei potuto parlarle di tante cose e mi mancava una ragione per farlo. Mi sembra di sentire la voce di Argentina che mi dice: sei brava, fai dei giri, salti di palo in frasca, ma poi torni sempre a casa. Guardo questo paesaggio lunare e non so se è tristezza il sentimento che mi prende: mi sembra che qualcosa stia iniziando proprio adesso. C'è una nuova storia da raccontare.

PRIMA PARTE
LE LETTERE

1.

Sprofondata nella vecchia poltrona, che tuttavia non era vecchia quanto lei, Argentina osservava la donna attraversare il salotto a passetti nervosi, in cima ai tacchi neri e sottili come stiletti. Ticchete e tacchete faceva sul pavimento, avanti e indietro, ticchete e tacchete. Di tanto in tanto si arrestava e gettava un'occhiata all'aggeggio che teneva in mano, un telefono, una specie di telecomando, e da come lo guardava, con bramosia e affanno, si poteva supporre che s'aspettasse di veder spuntare da lì la soluzione a ogni problema. Ma la soluzione non arrivava e la donna scuoteva la testa, muovendo in blocco la pettinatura gialla come una compatta balla di fieno. E ricominciava. Ticchete e tacchete, avanti e indietro, ticchete e tacchete.

Quella è mia figlia, pensò Argentina al colmo dello stupore.

Se il mondo poteva ancora sorprenderla non era certo per le novità che aveva da offrire. Era piuttosto segno che stava dimenticando tutto e lentamente avrebbe preso congedo dalla vita. Capitava sempre più spesso che osservazioni banali la facessero trasalire, come se fosse appena giunta da un paese lontano o si fosse da poco svegliata da un lunghissimo sonno e avesse bisogno di tempo per tarare nuovamente i sensi, prendere le misure al mondo, ristabilire le relazioni tra le cose e i loro nomi. Ma di tempo ne restava poco, prezioso e inestimabile, e il pensiero che c'era stata un'epoca in cui ne aveva posseduto tanto da poterlo buttare la lasciava attonita. Ripercorreva ogni strada conosciuta, indicata dalle rughe sui volti amati, riecheggiata nelle antiche voci, pur di moltiplicare ogni istante che ancora si fosse inchinato alla sua vita per i milioni di istanti perduti sul sentiero alle sue spalle. Vagava con la mente nei meandri della memoria, nei posti che le erano tanto familiari perché le si erano appiccicati addosso quando le sue carni erano cresciute avvinghiate a quei sapori, a quegli odori – il dolce della vendemmia, l'amaro delle olive – e a quelle voci, sua nonna nera come un corvo che le afferrava il mento con le mani sporche ed esclamava: *Bona giuvuntut' e mala vicchiai.*

Mentre sua figlia va avanti e indietro, ticchete e tacchete, Argentina non sa più dove si trova, né quanti anni ha. Pensare a nonna Maria la confonde, perché nonna Maria è sempre stata vecchia e Argentina ricorda ancora lo smarrimento che ha provato da bambina quando ha scoperto che l'altra nonna, quel fagotto scuro seduto in cucina accanto alla stufa che tutti chiamavano Cetta, ne era la madre, era la bisnonna. Ricorda il suo funerale, la sedia di vimini vuota al focolare, la lunga processione che marciava dalla chiesa madre al cimitero, con le donne che urlavano e si strappavano i capelli, ma forse si sbaglia, era un altro funerale, uno dei tanti che le è capitato di vedere finché non è venuta via dal paese.

Qui, nella grande città di Milano, tutto è diverso: i funerali non sembrano nemmeno funerali, non sono che messe come le altre, e Argentina da molti anni ha smesso di andarci, anche quando sono morti dei vicini, dei conoscenti, e ormai alla sua età sono tanti quelli che ha visto andar via. Non ha più voglia di provare pietà, non ha più voglia di pensarci, e anzi le fanno rabbia quelli che muoiono e ci tengono a farglielo sapere, attraverso i parenti afflitti, i manifesti funebri con l'età ben evidenziata, spesso così incongruamente inferiore alla sua, come se la cosa dovesse già interessare anche lei, che ha invece tanta strada da percorrere ancora, a ritroso, per tornare a casa. E le sembra strano aver tanta memoria, essere così vecchia, perché a volte si sente ancora quella bambina d'allora che vede le cose fisse nella loro immobilità, come sono sempre state.

Persa nei suoi pensieri, se ne tornava al presente richiamata da un rumore, dal tocco di una mano sulla spalla, da un dolore penetrante nelle ossa, e dopo lo smarrimento iniziale lo sguardo si rifaceva chiaro e Argentina ricordava tutto, solo qualche lacuna qua e là. Ma che fatica, ogni volta, e che paura, se pensava che non sarebbe rimasta lucida per sempre, perché il momento che stava vivendo era l'ultimo dono, uno stato di grazia che non sarebbe durato a lungo. Prima o poi, di ritorno dai suoi ricordi, non avrebbe capito che cosa le stava accadendo intorno e tutti l'avrebbero creduta pazza. Sua figlia, con ogni probabilità, già lo pensava. Un giorno o l'altro il passato e il presente si sarebbero separati per sempre perdendo il proprio significato e lei sarebbe stata esiliata da ciascuno dei due mondi, incapace di tenerli insieme. Non sarebbero servite più a niente nemmeno le amate lettere che arrivavano dal paese, alle quali rispondeva con la trepidazione di un'adolescente. Sarebbero finite in altre mani e il loro segreto sarebbe stato svelato nell'istante stesso in cui era destinato a morire.

Le lettere di Rocco!

Al pensiero delle lettere Argentina fu presa dall'agitazione.

«E adesso come facciamo? Me lo spieghi come facciamo?»

Argentina mosse le dita, toccò il bracciolo della poltrona: era a casa, in salotto. E quella era la voce di sua figlia, sentiva di nuovo il rumore dei tacchi sul pavimento di marmo.

Ora Monica stava elencando le disgrazie che a quanto pareva lei aveva causato litigando con Irina, la badante ucraina.

Non era esatto, però, dire che avevano litigato. Si era trattato di un'incomprensione, l'ennesima incomprensione, perché il problema con Irina era proprio questo, l'impossibilità di capirsi, e non tanto per la diversità della lingua, ma piuttosto per una distanza tra i loro mondi che trasformava le piccole sfumature in ostacoli insormontabili. La merda, per esempio: era stata la parola merda a scatenare la rabbia di Irina, chissà poi perché. Lei l'aveva detto così, tanto per dire, era stata una nota di realismo, senza alcuna cattiveria. Che peccato. Le era dispiaciuto che Irina se ne fosse andata: non era molto simpatica, ma almeno era discreta e non la trattava come un'incapace. In fondo, era ancora in grado di fare tutto da sola, non era una palla al piede come certe vecchie di sua conoscenza. Aveva solo bisogno di un po' di compagnia durante il giorno e di qualcuno che le portasse i pesi e l'aiutasse a cucinare. Le era sembrato che nel tempo si fossero abituate l'una all'altra, senza darsi fastidio. E invece tutto d'un tratto era venuto fuori che Irina la sopportava, a malapena la tollerava, ed era bastata quella sua constatazione sulla merda per farla imbufalire e andar via sbattendo la porta.

«Sei più capricciosa di una bambina», stava dicendo Monica in quel momento.

Aveva bisogno di Irina, se ne rendeva conto, e glie l'avrebbe detto se solo le avessero dato la possibilità di farlo. Chi le sarebbe stato accanto quando il presente avesse cominciato a vacillare? E le lettere! Che fine avrebbero fatto?

Ora le lettere diventavano una questione seria. Argentina non voleva che Monica ficcasse il naso nei suoi affari e di sicuro l'avrebbe fatto. E che scandalo ne sarebbe venuto fuori! A volte si stupiva lei stessa di ciò che era capace di scrivere e forse conservava le brutte copie delle sue lettere proprio per ricordarsi che era tutto vero e in quel corpo avvizzito batteva ancora il cuore di una volta. E Monica sarebbe stata capace di aprire una busta indirizzata a lei senza dirle niente, come riusciva a parlare di lei in sua presenza facendo finta che non esistesse, ed entrava in casa sua senza suonare, senza bussare, a volte senza nemmeno dare una voce, e lei se la ritrovava davanti all'improvviso. E certe volte provava rabbia, una rabbia che non riusciva a dire, e che era troppo spessa per il canale stretto del suo stomaco, non più adatto a contenere le emozioni forti, per la sua pelle secca che non riusciva più ad arrossire, sebbene lei la sentisse bruciare, e tutto quello che poteva fare era tossire, tossire fino a star male.

«Allora? Dove te la trovo un'altra che ti sopporti? Mammina, ti rendi conto di cosa mi combini?» chiese ancora Monica prima di ripartire nella sua passeggiata avanti e indietro: ticchete e tacchete, ticchete e tacchete.

Argentina non rispose, e d'altra parte non si trattava di una vera domanda. Distolse lo sguardo, che le cadde sulla mano scheletrica, poggiata sul bracciolo e tenuta insieme dal fascio di vene blu. Era talmente curva e adunca che toccava il cuoio della poltrona solo in due punti. Fece fatica a riconoscerla come la propria mano. E quando stabilì per certo che era sua si sorprese di non sentire nulla sotto ai polpastrelli.

Ricordava il giorno in cui la poltrona, sulla quale fluttuava come una piuma senza aderire all'impronta lasciata dalla buon'anima di suo marito, era arrivata a casa. Avevano litigato, perché lei la trovava brutta, stonata rispetto al resto dell'arredamento, ma Antonio l'aveva spuntata e lei, livida di rabbia, li aveva osservati dalla tromba delle scale, lui e suo fratello Ezio, salire lentamente, portarla in cima.

Erano giovani allora. Li guardava, zitta zitta, dal quarto piano, arrabbiata per quella brutta poltrona che lei non voleva. Chissà che fine aveva fatto Ezio, se era ancora vivo, o era mancato come Antonio. Anche con lui aveva rotto ogni rapporto, quel testardo di suo marito.

Uno, suo marito Antonio, era magro, bianco in faccia, incavato dentro alla camicia; non era a suo agio nello sforzo, mentre portavano su la poltrona, si vedeva che faceva fatica prima di tutto con il cuore, e il suo sudore era fatto di goccioline pavide che imperlavano la fronte alta. L'altro, il fratello, era scuro come un cavallo, nudo dalla cinta in su, il braccio gonfio di muscoli mentre reggeva la poltrona con una mano sola e con l'altra si detergeva il sudore. Sembrava nato da un'altra carne, e in parte forse lo era, perché era arrivato che suo padre era già in America.

Argentina ricorda la sensazione che l'aveva colta, come la provasse ora, lei lassù al quarto piano, la vista sghemba tagliata dalla tromba delle scale, lei che spiava quei corpi e si tirava indietro quasi avesse fatto una cosa proibita, lei che pensava a Rocco, al corpo che non aveva mai sfiorato, all'amore a cui aveva rinunciato sposandosi. Al terzo piano Ezio aveva cacciato un urlo, oh!, poi un altro, oh! La poltrona non passava alla svolta dell'ultimo pianerottolo, a causa di una pianta, un grosso vaso di ficus che la signora Borgonovo si ostinava a tenere fuori dalla porta, come se non le piacesse veder finire la proprietà sulla soglia. Bisognava spostarlo ed Ezio l'aveva fatto con una mano sola, la grossa mano larga come un badile, mentre suo marito continuava ad agitarsi come una zanzara posatasi per caso sulla poltrona. Speriamo che il vaso non si rompa, aveva pregato lei. Tutto il palazzo li aveva sentiti, ma si sarebbero lamentati dopo, inutilmente e solo con lei, senza fare troppa scena ma sottolineando il fastidio, la differenza tra gli uni e gli altri, nelle maniere, nello stile di vita, nell'educazione, come usava lì.

«Tu hai combinato questo pasticcio e tu ora mi rispondi. Allora, me lo sai dire come facciamo? Dirigo un'azienda con trenta dipendenti e nessuno, dico nessuno, mi dà problemi quanto te!»

Argentina si riscosse e dovette sbattere gli occhi più volte per vedere di nuovo la stanza in cui si trovava.

Il mento le era crollato sul petto, con la mano toccò un filo di bava che le era colato dalla bocca molle e le dava una sensazione di freddo sotto il labbro. Provò a raddrizzare il collo e a voltarsi un pochino nella direzione dalla quale arrivava la voce stridula, ma una fitta lungo la schiena la fece desistere. Il rumore dei tacchi la colpì come una mitragliata. Ecco, era Monica, sua figlia, che aveva parlato e che adesso aveva ripreso ad andare avanti e indietro. Era stata una bambina, una volta, una bambina tranquilla e gentile. Ma doveva essere stato in un'altra vita, in una delle tante che adesso chiedevano udienza, si sovrapponevano e tornavano a farle compagnia. Ticchete e tacchete. Ticchete e tacchete, faceva ora.

Presto la signora Borgonovo si sarebbe presentata alla porta per lamentarsi del rumore dei tacchi, non appena Monica se ne fosse andata. Prima non avrebbe osato, perché rifuggiva sua figlia come la peste, da quando avevano litigato per via della spazzatura. Quella volta persino Argentina era stata costretta a prendere le parti della vicina, perché Monica l'aveva coperta d'insulti, senza curarsi del fatto che le liti condominiali erano affar suo da cinquant'anni. Poteva immaginarsela, ora, la Borgonovo, appollaiata alla finestra per controllare il marciapiede dove Monica aveva parcheggiato come al solito la sua grossa automobile bianca. Al momento buono si sarebbe precipitata su battendo alla porta come un'indemoniata.

Poteva far finta di niente e non aprire, ma quella si sarebbe lamentata a gran voce, anche dal pianerottolo, le sembrava già di sentirla, con le frasi estratte pari pari dal regolamento condominiale e le solite recriminazioni, che ormai tutti dovevano saperlo che aveva l'emicrania, che la faceva soffrire così tanto, e allora voleva dire che lo facevano apposta a fare tutto quel pandemonio.

Argentina sbuffò, incurante di Monica che continuava a incalzarla con le sue domande.

Poi fu colta da un'idea improvvisa.

E se avesse chiesto proprio alla vicina l'aiuto di cui aveva bisogno? Se si fossero alleate, una volta tanto? Erano vicine da mezzo secolo e l'avevano passato tutto quanto a litigare. Se questa volta, invece di prenderla di petto e cercare di averla vinta, l'avesse invitata a entrare, si fosse scusata per il rumore e le avesse offerto il tè? Forse la vecchiaccia le avrebbe prestato ascolto. Avrebbe capito quanto fosse penoso per lei dipendere da sua figlia, quando rimaneva bloccata a letto e non poteva fare le cose più semplici, come scendere a ritirare le lettere dalla cassetta. Forse si sarebbe offerta spontaneamente di prendere la posta lei stessa, e cosa poteva mai costarle dal momento che lo faceva per sé?

Certo che si sarebbe offerta, la vecchia! Già vedeva l'espressione avida della vicina che si sfregava le mani, i ciuffi radi e scarmigliati che si piegavano alla permanente bionda, sordido imbroglio per nascondere la sua vera natura di strega, se la vedeva mentre passava in rassegna le buste e si segnava su un taccuino nomi e indirizzi prima di consegnarle, per potersene servire alla prima occasione di pettegolezzo. E quel nome d'uomo ricorrente su ogni busta, che gola che le avrebbe fatto! Come avrebbe rosicato nelle ore acide della sua inutile vita. Già le sembrava di sentire le rotelle arrugginite del suo cervello bacato che si mettevano in moto per decifrare i suoi segreti e dare forma a qualche pensiero malvagio. No! Mai! Parlandole delle lettere avrebbe solo suscitato la sua curiosità. Pregarla di non farne parola con Monica, poi, sarebbe stato come porgere l'acqua all'assetato e ingiungergli di non bere. Non poteva fidarsi della Borgonovo. *S'un nasce quadr', na pot' murì tunn'*, avrebbe detto sua nonna.

Quando fosse arrivata come una furia al quarto piano, perché era sicuro come la fame che sarebbe arrivata, lei non avrebbe potuto fare altro che cacciarla via. Invece di perdersi in stupide fantasticherie doveva concentrarsi su una strategia adeguata per respingerla. Ci voleva una buona risposta, qualcosa di brillante, per uscire vincitrice dallo scontro. Come sempre.

«Allora, mammina, me lo vuoi dire come facciamo?» ripeté Monica. «Certo, per un periodo potresti accontentarti della figlia di Silvia, la mia dipendente. Non durerebbe molto, perché è un'incapace, non va più nemmeno a scuola e figurati se può avere a che fare con te, con il tuo caratterino!» Monica si fermò accanto alla finestra e parve riflettere, muovendo rapidamente il pollice sul telefono.

«Ne parlavamo proprio ieri», continuò, pensierosa. «Non mi convince molto, tuttavia, nell'emergenza...» Scosse la testa. «Sarebbe anche una buona azione, da parte nostra. Pensa che è solo una ragazzina ed è già obesa. Sua madre è disperata: non sa più a che santo votarsi... D'altra parte fanno i figli a vent'anni e poi pretendono che gli vengano bene.» Si voltò a guardare sua madre: «Ma mi ascolti? O sei sorda come una campana?».

Argentina la guardò stupita.

Ecco, pensò. A volte le soluzioni ti piovono inaspettate dal cielo.

Ecco che cosa avrebbe risposto alla Borgonovo non appena si fosse presentata per protestare. L'avrebbe lasciata parlare. E poi le avrebbe urlato, dopo aver spalancato la porta in modo che tutti potessero sentire: ma come fa a darle fastidio il rumore dei tacchi, se è sorda come una campana!

«Che cos'hai da ridere?» la rimproverò sua figlia.

«Non sto ridendo. Mi tirano le gengive», rispose Argentina.

Monica sbuffò e chiuse gli occhi, una mano che artigliava il telefono, l'altra stretta a pugno alla radice del naso.

«A proposito», chiese, restando immobile in quella posa, «che fine ha fatto la tua dentiera? Irina mi ha detto che ti ha dovuto frullare la zuppa perché non hai più la dentiera.»

«Ce l'ho, ma mi dava fastidio.»

«E dov'è?»

«Dov'è! Dov'è!»

«Allora?»

«Mica devo dirti tutto, a te.»

«Potevi dirlo a Irina. Ti ha pregato, ti ha scongiurato... e alla fine è arrivata pure a frullarti la zuppa!»

«Io non mangio le zuppe turche.»

«Non era turca, era ucraina! Ed era un piatto tipico del suo paese, fatto apposta per te. Un piatto buonissimo!»

Argentina puntò lo sguardo ostinato da un'altra parte e Monica sbottò: «Potevi almeno evitare di dirle che sembrava merda!».

Al ricordo Argentina sorrise di nuovo, e mise la mano davanti alla bocca per coprire il ghigno vuoto.

«Quello sembrava», ribatté soave.

2.

Sarebbe bastato non farsi trovare in pigiama alle cinque del pomeriggio per passarla liscia o, almeno, non essere sorpresa davanti al frigorifero aperto, in una mano un panino imbottito di tonno, nell'altra la bottiglia del ketchup, e sulla faccia un'aria colpevole. Sarebbe bastato non essere grassa e goffa, Arianna ne era sicura, con il pigiama troppo piccolo che le saliva sulla pancia, mostrava due rotoli di ciccia e le stringeva le cosce e il culo, la stoffa slabbrata di quell'orrendo colore rosa.

Perché il punto era esattamente quello, lei lo sapeva, e non i brutti voti a scuola, le bocciature, il tempo passato davanti al computer, la penuria di amici presentabili e l'assenza di aspirazioni per il futuro, ma solo ed esclusivamente quello: la ciccia.

Ora sua madre era in piedi sulla soglia, le chiavi ancora in mano, le borse della spesa gocciolanti di pioggia e la bocca tesa di rimprovero misto a vergogna, mentre Arianna riusciva solo a pensare che non l'aveva scelto lei quel pigiama, gliel'aveva comprato proprio sua madre, e non era giusto che adesso la guardasse così.

«Dobbiamo parlare», disse Silvia, prima di posare le borse e cominciare a tirar fuori con foga pacchetti e scatole per sistemarli nella credenza.

Le prime cose che le capitarono in mano furono due sacchetti di patatine formato famiglia e una bottiglia maxi di Coca-Cola, e li afferrò con rabbia e disprezzo, come se racchiudessero tutto il male del mondo e non fosse stata proprio lei a comprarli pochi minuti prima.

Arianna le lasciò il posto davanti al frigorifero aperto e senza una parola si ritirò in bagno.

Vinse la tentazione di buttare il panino nel gabinetto e lo ingoiò in quattro morsi, dopodiché, disgustata, si lavò la faccia e le mani fino a scorticarle, evitando accuratamente di guardarsi allo specchio.

Avvertiva il peso del pane masticato poco e per qualche istante ebbe l'impressione che, se si fosse infilata un dito nella gola, avrebbe risolto tutti i suoi problemi. Ma mentre lo pensava, stranamente, sapeva anche che non l'avrebbe fatto, come se la sua persona fosse divisa in due, due persone che si guardavano a distanza di tempo e provavano pena l'una per l'altra. Nel frattempo sentiva il pane che continuava a scendere lungo l'esofago, pane duro e stopposo, fino a diventare irraggiungibile persino dal suo enorme desiderio di vomitare. La cosa che più le faceva rabbia, mentre asciugava le mani arrossate e se le premeva sulla bocca, era che il pane di segale, già tagliato a fette, quello che sua madre comprava quando le prendeva la smania improvvisa di mettere tutti a dieta e che aveva appena ingurgitato, le faceva schifo. In bocca ne sentiva ancora il gusto amaro e legnoso.

Mentre andava a chiudersi in camera notò che dalla cucina non giungeva più alcun rumore. Di fronte a lei comparve l'immagine di sua madre seduta al tavolo, con le mani giunte e la testa ritta, la bella schiena magra sotto al maglione che le segnava la figura come il pennello di un pittore ispirato. Ferma, i capelli lunghi e ramati da ragazza sparpagliati a ciocche intorno al viso, gli occhi chiusi, come ogni volta che cercava di controllarsi prima di farle una scenata. Solo questo avrebbe giustificato quel silenzio.

Arianna restò in ascolto, tesa, nella speranza di udire una porta sbattere, una sedia spostata, il gocciolio del rubinetto, un qualsiasi segno di vita. Temeva quei momenti.

Preferiva di gran lunga essere sgridata da suo padre, che alzava la voce e si agitava, ma non perdeva mai la luce nello sguardo, come per rassicurarla che, sebbene fosse arrabbiato, lei non smetteva per questo di essere la sua bambina. Finita la sfuriata, era capace di sorriderle e tutto tornava come prima.

Con la mamma era diverso. Quando la sgridava Arianna sentiva il disprezzo uscirle dalla bocca, glielo leggeva in faccia. Allora, ogni motivo di conflitto diventava inconsistente, ogni ragione ulteriore spariva, si faceva superflua e tutto confluiva in un unico punto, l'unica questione che nessuno aveva mai il coraggio di nominare – la ciccia – e Arianna si ritrovava sola con la sua colpa. Non glielo diceva mai apertamente. «Non hai forza di volontà», le urlava, piuttosto. E Arianna si arrovellava su cosa fosse questa benedetta forza di volontà e dove la si trovasse, e perché mai fosse tanto importante, ma non riusciva a venirne a capo. Spesso la mamma si lamentava di essersi sposata troppo presto, a causa di una gravidanza inopportuna. Ma, pensava Arianna, a rigor di logica avrebbe dovuto prendersela con suo fratello Massimo, che era arrivato per primo a rovinare la loro giovinezza. Per quanto ne sapeva, lei era stata desiderata a lungo, ed era nata quattro anni dopo, proprio una femminuccia come mamma aveva sperato. Forse non proprio come mamma aveva sperato, a dire la verità: un po' più grassa della principessa che Silvia s'era immaginata, e nella quale aveva riposto le sue speranze di riscatto; una figlia grassa e totalmente sprovvista della forza di volontà necessaria per aver successo nella vita. «Guarda Massimo, come riesce bene! Guarda Massimo, come è in forma! E tu che sei una femmina, e dovresti tenerci, invece...» A lei non sembrava che Massimo brillasse d'intelligenza. Certo, se la cavava. E, quanto alla forma, non le pareva sensato passare tutte quelle ore in palestra per avere un po' di muscoli da mostrare. Ma forse sua madre aveva un'opinione così bassa dei maschi che a Massimo era concesso un livello di perfezione molto più facile da raggiungere. Forse, fosse stata un maschio anche lei...

Il computer, sempre acceso, emise un segnale acustico. C'era un messaggio di Jewel, che le raccontava entusiasta di aver visto un film al cineforum nel pomeriggio; a quanto pareva a Roma splendeva il sole, la primavera sembrava arrivata in anticipo di due mesi e lei sprizzava di gioia. Immediatamente Arianna rispose che sua madre le aveva appena comunicato che dovevano parlare – «dob-bia-mo-par-la-re», scrisse per rendere l'idea – e aggiunse che dalla sua finestra vedeva i soliti giardinetti tristi e bagnati avvolti dalla nebbia: Milano a gennaio era uno schifo, e ad agosto sarebbe stato ancora peggio. Concluse firmando con il suo nickname, AriaLove, il nome con cui la conoscevano i suoi amici della rete. Poi aprì rapidamente un nuovo file di testo e vi segnò due appunti per i prossimi brani da pubblicare sul blog. Doveva assolutamente scrivere un pezzo su *Una casa alla fine del mondo* di Michael Cunningham, che aveva appena finito di leggere, e qualcosa sul suo stato d'animo: «Quando i genitori ti devono parlare – Milano è una prigione», scrisse. Ne avevano discusso più volte, lei e la sua amica. Jewel a Milano c'era stata e l'aveva trovata bellissima. Ma era arrivata in centro, sotto Natale, aveva visto le vie luminose dei negozi, il duomo e il castello, mica il suo quartiere.

In fretta e furia si tolse il pigiama, scavalcò il groviglio di cavi e la stampante e, restando in bilico su un piede solo per non abbattere una pila di libri che non aveva trovato posto sullo scaffale, frugò nell'armadio in cerca di una tuta. I capi che le entravano, ormai, si contavano sulle dita di una mano. Doveva decidersi a comprare qualcosa o in alternativa smettere di allargarsi. E delle due cose non è che ce ne fosse una che sembrava più semplice.

Il computer l'avvisò dell'arrivo di un altro messaggio. Ancora in mutande si precipitò ad aprirlo, volteggiando sicura in mezzo al suo disordine. Era sempre Jewel, la sua migliore amica sebbene non si fossero mai viste. Anzi, forse lo era appunto perché non si erano mai viste.

I suoi genitori non riuscivano proprio a capire, per quanto fossero giovani, per quanto ci provassero.

«Siamo preoccupati per te, lo capisci?» le dicevano. «Sei sempre chiusa qui, non hai amici.»

«Ma io ne ho, di amici.»

«Quelli non contano.»

E invece contavano, eccome se contavano.

Avrebbe voluto spiegargli che cosa significasse scambiare

messaggi alla velocità della luce, essere un solo cervello, lei, Jewel, Seba, Nick96 e gli altri, un solo cervello molto più grande e potente, essere invincibili, fatti d'aria, viaggiare in un flusso avvolgente e in continuo movimento, sentirsi leggeri, amore allo stato puro, ma la sua voce non era in grado di dire quelle cose. Ogni volta che doveva parlare la gola le si chiudeva, e anche la bocca, tanto larga per ingurgitare le cose più schifose, stretta invece per tirare fuori le parole.

Se i suoi genitori avessero voluto vederla, se si fossero degnati di leggere quello che scriveva, se si fossero trovati dall'altra parte della rete, all'estremità del filo che la collegava con il mondo, l'avrebbero finalmente conosciuta.

«Loro ci vedono meglio di voi», era riuscita a borbottare una volta in risposta alla solita ramanzina di sua madre. Poi, quando aveva ripreso fiato e si era trovata davanti le bocche pendenti dei suoi, per un attimo aveva creduto di averli impressionati.

«E la vita vera?» aveva chiesto suo padre. «Cosa avete da condividere nella vita vera?»

«Eh?»

«La vita! Quella che c'è fuori di qui!» aveva urlato lui esasperato ruotando le mani verso le pareti della sua cameretta, mentre sua madre, seduta sul letto, li guardava imbambolata con le punte dei capelli appena tagliati che spiovevano sugli zigomi.

Fuori da lì non c'era niente per lei. C'erano le strade che si scioglievano d'estate, le panchine rotte dei giardinetti, i palazzoni, le macchine, gli sguardi cattivi della gente, i parrucchieri con le loro lozioni odorose, la luce artificiale dei centri commerciali, l'ottimismo delle scale mobili, i McDonald's dal gusto rassicurante, lo scarafaggio che correva veloce, la voglia di vomitare e non riuscirci, non riuscirci mai. Ma non aveva più replicato, perché con la loro mancanza di immaginazione i suoi genitori avevano già tracciato i confini della verità, lasciando fuori tutto quello che per lei era importante e aveva valore.

Dalla cucina le arrivò finalmente il rumore di pentole e piatti che cozzavano: sua madre si era messa a svuotare la lavastoviglie. Per questa volta forse le avrebbe concesso un po' di tregua. Si sdraiò sul letto a fissare il soffitto.

Avrebbe preferito che le dicesse chiaramente quello che pensava del suo aspetto invece di tirare sempre in ballo le aspirazioni e il futuro. E poi che aspirazioni erano mai: essere magre e belle, ricevere i complimenti delle amiche della mamma, fare shopping insieme ed essere scambiate per sorelle, far voltare gli uomini per la strada, che senso poteva avere tutto questo? Lei lo sapeva, cosa pensavano gli altri quando le posavano gli occhi addosso, ma non era lei quella cosa, quell'immagine goffa che di tanto in tanto baluginava come un lampo in uno specchio, in una vetrina. Ciò che desiderava era solo che qualcuno la guardasse negli occhi e la riconoscesse.

3.

Sdraiata sulla schiena, le mani dietro la nuca, Arianna sentì lo scatto della serratura difettosa della porta che si apriva e vide spuntare la mano della madre appoggiata alla maniglia. Aveva le unghie ovali, di un delicato color perla uniforme. Entrò nella stanza, raccolse il piumone ammassato in terra, fece per posarlo ai piedi del letto, poi cambiò idea e lo abbandonò sulla sedia. Andò alla finestra e dopo averle dato le spalle per qualche secondo si appoggiò con indolenza al muro. Sembrava tranquilla.

«Sei stata chiusa qua tutto il giorno e ti sei vestita solo adesso», constatò, con il tono basso e controllato di chi ha rinunciato a urlare. «Chissà da quanto tempo avevi quel pigiama. Non ti lavi, non esci, non vedi nessuno.»

Arianna tornò a guardare il soffitto. Con una mano salì sul cuscino a sfiorarsi i capelli. Non li lavava da una settimana ma non le sembrava facesse molta differenza. Erano fili d'erba grama, molli e dal colore spento, che rifiutavano di prendere una forma qualunque e si afflosciavano quasi volessero nascondersi. Come il resto della sua persona, d'altra parte.

Dopo l'ultima bocciatura Arianna si era rifiutata di tornare a scuola. I suoi genitori avevano accolto la notizia dell'ennesimo fallimento con rassegnazione, si erano limitati a guardarla come fosse un alieno capitato per sbaglio nella loro famiglia e avevano convenuto che insistere su quella strada sarebbe stato del tutto inutile. Arianna, che davanti ai tabelloni dei risultati si era sentita male al pensiero di doverlo dire a casa, era rimasta insieme sollevata e delusa dalla loro indifferenza. Con molta freddezza le avevano comunicato che poteva prendersi una pausa. Un periodo di riflessione, l'avevano chiamato.

L'unica persona che si era davvero arrabbiata con lei era stata la professoressa Serra, l'insegnante di italiano. Le aveva dato un bel nove, ridicolo in mezzo a tutti quei quattro, ginnastica compresa. «Ma è possibile che una ragazza intelligente come te si faccia bocciare così, senza reagire? Possibile che si debba torturarti per scoprire che sai un sacco di cose? Magari non quelle richieste dal programma, tuttavia...» All'inizio anche il rapporto con la Serra non era stato facile. Ma un giorno la professoressa l'aveva sorpresa a leggere un libro di nascosto, strizzata nel banco troppo piccolo, in fondo alla classe, durante una noiosissima lezione di grammatica. Con suo grande dolore glielo aveva sequestrato: era il terzo volume della trilogia marsigliese di Izzo e le mancavano solo venti pagine per arrivare alla fine. Così, nell'intervallo, l'aveva cercata per pregarla di ridarglielo indietro, e l'aveva trovata in sala professori, immersa nella lettura. La professoressa era stata irremovibile, ma il giorno dopo, invece, aveva barattato il libro con i primi due volumi della trilogia. Da allora si erano scambiate titoli e opinioni, e le sue interrogazioni avevano preso una piega insolita, che spesso lasciava interdetti i compagni. Con gli altri professori era diverso. Le sembrava quasi di disturbarli con la sua presenza e andare alla cattedra per farsi interrogare, sentendo le risatine dei ragazzi alle sue spalle, era un inferno. Meglio restarsene al posto a fantasticare, con la testa da qualche altra parte, magari tra le pagine di uno di quei libri che finivano troppo presto, come *Uomini e topi*, che le aveva regalato grandi emozioni durante le lezioni di matematica. Di tutti i compagni, solo Marco, uno sfigato come lei, le aveva detto che gli dispiaceva. E in fondo nemmeno lui aveva saputo nascondere un certo orgoglio per essere stato promosso con qualche debito soltanto, e un po' imbarazzato l'aveva salutata come se le loro strade di ultimi della classe si fossero separate per sempre. Lui ultimo, lei fuori.

«Ti sembra giusto?» chiese Silvia all'improvviso distogliendola dai suoi pensieri.

Sua madre si guardava intorno, stupita che una persona normale potesse aver voglia di passare ogni ora della sua vita in un posto come quello, piccolo, sporco, soffocante. In terra c'erano libri, fogli accartocciati, un piatto e una tazza con del caffè freddo, calzini usati e spaiati, una felpa da mettere all'occorrenza, carte di caramelle e di cracker. Sulla scrivania altri fogli, libri aperti e chiusi, il monitor, la stampante, penne, matite, due sassi, omini di plastica, pezzi di Lego, una scatola di pasticche, fazzoletti usati. Arianna seguiva il suo sguardo, immaginava i suoi pensieri, e la sentiva così distante, perché per lei quella tana significava conforto, calore, legami, senso; ogni oggetto sul quale gli occhi materni si posavano con disprezzo era un tassello della sua vita, forse inutile, brutta, ma sua.

«Dovrei buttare via tutto», disse la madre, quasi rivolta a sé stessa.

Non avrei più niente, pensò Arianna.

«Dovrei farne un bel falò.»

Ci brucerei anch'io, pensò lei.

«Forse ti daresti una mossa, allora.»

Forse così sparirei per sempre, pensò.

«Non hai niente da dire?»

Restarono ferme a lungo. Lo schermo del computer si era annerito.

«È possibile che tu non abbia mai niente da dire?» sbottò sua madre. «Allora? Cosa vogliamo fare?»

Arianna ebbe la sensazione che mentre sua madre lo chiedeva sapesse benissimo che cosa voleva fare. Quello che voleva lei invece non lo sapeva, forse solo che la lasciassero in pace, convinta com'era che la vita sarebbe stata sempre così e sarebbe potuta andare avanti in quel modo per sempre, fino a esaurimento di energia.

«Con papà abbiamo preso una decisione. Credimi se ti dico che non è stato facile.»

L'inizio di questo discorso l'aveva sentito mille volte, ogni volta che aveva preso un brutto voto a scuola, ogni volta che l'avevano bocciata, ogni volta che la sorprendevano a ingozzarsi di gelato e patatine, ogni volta che facevano irruzione in camera sua nel cuore della notte e la trovavano a chattare, ogni volta che scoprivano che aveva speso i soldi per i vestiti o per l'abbonamento della metro per qualcosa che le serviva davvero, come un modem nuovo. E ogni volta alzavano la voce, le dicevano che erano stati fin troppo pazienti, che era arrivato il momento di cambiare le cose, ma non succedeva mai niente.

«Forse dovrei aspettare papà per dirtelo, ma non so più cosa fare con te, e vorrei che capissi che ormai hai davvero passato il limite e non si torna più indietro. Hai avuto molte possibilità e adesso basta. Hai avuto tutta l'estate e l'autunno per riflettere, ora è gennaio. Sei sempre chiusa qui dentro. Non fai niente, non hai nessuna aspirazione... Quindi non aspetto e te lo dico subito, così cominci a pensarci.»

Arianna si fece più attenta.

«Ti ho trovato un lavoro.»

Lì per lì l'affermazione non le sembrò gravissima. Forse priva di senso, ma comunque non catastrofica.

Arianna non nutriva pensieri ostili nei confronti del lavoro, della scuola sì, ma del lavoro no davvero. A dire la verità nei confronti del lavoro non nutriva pensieri affatto. Sapeva solo che era una fortuna che i suoi genitori ne avessero uno, perché i genitori di alcuni compagni l'avevano perso ed erano guai. E sapeva anche che per quelli della sua generazione non ce ne sarebbe stato, perché già non ce n'era per i giovani, e lei era meno che giovane, meno che niente. Questo, in sintesi, era ciò che sapeva del lavoro. E adesso, tutto d'un tratto, saltava fuori che sua madre non solo gliene aveva trovato uno, ma intendeva appiopparglielo come una punizione.

Non rispose nulla, non chiese di cosa si trattasse, non fece un gesto. Aspettò.

Sua madre la scrutò qualche minuto, poi scosse la testa, spazientita.

In momenti come quello Arianna sentiva, lo sentiva chiaramente, che lei non la vedeva più, non sapeva più dov'era finita sua figlia, aveva perso la capacità di andare oltre la sua carne, che si era fatta troppo spessa. Avrebbe voluto dirle:

guarda che sono qui, ci sono, basta che non ti fermi all'apparenza, basta che guardi più in profondità, perché io non sono questa cosa che vedi, o almeno non sono solo quello, ho pensieri che a volte mi sembrano bellissimi e volano leggeri.

«Monica sta cercando una badante per sua madre, con una certa urgenza.»

Arianna cercò di cogliere il nesso tra le due informazioni. Dunque: sua madre le aveva trovato un lavoro. E Monica, che era il capo di sua madre, cercava una badante. Quando le due cose assunsero una forma logica compiuta e consequenziale si rizzò a sedere, le tozze cosce aperte, le mani sulle ginocchia, la bocca spalancata.

«Sarebbe un impiego provvisorio. La vecchia badante se n'è andata all'improvviso e Monica ha bisogno di qualcuno che stia con sua madre finché non trova la persona giusta.»

Arianna stringeva i pugni, immobile.

Sua madre continuò: «È autosufficiente, ha bisogno solo di compagnia e di qualche facile commissione. Mangia da sola e si veste da sola». Si interruppe per gettare un'occhiata eloquente al suo pigiama. «Direi che è più autonoma di te. Però non può sollevare la spesa e Monica preferisce che qualcuno la aiuti in casa. Puoi assolutamente farlo e ti farà senz'altro bene muoverti un po'...»

«Ma...» disse Arianna aggrottando le sopracciglia.

«Io e Monica ne abbiamo parlato. Lei è entusiasta dell'idea...»

«Ma a me...» balbettò Arianna.

«È difficile ultimamente parlare con te.»

«Sono sempre qua.»

«Appunto...»

Un rumore proveniente dall'ingresso le fece voltare.

Papà, pensò Arianna.

«Tuo padre è d'accordo, naturalmente.»

«No», piagnucolò Arianna scuotendo la testa.

«Non vogliamo vederti ammuffire qui dentro, attaccata a quel cavolo di computer. Comunque, eccolo, tuo padre è rientrato», disse Silvia staccandosi dalla parete. «Vieni di là, ne parliamo anche con lui.»

Arianna restò per qualche minuto bloccata nella scomoda posizione in cui si era seduta, incapace di reagire. Quando dopo un po' li raggiunse in salotto trovò suo padre in piedi vicino al tavolo dove aveva posato la ventiquattrore, il cappotto ancora indosso e lo sguardo smarrito. Accanto a lui sua madre, che gli stava dicendo qualcosa ma si era interrotta sentendola entrare. Entrambi si voltarono verso di lei. Visti così sembravano due cospiratori e Arianna provò imbarazzo, come se li avesse sorpresi a fare qualcosa di molto disdicevole.

Suo padre accennò un debole sorriso e ondeggiò leggermente sulle gambe magre e lunghe, con la sua aria da ragazzo un po' invecchiato nel vestito che metteva per andare in ufficio e la cravatta annodata stretta sotto il pomo d'Adamo. Quando indossava i jeans e il maglione, la domenica, si notava meno il grigio dei capelli, che sul suo colore biondo prendeva una tonalità di paglia secca e che si stava estendendo sulla fronte e sopra le orecchie.

Arianna, senza staccare gli occhi da lui, cercò il coraggio per parlare. Prese un respiro profondo e bisbigliò: «Dicevate che potevo prendermi del tempo per riflettere...» ma lo disse così piano che fu costretta a ripeterlo.

«Non ci pare che tu stia riflettendo molto», la interruppe sua madre quando finalmente capì. «È un'esperienza che ti aiuterà senz'altro anche nelle tue riflessioni.»

Poi strinse il braccio del marito. «Cristian...» lo esortò.

Le deboli proteste di Arianna passarono inosservate e suo padre, dondolando leggermente sulle gambe, abbassò lo sguardo e prese a sbottonarsi il cappotto.

Tossicchiò imbarazzato.

«Scusatemi un momento», disse. «Mi tolgo il cappotto e sono subito da voi. Intanto ascolta quello che ti dice la mamma.»

«Dai, siediti», disse sua madre precedendola sul divano e battendo la mano sul cuscino vicino al suo. «Vieni qui, che ne parliamo con calma.»

Avrebbe parlato solo lei, come al solito.

Arianna guardò suo padre che le sorrise rassicurante e le

indicò il divano. Obbediente si sedette, ma, vedendolo allontanarsi e chiudersi la porta alle spalle, si sentì in trappola e capì che ogni speranza di riuscire a far sentire le proprie ragioni era svanita.

Sua madre ricominciò a parlare con un tono pacato, prendendola molto alla larga.

«Non devi pensare che vogliamo punirti. Parliamone con calma.»

Arianna scosse la testa e mugolò qualcosa. Certo che era una punizione. Cos'altro, se no?

Sapeva cosa avrebbe dovuto ribattere, che era minorenne e non poteva sobbarcarsi certe responsabilità, che per fare un lavoro del genere servono competenze, che non potevano obbligarla a fare un lavoro che non voleva fare. Le obiezioni si rincorrevano nella sua testa e già le mancava l'aria. Se solo avesse avuto il monitor dietro al quale nascondersi, allora sì che avrebbero sentito cosa aveva da dire! Senza una tastiera dove appoggiarle, le sue mani non erano che strane escrescenze grassocce.

Dopo aver intrecciato e liberato le dita una decina di volte, cominciò a grattarsi, finché la pelle screpolata non fu tutta rossa e, non appena si accorse che lo sguardo di sua madre cadeva proprio lì, tirò la felpa sui polsi.

«Non è un lavoro così gravoso come pensi. Non saresti proprio una badante... Piuttosto... una dama di compagnia.»

Dall'ingresso giunse il rumore della porta che si apriva e si richiudeva. Doveva essere Massimo. Arianna immaginò suo fratello che si sbellicava dalle risate con la storia della dama di compagnia. Che lavoro era, stare con una vecchia per farle compagnia? L'avrebbe presa in giro fino all'esasperazione, con quella crudeltà che tirava fuori ogni volta che lei si mostrava debole, come quando da piccola la inseguiva finché non la vedeva cadere in terra e sbucciarsi le ginocchia. A volte Arianna si chiedeva quale tipo di competizione ci fosse tra loro e perché lui si impegnasse tanto proprio dove lei mostrava i suoi fallimenti. La cura del fisico, per esempio, era diventata una specie di fissazione ed era capace di studiare tutta la notte per superare gli esami di una facoltà, economia, che per sua stessa ammissione non gli piaceva. Forse c'era un premio, in fondo a tutta quella fatica, un premio che a lei non era dato conoscere, magari uno sguardo amorevole della mamma, una pacca sulla spalla da parte di papà, la conferma di essere il migliore.

«Massimo...» sbuffò afflitta, aspettando di vederselo comparire davanti da un momento all'altro, la sua grande faccia ilare coperta di lentiggini.

Ma non entrò nessuno e non si udirono altri rumori.

«Massimo non viene a cena stasera», puntualizzò sua madre. «Abbiamo tutto il tempo di parlare noi tre. Siamo arrivati a un punto di non ritorno, tra poco farai diciotto anni e devi capire che...»

Arianna aveva smesso di ascoltarla, concentrata sui piccoli rumori che arrivavano dalla casa, l'acqua che gocciolava da qualche parte, i tubi del riscaldamento che di tanto in tanto scricchiolavano, degli strani piccoli tonfi che sembravano provenire dal corridoio.

«Cos'era?»

«Di cosa parli?»

La ragazza indicò la porta.

«Io non ho sentito niente.»

«Papà?» chiese lei alzandosi.

«Arianna per favore...» disse sua madre alzandosi a sua volta e prendendola per un braccio.

Arianna fece un passo, esitante, scrutò il volto di sua madre ma non riuscì a guardarla negli occhi perché li aveva abbassati quando aveva smesso di parlare.

Se non era entrato Massimo doveva essere uscito suo padre. Rivide lo strano sguardo d'intesa che si erano scambiati pochi minuti prima e l'imbarazzo di lui. Un brutto presentimento, un senso di minaccia, le salì dallo stomaco e il suo cuore cominciò a battere più veloce.

Aprì la doppia porta scorrevole, sbirciò in corridoio, in cucina, mentre sua madre le stava appresso e le diceva di stare calma e sedersi, che papà sarebbe arrivato subito. Arianna lo chiamò e, non ricevendo risposta, si precipitò in camera sua. La scrivania sembrava sventrata. Il disordine era il solito, quello che lei ci aveva lasciato, ma il computer non era più al suo posto e lo spazio vuoto rendeva tutto più squallido.

Un urlo le morì in gola.

«Dov'è...?» mormorò, sentendosi soffocare. «Papà! Dove sei? Dov'è il mio computer?»

Tornò in sala di corsa, l'affanno che le pesava già sul petto e le lacrime di rabbia che le intasavano gli occhi.

Sua madre era in piedi e teneva le braccia protese verso di lei.

«E il mio cellulare? Dov'è il mio cellulare?»

«Calmati. Riavrai tutto. Potrai usare il computer a casa della signora, mentre lei si riposa o fa le sue cose, se accetterai...»

«Ma non potete farmi questo», mormorò Arianna, sentendo che la gola le faceva male, perché avrebbe voluto urlare ma non ci riusciva. «Non potete farmi questo... Non potete...»

Ogni parola era una ferita che si apriva nella sua bocca e più giù, al centro del suo corpo. Le lacrime le scendevano a fiotti sulle guance e tutto quello che riusciva a fare per esprimere la disperazione che provava era muovere convulsamente le mani, stringere i pugni e riaprirli, mentre li portava davanti alla faccia per difendersi dall'assurdità delle cose che le stavano capitando. Vedeva l'espressione sconvolta di sua madre, che le sussurrava di calmarsi, e poi alla fine la sentì urlare quando uscì sul pianerottolo, si voltò verso la tromba delle scale e andò a sbattere contro la ringhiera perdendo l'equilibrio.

«Arianna, attenta! Calmati!» le urlò inseguendola, mentre lei si sbilanciava e chiamava suo padre, troppo debolmente.

«Papà! Papà!» mormorava affacciata nel vuoto.

«Basta! Basta!» disse sua madre, afferrandola per le spalle. E aggiunse: «Ti sentiranno tutti!».

Arianna, che avrebbe voluto farsi sentire da tutti ma non ne aveva le forze, la guardò stranita e rientrò in casa. Si infilò le scarpe senza allacciarle e come una furia si buttò nell'ascensore.

Uscita nei sotterranei si diresse di corsa verso il box. Lo trovò chiuso. Piegata in due dalla fatica e dalla rabbia, si accorse di avere addosso solo la giacca della tuta nel momento in cui il freddo le raggelò la schiena. Ansimante, risalì nell'androne per uscire dal cancello principale, ma anche il piccolo spiazzo che i condomini usavano come zona di carico e scarico era vuoto. Di suo padre non c'era traccia e nemmeno della sua auto. Era stato veloce. Avevano organizzato tutto in anticipo. Arianna si sentì doppiamente tradita, da lui più che da sua madre, perché vedendo la sua espressione imbarazzata, a casa, aveva ingenuamente creduto di poterlo avere ancora al proprio fianco. E invece lui le aveva portato via il computer di soppiatto, mentre sua madre la tratteneva in salotto con l'inganno.

Iniziò a camminare in direzione dei giardini, attraversò la strada con le mani nelle tasche e le braccia strette lungo i fianchi per proteggersi dal freddo, che però penetrava lo stesso, dalle piante dei piedi, passando dalla terra bagnata e marcia di fogliame attraverso la tela delle All Star leggere e sfondate. Si sedette su una panchina. Le stringhe che penzolavano giù erano completamente bagnate e nere. Provò ad allacciarle ma la sensazione sulle dita era talmente schifosa che le infilò così com'erano dentro alle scarpe e si pulì le mani sui pantaloni.

Dopo un minuto riprese a camminare. La nebbiolina si muoveva in stracci sfilacciati sull'erba e attorno ai lampioni. Arianna fu tentata di tornare a casa a scaldarsi, ma subito rivide la stanza violata e immaginò l'umiliazione di chiudersi lì dentro mentre sua madre, fuori, aspettava la sua resa. Non sarebbe tornata mai più, invece, e loro si sarebbero dannati per la preoccupazione e il rimorso. Ma era una magra consolazione. Sentiva il vuoto dell'impotenza, la disperazione di non saper dove andare, il freddo e la paura della fame che presto sarebbe sopraggiunta. Al pensiero della fame si mise a piangere. Piangeva per la sua miseria e la sua debolezza, perché nonostante la rabbia che la pervadeva era certa che alla fine avrebbe ceduto.

Avanzava a tentoni, mentre fuori era sempre più buio,

senza chiedersi dove stava andando, passo dopo passo, affondando i piedi fradici nella melma. Aveva smesso di piovere ma l'acqua era sospesa nell'aria e le si appiccicava ai capelli senza riuscire a penetrarvi. Le cosce sfregavano contro la stoffa e bruciavano mentre il fiato si faceva sempre più denso, quasi solido davanti alla bocca.

Finalmente, al di là di un campo, riconobbe i grandi caseggiati grigi dove abitava Marco, il suo ex compagno di classe, emarginato come lei, che qualche volta l'aveva invitata a studiare a casa sua. Vi si diresse come verso un miraggio, nella speranza di trovare un po' di tepore, di comprensione e soprattutto del cibo, per liberarsi dal giogo dei bisogni di quel corpo ingombrante che era la sua maledizione, nella quale si annidava tutta la sua debolezza.

4.

La vestaglia che Monica le aveva regalato era calda e così leggera che ci si dimenticava di averla addosso. S'era presentata la mattina molto presto, con il pacchetto argentato del negozio, senza che ci fosse un'occorrenza da festeggiare, ma solo per farle piacere. Forse per farsi perdonare di essere stata così sgarbata. Peccato per il colore, però, pensava Argentina, un grigio tanto spento, senza nemmeno un fiore. Passando davanti all'armadio aperto, nello specchio appeso all'interno dell'anta, aveva scorto la sua figura e si era fermata a guardarsi.

Era proprio lei quella specie di falena? Dov'era finita la giovane spensierata con il vestito lungo che veniva rattoppato a ogni stagione e si faceva sempre più corto man mano che lei cresceva? Dov'era la donna matura con il seno piccolo e rotondo, che dimostrava sempre meno dei suoi anni? Quando aveva smesso di schermirsi e poi confessare, arrossendo di piacere, la sua vera età? All'improvviso erano usciti tutti allo scoperto, i suoi anni, ed erano tanti, troppi.

Fece un passo indietro, portandosi al centro della cornice. Aprì il nodo della vestaglia e la lasciò pendere come un mantello. Sotto apparve la camicia da notte azzurrà, decorata con le foglioline blu. Dondolò da una parte e dall'altra come faceva un tempo quando si provava un vestito nuovo.

Quanto le piacevano le gonne lunghe, che bello era farle frusciare aiutandosi con la mano, un piede avanti e indietro, e poi l'altro, a tempo di musica, un piccolo inchino, mentre il corpetto le segnava il busto elegante e la scollatura faceva risaltare il collo lungo da cigno, e con i capelli neri legati in alto sembrava una regina. Come le sarebbe piaciuto andare ancora a ballare, vorticare tra le braccia del suo cavaliere sentendosi addosso gli sguardi di tutti i presenti.

Una domenica pomeriggio di tanti anni fa Antonio le aveva fatto una sorpresa, l'aveva portata a ballare. Le aveva detto che l'avrebbe portata in un posto nuovo, di mettersi il vestito più bello, e lei aveva fatto finta di non sapere ma invece aveva capito, già le luccicavano gli occhi, nemmeno fosse Natale, e aveva messo anche le scarpe adatte, perché non si può mica ballare con delle scarpe qualunque. Ne aveva tante, di scarpe, e Antonio guadagnava bene, voleva che se le comprasse.

Erano venuti al Nord apposta, per realizzare i loro sogni, soprattutto quelli di Antonio, perché lei sposandolo si era tuffata nella realtà e i sogni li aveva messi via. Antonio non aveva fatto il soldato, non aveva combattuto né da una parte né dall'altra, debole com'era, con il padre emigrato e due fratelli morti, e adesso voleva dimostrare quanto valeva, e questa nuova repubblica fondata sul lavoro sembrava fatta proprio per lui. Milano o l'America per me fa lo stesso, gli aveva detto sua madre, se mi lasci, mi lasci per sempre. Dicevano che avesse provato a trattenerlo anche con l'inganno e che più volte gli avesse mischiato qualche magia nella minestra ed era per questo che aveva sempre quell'aria pallida, da bambino malato. Ma Antonio era determinato ad andarsene e non tornare più, invece, e aveva giurato che davvero Milano sarebbe stata la sua America. Aveva fatto giurare anche a lei che non avrebbe mai più messo piede in quella terra di barbari.

Che strano non rivedere più i suoi posti, ma era stato meglio così: anche lei aveva qualcuno da dimenticare. Con l'unica che condivideva il suo segreto, la cugina Filomena, Argentina aveva litigato per via delle scarpe. L'ultima volta che le aveva scritto, non aveva resistito alla tentazione e se ne era vantata, e in risposta lei l'aveva canzonata, le aveva chiesto che cosa ci doveva fare con tutte quelle scarpe, se le strade di Milano sono così dure che consumano le suole. Argentina si era offesa, si era sentita sciocca, e non le aveva scritto più.

Ricordare quella domenica del ballo di tanti anni fa era come vedere un film che girava solo nella sua testa, mentre nella sua vestaglia nuova si guardava allo specchio in camera da letto. Eccoli che entrano, mentre la luce del pomeriggio scolora; si ode un valzer e Argentina si ritrova in una grande balera dalla volta altissima, come se fossero due piani, e tutto è così moderno, con un lampadario bellissimo che scende nel mezzo come fosse la sala di un ballo reale. Argentina scoppia dalla felicità vedendo l'orchestrina che suona e alcune coppie che ballano già, mentre il grosso della gente fa tappezzeria addossato alle pareti e guarda e aspetta il momento giusto per entrare. Argentina cerca la mano di Antonio, mentre il valzer finisce e subito se ne annuncia un altro, e allora Antonio la invita a ballare con un piccolo inchino e insieme si avviano. Mentre gira e ride, Argentina sa che tutti li stanno guardando e sa anche che li invidiano, perché sono felici, e pensa che è quello far l'amore davvero, non l'intimità del letto che non sa di niente. E ripensa agli avvertimenti di Filomena, che diceva di stare attenta ai maschi troppo gentili, che quelli sono ignoranti, ed è troppa fatica spiegargli come si fa, e che quando si vede l'amore bruciare negli occhi di un uomo, come lei l'ha visto in Rocco, non bisogna farselo scappare, ma mentre vortica si ripete che alla fine forse ha fatto la scelta giusta andandosene via, vuole convincersi di aver fatto davvero la scelta giusta.

All'improvviso un dettaglio attirò la sua attenzione. Dalla camicia da notte spuntavano due zampette ridicole da uccello. Il suo corpo si era prosciugato, le spalle si erano incurvate e il seno si era afflosciato come un'inutile appendice. La sua magnifica testa aveva perso il fasto di un tempo, anche se i capelli erano folti, di un bel bianco, e legarli dietro alla nuca le dava ancora soddisfazione, quando non le facevano male le spalle e poteva alzare le braccia. Senza contare che c'erano giorni che le facevano male persino i capelli, e doveva lasciarli sciolti come una strega per poter appoggiare la testa sui cuscini, giorni in cui la nausea le impediva di alzarsi e anche di ruotare gli occhi. E invece, come per miracolo, a volte si svegliava e stava bene, aspettava la prima fitta ma questa non arrivava, e le veniva voglia di saltare giù dal letto, ma si muoveva con circospezione per paura che il dolore si facesse vivo all'improvviso. Allora le scoppiava dentro una gioia così grande che temeva di esserne sopraffatta e sentiva i secondi che le sfuggivano dalle mani, veloci, sempre più veloci.

Quella mattina era iniziata così, con la smania di vivere, come da bambina, il cuore che le batteva all'impazzata e la sensazione di non poter aspettare oltre per avere... per avere cosa non lo sapeva, non conosceva più l'oggetto di tanto desiderio.

Alle sette, quando Monica era entrata in casa con il suo regalo, l'aveva sorpresa in cucina che si preparava il tè e canticchiava piano.

«Siamo allegre, stamattina», le aveva detto.

Argentina era trasalita: «Uh, mi hai fatto paura».

«Ti ho chiamato dall'ingresso, ma non mi hai sentito.»

L'allegria le era passata subito. Non le piaceva essere presa alla sprovvista, essere osservata a sua insaputa. Aveva il terrore che sua figlia la sorprendesse mentre apriva la scatola di latta che conteneva il suo segreto, che le leggesse sul volto la passione che lei aveva provato una volta sola nella vita, per la persona sbagliata. E che scandalo sarebbe stato, se tutti avessero scoperto che adesso, dopo tanti anni di sacrificio, alla sua età, scriveva lettere come quelle, piene d'amore, di quell'amore che s'era tenuta dentro finché il suo corpo aveva palpitato e ora, vecchia com'era, non aveva più freni a far uscire le parole e sentiva un'urgenza ferina di essere quello che non era mai stata, quello che non si era mai permessa di diventare.

Mettere la catena alla porta non poteva, l'aveva fatto una volta, poi era scivolata in bagno ed era rimasta ad aspettare che qualcuno venisse a salvarla, tutto il giorno per terra, finché Monica non era tornata con il fabbro e l'aveva sgridata, come fosse lei la madre, e le aveva fatto promettere di non chiudersi dentro mai più quand'era sola. Se almeno Monica avesse suonato il campanello, però, avrebbe avuto il tempo di prepararsi, mostrare la faccia che voleva, magari anche un'espressione sconsolata se lo desiderava. E invece in questo modo il suo momentaneo star bene, il sorriso che forse le aleggiava sul volto, poteva essere usato contro di lei, come se fosse significativo in sé e azzerasse in un colpo tutte le sue lamentazioni. Non stava bene, non stava bene affatto. Quella voglia di vivere non voleva darla in pasto agli altri, non era un sentimento spensierato, era una tragedia. Non si adattava ai suoi gesti lenti, alla parola che a volte stentava a farsi strada, poteva goderne solo fra sé e sé quando la lasciavano in pace. E invece gli altri dovevano mettersi in testa che non poteva andare avanti così, non poteva stare sola, quei giorni senza Irina erano stati duri, e le brevi visite con le quali Monica si metteva a posto la coscienza non servivano a niente. Aveva bisogno di aiuto per alzarsi dalla poltrona, per andare in bagno, per prendersi un bicchiere d'acqua, aveva bisogno di qualcuno, ma aveva anche diritto di starsene sola, in certi momenti come quello, senza essere spiata, contraddetta e tratta in inganno.

Monica non si era nemmeno accorta del suo improvviso cambiamento d'umore e si era seduta in attesa di una tazza di tè. Come se lei fosse obbligata a servirla solo perché era stata pizzicata a canticchiare davanti ai fornelli. Tutti pretendevano sempre che lei li servisse, prima Antonio che si sedeva a tavola con il giornale senza nemmeno chiederle com'era stata la sua giornata e poi questa qui, che a volte la sfiancava con la sua energia. E in mezzo alle loro vite piene la sua si assottigliava, svuotata persino dei sogni, fino a sparire.

Argentina si era seduta a sua volta, con il broncio, e aveva incrociato le braccia.

«E allora? Che succede ora?»

«Sono stanca.»

«Ecco, vedi», l'aveva anche rimproverata bonariamente sua figlia, «ti alzi alle sei, ma chi te lo fa fare! Restatene a letto tu che puoi, manco dovessi andare a lavorare. Potessi io restarmene a letto tutta la mattina!»

Poi Monica le aveva fatto una carezza e, prima di versare il tè, aveva tirato fuori da un sacchetto il regalo, fasciato nella carta argentata e decorato da un fiocco rosso che sembrava una rosa.

«Cos'è?» aveva chiesto lei, agitandosi come una bambina.

«Solo un pensierino. Un pensierino per la mia mammetta. Dai, aprilo!»

Argentina aveva tenuto il broncio ancora un pochino, per non farle vedere che era felice, ma poi aveva disfatto avidamente il pacchetto e aveva indossato la vestaglia per mostrarle come le stava.

Quando Monica se n'era andata a lavorare le era tornato il buonumore e l'aveva salutata con un bel sorriso, sfoggiando elegantemente la dentiera come nelle occasioni più importanti.

Argentina riannodò la cintura della vestaglia, chiuse l'anta dell'armadio e a passo svelto si diresse in salotto. Non doveva lasciarsi rovinare la mattinata dai cattivi pensieri, doveva impiegare bene il suo tempo, chissà quando si sarebbe sentita di nuovo tanto in forze.

Si avvicinò al mobiletto di legno nell'angolo e aprì lo sportello con il cuore che palpitava. Ripiegata nel suo nascondiglio, appesa a testa in giù sotto alla ribaltina, apparve la vecchia macchina per cucire, nera con gli intarsi dorati. Argentina infilò una mano nello spazio sottostante, sopra il pedale, e tra le vecchie pezze di stoffa e i rocchetti di filo sentì le unghie tintinnare contro la latta di una scatola, liscia e fresca al contatto con le dita. La estrasse e, dopo essersi raddrizzata lentamente, andò a sedersi al tavolo. Respirò profondamente per qualche minuto, come doveva fare ormai ogni volta che si spostava svelta, poi inforcò gli occhiali che teneva appesi al collo.

Osservò a lungo la scatola gialla, decorata a fiori rossi, e col dito ne percorse i ghirigori prima di aprirla. Non ricordava più che cosa contenesse in origine, forse biscotti. Un giorno di molto tempo addietro, mentre cercava un nascondiglio per le lettere, l'aveva intravista sopra alla credenza e aveva chiesto a Irina di tirarla giù. Irina si era arrampicata su una sedia, aveva protestato perché il coperchio era appiccicoso e la polvere vi si era incrostata sopra, ma poi, appurato che era vuota, si era messa di gran lena a pulirla. Aveva continuato a brontolare contro le sue manie di vecchia, ma alla fine la scatola era tornata lucida e pronta ad accogliere le prime due lettere che Rocco le aveva spedito.

Adesso ne conteneva un intero mazzo, buste azzurre, fini, tutte uguali, legate insieme da un nastrino di velluto blu. Sciolse il nodo e aprì a ventaglio le lettere sul tavolo, accarezzandole una a una. Prese l'ultima, la rilesse, l'appoggiò accanto al foglio color avorio sul quale avrebbe steso la sua risposta. Anche per la brutta copia, che avrebbe conservato, avrebbe usato la carta da lettere bella che Irina le aveva comprato. Ne restavano due fogli soltanto e quel pomeriggio, se si fosse sbrigata, sarebbe potuta andare anche in cartoleria a sceglierne una nuova.

Non era semplice scrivere a Rocco. Aveva cominciato lei, alla cieca, dopo una vita intera passata senza avere notizie. Suggestionata dalla solitudine, in preda a una lucida follia, aveva scritto tre lettere a distanza di tempo, indirizzate a nient'altro che un sogno messo da parte, che si faceva sempre più lontano via via che non dava segno di sé. Poi, un giorno, era arrivata una risposta. E da allora Rocco le aveva scritto sempre con regolarità. La prima lettera l'aveva lasciata senza fiato. Era corta, timida, titubante, ma era reale. In poche parole Rocco le confermava di esistere, di non essere frutto della sua fantasia, e le comunicava il giusto indirizzo al quale scrivere d'ora in avanti. Argentina era così venuta a sapere che non si era mai mosso dal paese, benché si fosse trasferito con la famiglia qualche strada più in là. Piano piano aveva preso confidenza, si era lasciato andare pure lui alle parole d'amore, ma con l'avanzare della corrispondenza Argentina si era accorta che più quella voce si faceva romantica e appassionata, più si allontanava da lei, da loro, da ciò che erano stati veramente. «Vorrei stringerti tra le mie braccia», scriveva, «calmare i tuoi brividi con le mie carezze.» Non era mai successo. Lei e Rocco non si erano mai toccati né parlati, se non con gli occhi, da lontano. Era stato Antonio, qualche tempo dopo, il primo uomo che aveva osato sfiorarla. L'amore, a volerlo dire, diventava una faccenda generica, comica se si considerava la loro età, mentre prendeva le distanze dai loro corpi come erano stati in quei momenti, coscienti del fatto senza mai proferir parola. Rocco sembrava non serbare alcun ricordo dei loro sguardi, pur non ammettendolo, e la loro storia naufragava in un mare di sordide vicende che si chiamavano tutte allo stesso modo, baci, carezze, amplessi, mentre Argentina restava l'unica depositaria dei muti dialoghi d'amore che forse aveva solo immaginato.

Nell'ultima lettera Rocco le raccontava indignato di una nuova palazzina che stavano costruendo sulla strada del cimitero. Argentina aveva provato a ricordare, a vedere i posti mentre leggeva, ma non c'era corrispondenza tra le descrizioni e ciò che la memoria le riportava davanti agli occhi. Le era piaciuta l'immagine del paese come una nave, lunga e stretta, in mezzo al mare deserto della pianura lucana, le frane come onde che si frangevano sui bordi, in un tempo dilatato in estrema lentezza. Ma non riusciva a vedere i posti che lui descriveva.

Rocco nelle sue lettere parlava del paese quasi fosse sempre stato così come lui lo vedeva adesso, non fosse invecchiato mai e vivesse in un eterno presente dove le cose stanno come stanno. Non accennava mai al passato, e sebbene lei avesse provato a rievocare i giorni in cui si erano conosciuti, aveva dovuto pian piano accettare la sua reticenza e ammettere che non avevano condiviso mai niente, se non il saluto; tutto l'amore che lei aveva sentito passare nei loro lunghi sguardi non poteva di certo aver segnato la vita di un uomo come aveva fatto con quella di una donna sentimentale. O forse era rimasto profondamente ferito anche lui e questa era la punizione che le infliggeva, rifiutandosi di rimettere in circolo i ricordi, ora che la vita aveva preso per entrambi un'altra direzione.

Significava questo restare al proprio posto, non allontanarsi dal centro del mondo che ci è stato attribuito alla nascita? Era così, attraverso la negazione dei ricordi, che chi era rimasto puniva coloro che se ne erano andati? Questo pensiero le faceva un po' male, perché lei se n'era andata piena di speranza, a cercare lontano fortuna e felicità, certa che fuori da quel buco di paese che era toccato loro in sorte ci fosse un mondo intero pieno di opportunità e ora che aveva tanti anni sulle spalle, e di cose ne aveva viste, si chiedeva se ne era valsa la pena, o se partendo non avesse preso un abbaglio. Perché se quello che ti viene dato in sorte è il centro del mondo per sempre, il cuore delle cose, allora l'unico cambiamento possibile consiste nell'adattarsi. Che cosa aveva ottenuto lei tagliando i ponti con i luoghi nei quali era cresciuta? Che cosa si era lasciata indietro?

Per qualche anno lei e Antonio non avevano avuto figli. Il lavoro di Antonio andava bene, ogni mese riuscivano a mettere qualcosa da parte. Non erano più tornati a Grassano da quando Antonio aveva litigato con sua madre. Lei gli aveva detto cose orribili, che Antonio non poteva perdonare, ma che nemmeno voleva riferire. «Se mi rispetti, non ci andrai nemmeno tu», aveva implorato Argentina. E lei aveva obbedito, temendo di essere l'oggetto della discordia, temendo di fare uno scandalo. Solo ora capiva che in quella richiesta lei aveva trovato rifugio, al riparo dai desideri che minavano la pace interiore, al riparo dai sogni. Poi era nata Monica e ad Argentina erano mancate le cugine, quando si era ritrovata sola con la bambina. Passava interi pomeriggi a piangere, ma Antonio continuava a ripeterle che Monica era nata a Milano, quello era il centro del mondo per lei, e sarebbe vissuta negli agi, non avrebbe avuto le valigie con lo spago come loro. Ma per Argentina? Qual era il centro del suo mondo? Che ne era stato della sua vita? Dovevano saltare di una generazione, le vite, in modo che ogni due giri i figli potessero godersi un po' di felicità? Oppure ciascuno lavorava per i figli, e i figli una volta cresciuti per i propri figli, di modo che nessuno davvero si occupava di sé? E ora che la sua vita volgeva al termine, ora che il presente vacillava e si faceva ingannevole, dov'era il centro al quale rivolgersi, aggrapparsi, qual era stato il senso di tutto? Era possibile che nemmeno in quelle lettere le fosse dato di trovare un indizio, un appiglio, una piccola epifania?

Nel rileggere l'ultima, arrivò finalmente alla poesia di

Puškin che Rocco le aveva trascritto. Spesso le capitava di controllare chi dei due avesse nominato un argomento per primo e alternava la lettura delle parole dell'uno e dell'altro per ricostruire un dialogo pieno di sottintesi che non aveva mai avuto luogo. Puškin: era stata lei a tirarlo in ballo, ne era sicura. Ti ricordi di Puškin, gli aveva scritto.

Rilesse ancora la poesia e la trovò, se possibile, più bella di prima. Tuttavia non l'aveva mai sentita, ne era sicura, non erano quelli i versi a cui si riferiva quando gli aveva detto: Ti ricordi di Puškin? Si aggiustò gli occhiali sul naso, bevve un sorso d'acqua e con le mani che le tremavano per l'impazienza passò in rassegna le brutte copie delle sue lettere.

Doveva essere una delle ultime. Non doveva essere tanto difficile individuare la grande P che aveva disegnato con una cura particolare, mettendoci tutta la deferenza di cui era capace, attenta a non sbagliare. La trovò quasi subito, bella grande, con tanto spazio sopra e sotto. Ti ricordi di Puškin? Ho tenuto a mente quei versi per tanti anni e ora li ho dimenticati. Che peccato. Non li ricordava proprio più, per quanto si sforzasse, ma quella giornata, e lo sguardo che gliela aveva resa tanto speciale, quello lo ricordava perfettamente. Era stato al funerale del Russo, e poteva rivedere tutto con precisione, fotogramma dopo fotogramma.

Al funerale del Russo c'era tutto il paese, e anche gente di fuori, compagni che avevano combattuto con lui al Nord, nelle montagne intorno a Torino. Argentina si sentiva un po' in colpa per il suo stato d'animo e cercava di nascondere l'euforia. Finalmente poteva uscire: erano due anni che stava segregata in casa, per il lutto del padre, e la nonna Maria le aveva dato il permesso di andare al funerale, anche se ci sarebbe stato tutto il paese e la mamma protestava. Ma la nonna la difendeva, *'U trist na manc' mai*, abbiamo sepolto lui, non questa creatura, diceva.

È un funerale, ma ad Argentina sembra una festa. Sta stretta stretta a Filomena e si guarda avidamente intorno. Conosceva il Russo, come tutti, ma non riesce a seguire la messa e quando finalmente alza la testa incrocia gli occhi di un ragazzo che sta di fronte, in mezzo all'altra ala di gente che si è formata intorno alla bara, e guarda solo lei, le pupille nelle sue, come se avesse cancellato tutto il resto. Sa che si chiama Rocco, è un ragazzo del paese, taciturno, uno che nemmeno la saluta quando la incontra per la strada. Ma nell'istante in cui i loro occhi si incrociano è come se trovassero la porta aperta ed entrassero senza chiedere il permesso. Sarà l'emozione che ha preso tutti, ma Argentina sente che uno nell'altro stanno guardando la stessa verità, come trovarsi insieme al cospetto di Dio, come vedersi in uno specchio e sorprendere l'anima nuda dietro alle iridi scure. Fuori sul sagrato c'è un forestiero che, quando tutti escono, comincia a leggere una poesia. Dicono che non sia entrato, che abbia aspettato fuori, dicono che non creda in Dio, e lo dicono con rispetto, perché da queste parti si capisce quando c'è qualcosa di più duro dentro al cuore di un uomo. Qualcuno l'ha visto piangere. Dev'essere un compagno del Russo, dice una delle ragazze, uno della brigata partigiana, uno che prima ha fatto il soldato ed è tornato sano e salvo dalla Russia pure lui. Sano e salvo no, le interrompe il signor Cosentino, che fa il maestro e le ha sentite parlottare: è tornato, ma sano e salvo no. Non aggiunge altro, e loro non chiedono. Anche il Russo è tornato, ma non ha mai voluto raccontare niente di quell'esperienza terribile. Della guerra partigiana, sì, quella che ha vinto, ne parlava eccome, ma della Russia, quando stava con i tedeschi, quella no. Qualcuno racconta che abbia fatto scappare dei prigionieri sovietici, altri l'hanno sentito parlare appassionatamente di Puškin. E sono del poeta anche i versi che il compagno declama al suo funerale con la gola tesa. Ad Argentina piacciono quei versi, e se li beve, li sente bruciare e li ripete muovendo appena le labbra. Si stupisce di saperli già a memoria, impressi a fuoco dallo sguardo di Rocco che l'ha fatta esistere. E in quel momento la sua vita si accartoccia, prende le pieghe che non perderà mai più, e inizia a correre veloce, fino a oggi che quelle pieghe sono diventate rughe, solchi profondi sul cuore.

Argentina si alzò e andò a guardare fuori dalla finestra. Era sicura che i versi non fossero quelli, eppure nemmeno lei li ricordava più, quelli giusti. Che peccato averli dimenticati. Se li avesse letti in un libro, forse...

L'aria sembrava fredda e spessa. Si risedette e cominciò a scrivere, direttamente in bella, perché non c'era più tempo, non aveva minuti da sprecare se voleva uscire da sola e sfruttare il vigore che sentiva quel giorno per spedire la lettera e andare in cartoleria. Più tardi sarebbe arrivata Monica e lei doveva rientrare per tempo, se non voleva che sua figlia la sottoponesse al solito snervante interrogatorio.

Non è quella la poesia, scrisse.

Pure tu l'hai dimenticata.

5.

Marco era sceso in ciabatte, aveva aperto uno spiraglio nel portone e adesso la guardava sorpreso, un po' scocciato, i grossi occhiali che andavano su e giù mentre masticava un pezzo di pane. Sotto la tuta aperta, che era solo appoggiata sulle spalle perché nella fretta non aveva infilato le maniche, spuntava la solita maglietta di Naruto. Arianna notò subito le bricioline che vi erano sparse sopra e le venne l'acquolina.

«Che c'è?»

«Ho freddo. Mi fai entrare?»

Marco ci pensò su un attimo, poi, titubante, aprì e si fece di lato per farla passare.

«Stavamo mangiando», si giustificò.

Arianna aveva dovuto citofonare due volte per farlo chiamare dalla madre. La prima volta la signora Gemma le aveva detto di ripassare più tardi, che erano a tavola, e aveva interrotto la comunicazione. Nell'atrio non faceva molto più caldo che fuori, e Arianna si accorse di avere i brividi. Aveva i piedi fradici e l'umidità le era penetrata fin dentro alle ossa.

«Allora? Che c'è?»

Marco ciondolava imbarazzato da un piede all'altro.

«Sono scappata di casa.»

«Cosa?» chiese lui sottovoce, e gettò un'occhiata fuori dal portone quasi temesse di vedere i lampeggianti delle autopattuglie circondare casa sua all'improvviso. «E io che c'entro?»

Arianna non avrebbe saputo cosa rispondergli, perché in effetti era arrivata da lui per caso. Erano passati i tempi in cui si frequentavano. Da quattro mesi ormai il nuovo anno scolastico era iniziato senza di lei e già l'anno precedente i loro rapporti si erano un po' raggelati dopo che Arianna aveva respinto un suo tentativo di baciarla e non era più andata a studiare da lui.

In quel momento udirono dei passi sulle scale e la signora Gemma apparve davanti a loro, accigliata e con i pugni sui fianchi, la vestina a fiori che usava per casa macchiata di sudore sotto le ascelle. Si avvicinò a suo figlio, che accennò una fuga, ma subito si fermò, come un cane alla catena. Era molto più alto di lei, ma in quella posa sembrava più bambino che mai.

«Stiamo cenando e stiamo aspettando te.»

«Arrivo, mamma, arrivo.»

«Si può sapere che succede? Ciao, Arianna», aggiunse poi guardando la ragazza.

«Buonasera... Io... mi dispiace...»

«Niente succede...» disse Marco.

«Come niente?» Gemma si avvicinò ad Arianna e le toccò i capelli. «Ma non lo vedi che è fradicia? Ma povera figlia, che hai fatto?»

«Niente. È scappata di casa.»

La donna si voltò e con un manrovescio colpì il figlio su un braccio.

«Ehi, ma che ho fatto?»

«Fila in casa. Cosa aspettavi a farla salire, eh? Fila, va', tonto. E tu, ragazza mia, vieni su che ti do qualcosa di asciutto. E poi telefoniamo a casa.»

Arianna provò a protestare debolmente, mentre le lacrime cominciavano a scorrerle sulle guance, ma la donna la zittì con dolcezza e la sospinse per le scale, dietro a Marco che si era già involato lasciando aperta la porta sul pianerottolo del primo piano.

Dopo averle dato un grosso maglione sformato e dei calzettoni asciutti, Gemma la portò in cucina e, assestando sberle sulle nuche dei due figli più piccoli, le fece spazio a tavola. Arianna salutò il padre di Marco e il nonno, che avevano finito il primo e aspettavano con il piatto vuoto, poi a testa bassa per la vergogna cominciò a mangiare la pastasciutta che la donna le aveva posato davanti. Nessuno fece commenti, a meno di non considerare tali le risatine sommesse che i due fratelli di Marco non riuscivano a trattenere, e l'atmosfera restò un po' tesa finché il padre di Marco non parlò. «Dammene ancora un po' anche a me», disse, con una specie di sorriso nella voce. «Ma ora c'è l'arrosto», lo rimproverò la moglie. Dai rumori che seguirono, tuttavia, Arianna, che non aveva osato voltare la testa, capì che l'aveva già servito, mentre il suo posto, accanto a Marco dall'altra parte del tavolo, continuava a restare vuoto.

Arianna finì la pastasciutta e anche l'arrosto con le patate che le venne servito a ruota. Il nonno si era già ritirato senza dire niente, mentre i genitori di Marco parlavano di una parente alla quale si doveva telefonare al più presto e i due ragazzini giocavano con dei tappi, attirando di tanto in tanto un'occhiataccia della madre. Arianna non aveva più cercato di incrociare lo sguardo di Marco, perché era evidente che lui la evitava, ma quando lui dopo aver mangiato una mela si alzò, lo seguì in camera sua. Gemma aveva parlato brevemente al telefono con i suoi genitori, appena erano entrate in casa, e le aveva annunciato che per quella sera si sarebbe fermata a dormire lì.

Passarono la serata seduti in camera, lui sul materasso, lei sulla sedia girevole, a guardare un canale dopo l'altro nel minuscolo televisore che Marco teneva ai piedi del letto. Poi Marco spense e disse: «È tardi e domani c'è scuola». Da uno spazio tra l'armadio e il muro tirò fuori una branda, l'aprì e osservò le lenzuola spiegazzate che vi erano rimaste dentro dall'ultima volta, indeciso se cambiarle o meno. «Va benissimo così», lo prevenne Arianna, ansiosa di metter fine a quella tortura, e finalmente, quando l'orologio luminoso segnava le undici, spensero la luce.

La brandina era terribilmente scomoda e Arianna sentiva il continuo desiderio di cambiar posizione, ma ogni volta le sembrava che il rumore dovesse svegliare tutta la casa. L'orologio faceva le due e le pareva di non aver ancora chiuso occhio.

«Dormi?» sentì sussurrare a un certo punto.

«No.»
«Non sei davvero scappata di casa, giusto?»
«Non lo so. Pensavo di sì. Ma non sapevo dove andare.»
«Domani ti verranno a prendere.»
«Già. Tua madre li ha chiamati.»
«Non è facile scappare a mia madre», ridacchiò lui.
«Sembrano bravi, i tuoi.»
«Rompono un po'.» Poi aggiunse, incerto: «Ma che è successo?».
«Niente. Le solite cose. Visto che ho lasciato la scuola... vogliono che lavori.»
«Ah. Be'.»
«Mi hanno tolto il computer...»
«No!»
Marco non disse altro per qualche minuto e Arianna pensò che si fosse addormentato. Chiuse gli occhi, finché lui non sospirò forte.
«Sai...» disse. «A scuola parlano di te.»
«Eh?» Arianna si sollevò su un gomito, ma nel buio non si vedeva proprio niente, a parte l'orologio, nemmeno il profilo di Marco e si rimise giù, su un fianco, voltata verso di lui.
«Leggiamo il tuo blog. Tutti. Anche la Serra. Anzi, soprattutto la Serra. Ci ha consigliato di scegliere le nostre letture da lì.»
«Dici davvero?»
«Sì. Io ho cercato un libro, *La valle del diavolo*, ma non l'ho trovato.»
«È fuori catalogo...»
«La mia solita fortuna. Comunque ti ho invidiato un casino...»
«Sei pazzo? Mi hanno pure bocciato...»
Arianna pronunciò quelle parole con poca convinzione perché in cuor suo provava una gioia immensa, e quando Marco le chiese dove li trovasse, tutti quei titoli di cui parlava, fu felice di spiegargli che non riusciva a stare al passo con le novità, e allora si immaginava di percorrere dei sentieri che iniziavano un po' per caso, magari in rete, in biblioteca o in libreria, saltellando di qua e di là, e poi un libro ne

richiamava un altro, di certi autori desiderava leggere tutto, altri invece la catapultavano in mondi sconosciuti, aprivano delle porte, indicavano strade da seguire, bibbie che era impossibile non conoscere, anche se fino a poco tempo prima non ne aveva mai sentito parlare, e gli disse che così aveva scoperto che la scuola ti obbligava a infilarti in un tunnel dal quale era difficile trovare vie di fuga, mentre fuori c'era un mondo bellissimo fatto di parole... e mentre parlava, nel buio, si addormentò. Marco dormiva già da una buona mezz'ora.

6.

Il padre di Arianna guidava con molta cautela e di tanto in tanto le rivolgeva la parola insieme a una rapida occhiata, per poi riportare subito l'attenzione sulla strada. Lei faceva finta di essere concentrata su ciò che accadeva fuori dal finestrino, ma non riusciva a pensare ad altro che alla paura e al senso di vuoto che aveva provato negli ultimi giorni. Era passata una settimana da quando i suoi genitori le avevano portato via tutto e lei avrebbe fatto qualsiasi cosa pur di ritrovare un po' di pace. Era consapevole di essere stata sottoposta a un ignobile ricatto e avrebbe voluto resistere all'ingiustizia con tutte le sue forze, ma la sorpresa che aveva provato sentendosi colpita nella sua tana, denudata di ogni bene, proprio lì dove pensava di essere al sicuro, era stata troppo grande. Smarrita, era disposta a tutto per ritrovare un appiglio, una possibilità di comunicare, le parole rassicuranti dei suoi amici, la propria identità. Da suo padre, in particolare, non se lo sarebbe mai aspettato, lui che fino a poco tempo prima sembrava non avere altro scopo nella vita che proteggerla. Ancora adesso, mentre guidava tranquillo, non sembrava rendersi conto della gravità di quello che aveva fatto, della voragine che aveva spalancato tra di loro con la sua violenza. Solo due piccole rughe tra le sopracciglia e i sospiri che a tratti si lasciava scappare tradivano una certa preoccupazione, ma più che preoccupato per lei, sembrava ansioso di ricevere un segno dell'amore indiscutibile e intatto della sua bambina. Era più bello di profilo, con il naso gobbo che gli dava un'aria forte e le ricordava quando la teneva per mano e lei lo osservava rapita da sotto in su. Restò a fissarlo in silenzio, con la strana consapevolezza che stava provando quelle sensazioni per l'ultima volta.

Da Marco aveva trascorso una notte soltanto. Il mattino dopo, quando aveva trovato i suoi genitori sorridenti in cucina, che prendevano il caffè con la mamma dell'amico, aveva capito di aver perso. Era riuscita a resistere ancora una settimana, ma alla fine, sola e stanca, aveva capitolato. Per prima cosa i suoi genitori le avevano restituito il vecchio cellulare, che adesso stringeva nella tasca della giacca a vento. Vi aveva trovato qualche messaggio e dopo averli letti tutti era stata invasa da un enorme senso di vuoto. L'attesa, che era sembrata interminabile, le aveva fatto desiderare molto di più e in confronto la realtà si era dimostrata poca cosa.

Mano a mano che si avvicinavano a piazza Oberdan il traffico diventava sempre più snervante. Dal finestrino vedeva auto che si affiancavano a quella di suo padre e poi ripartivano con un singulto tagliandole la strada, motociclisti che si infilavano in ogni spazio vuoto zigzagando tra una corsia e l'altra, tutti con le facce tese e le bocche aperte pronte a colpire, a difendere il proprio diritto, facce disperate già di prima mattina. In mezzo al caos, suo padre guidava piano, e per un momento Arianna non poté fare a meno di sentirsi orgogliosa di lui, che nonostante il ritardo accumulato, con un tono dolce e gli occhi umidi, continuava a dire sciocchezze sulle automobili e il tempo solo per lei.

«Sei stata un po' crudele con la mamma», disse poi, inaspettatamente, fermandosi al semaforo rosso.

Arianna, che stava seguendo i movimenti esperti di un mendicante tra le automobili davanti a loro, si voltò di scatto, ma lui non la stava guardando e già aveva preso a canticchiare piano come se l'argomento fosse esaurito, o comunque di poca importanza. Crudele, lei? Cercò di ricordare cosa avesse detto esattamente alla mamma: forse che la odiava, o forse suo padre si riferiva al fatto che era fuggita via, spaventandoli. Ma che si trattasse di una cosa o dell'altra, o di tutte e due insieme, non le sembrava davvero che si potesse dire di lei che era stata crudele. Loro erano stati crudeli. Ed era la mamma che rifiutava di accettarla com'era. Che cos'era quell'idea di mandarla a lavorare, quel ricatto, a volerlo chiamare col suo nome, se non una punizione per il suo essere grassa e pigra, per la bruttezza che la mamma non riusciva a perdonarle? Se si fosse trattato davvero della scuola, perché non l'avevano punita le volte che era stata bocciata? Perché non l'avevano punita ogni volta che aveva preso un brutto voto a scuola? E invece l'avevano colpita all'improvviso, perché la mamma non sopportava più di vedersi davanti una figlia tanto diversa da quella che aveva desiderato.

A volte Arianna si chiedeva se il problema tra lei e i suoi non stesse nel fatto che i loro pensieri viaggiavano su frequenze diverse, quasi che i suoi genitori avessero presenti gli avvenimenti dei decenni che avevano attraversato, dei secoli che avevano formato la loro coscienza di adulti, mentre lei si arrabattava nell'arco di una giornata, disperandosi per gli avvenimenti di ieri e arrivando a preoccuparsi al massimo per ciò che sarebbe accaduto domani.

Dentro l'abitacolo cominciava a fare troppo caldo. Avrebbe potuto togliersi almeno la sciarpa ma non trovò la forza di muoversi. Era incastrata nel sedile, lo zainetto in grembo e le cosce che premevano contro la portiera e il cassettino sotto il freno a mano.

Alzarsi presto, prepararsi e uscire non era stato per niente facile quella mattina. Aveva dovuto compiere gesti che il suo cervello non sapeva più mettere in fila, quasi avesse dimenticato come si faceva ad affrontare il mondo. A colazione non era riuscita a mangiare niente, aveva raggiunto la macchina senza accorgersi dei vicini che l'avevano salutata, percependo solo freddo e fastidio, finché suo padre non aveva messo in moto e l'aria aveva cominciato a scaldarsi. E ora che il caldo le aveva pervaso le membra, era la fame che si faceva sentire.

Arianna estrasse il telefono e controllò che non ci fossero messaggi. Erano quasi le otto. All'improvviso svoltarono a destra e imboccarono finalmente corso Buenos Aires. Suo padre rallentò, suscitando le ire degli automobilisti che lo seguivano, e non appena trovò un largo tratto di marciapiede che faceva angolo, ci salì sopra con due ruote. Le auto li superarono a suon di clacson.

«Eccolo, è quello», disse Cristian indicando un palazzo elegante dall'altra parte della strada.

Arianna gli lanciò un'occhiataccia. Lo conosceva bene, quel posto, poiché ci era già venuto per portare il suo computer.

«La signora sembra simpatica, vedrai, ti troverai bene», continuò lui senza il minimo imbarazzo.

Arianna tremava. Aveva paura di non essere all'altezza, anche se continuava a ripetersi che, se era vero quello che dicevano, se la sarebbe cavata con poco lavoro, qualche commissione e qualche rottura di scatole. Il tempo di abituarsi alla nuova postazione e avrebbe riavuto indietro la sua vita di prima, o quasi. Le mancavano gli amici, o forse le mancava qualcos'altro, qualcosa di sé che le pareva di aver lasciato indietro, di aver disperso nell'aria e nel tempo, come se la sua vita si fosse sbriciolata e i pezzetti fossero stati sparpagliati in rete, e lei non avesse più la possibilità di controllarli, di legarli insieme con un filo. Aveva fame, sempre più fame, di qualunque cosa la facesse sentire presente e le riportasse alla coscienza le pareti del suo stomaco, le sue mani, le sue certezze, quella cosa che doveva ricordarsi e non le veniva più in mente, le cose da fare e da dire, gli ultimi libri letti, i nomi delle persone, le ore perse a non fare niente, i giorni buttati via, quell'unico bacio che poteva dare e non aveva voluto, i mille racconti sparsi qua e là, piccoli pezzi di vetro che riflettevano pezzi di lei. Tutto era perso e disintegrato, esposto al saccheggio e all'oblio. Ma le sarebbe bastato scendere dalla macchina, compiere quello sforzo soltanto, per riavere indietro tutto. O almeno provare un qualche sollievo.

«E va bene», mormorò aprendo la portiera.

«Non vuoi aspettare qui? Fa freddo.»

Scosse la testa e scese. Prima di richiudere, si chinò e guardò dentro. Gli fece segno di andare.

Suo padre la guardò con dolcezza e le sorrise.

Avvolta nella giacca a vento, troppo sottile per il freddo di gennaio, attraversò la strada e quando si voltò lui era sempre fermo allo stesso posto. Con la mano gli fece un altro cenno. Lui mise in moto e, lentamente, il capo reclinato a guardarla, partì.

L'appuntamento era davanti al portone alle otto, Monica si era raccomandata di non suonare per non disturbare sua madre. In pochi minuti il portone si aprì tre volte per far uscire prima un uomo, poi una donna con una bambina piccola per mano e infine una giovane coppia. Arianna li osservò a lungo mentre si allontanavano stringendosi l'uno all'altra per ripararsi dal freddo e per dirsi qualcosa. Sebbene avvolti nei piumini, si vedeva che erano magri, le gambe affusolate di lei e quelle leggermente arcuate di lui si muovevano all'unisono sfiorandosi. Lui, più alto, si voltò appena e la baciò sulla tempia, dove finiva il cappello di lana. Erano belli e Arianna si sentì per un attimo invasa dalla tenerezza, quasi fosse penetrata nel loro amore per il solo fatto di averli sorpresi in un gesto d'affetto. Allora era quello l'amore, la cosa che legava quei due; era comportarsi in un certo modo, prendere ciò che c'era da prendere, ciò che spettava a ciascuno.

Quando Marco aveva provato a baciarla, una volta che studiavano insieme, lei l'aveva respinto, spaventata. Il contatto con le sue labbra umide l'aveva sorpresa, si era allontanata un po' e l'aveva osservato attentamente. Era brutto, ossuto, con la peluria folta e ancora nuova dei baffi, i brufoli sulle guance, gli occhiali grossi. Anche lei era brutta, grassa e goffa, inaccessibile. Il suo corpo era fatto di terra e di pietra e le sue aperture erano sporche, intoccabili. Lui si era ritirato e imbarazzato le aveva chiesto scusa. Si era sentita ancora peggio, perché dopo le sue scuse quel desiderio le era sembrato ancora più indecente, disgustoso perché erano disgustosi, brutto perché erano brutti. L'amore non faceva per loro. L'amore? Quando a scuola ascoltava i discorsi delle sue compagne, perennemente innamorate, si chiedeva cosa fosse mai quello stato d'animo che tutte sembravano conoscere tanto bene. A lei capitava di essere travolta dall'emozione se leggeva un libro, vedeva un film o si immergeva in una storia, magari incrociata per la strada, ricostruita con l'immaginazione. Sola, al buio, nella sua stanza, si lasciava andare a fantasie nelle quali il suo corpo era bello e il desiderio che lei provava era il desiderio degli altri, che sentiva pulsare tutto intorno. Ma non aveva mai provato quella sensazione per un'altra persona, mai aveva osato pensarla come se le appartenesse. Forse avrebbe dovuto prendere quello che le veniva offerto, quello che le spettava.

Forse l'amore si deve imparare, si disse.

Un enorme SUV bianco le passò davanti rallentando e con una manovra brusca si infilò in uno spazio tra due macchine troppo stretto per essere un parcheggio, lasciando il grosso posteriore a occupare parte della carreggiata e costringendo un motorino che lo seguiva a prodursi in una pericolosa S e in una caterva di insulti che si persero lontano. Dalla portiera che si aprì spuntò una scarpa verde, con una zeppa vertiginosa, e a seguire una gamba tozza fasciata nei collant, una pelliccia tondeggiante dal colore chiaro e, sopra a tutto il resto, un casco gonfio e compatto di capelli gialli. La signora sorrise e agitò una mano nella sua direzione, mentre sbatteva la portiera e allontanandosi dall'auto la chiudeva con un rapido gesto del pollice. Arianna la osservò avvicinarsi e, quando se la trovò accanto, notò che i capelli irrigiditi dalla lacca formavano una sorta di palla, piena d'aria come una mongolfiera. Monica. Chissà perché se l'era immaginata più simile a sua madre, quasi dovesse avere anche lei quell'aria da eterna ragazza, come tutte le sue amiche, il corpo affusolato e l'espressione vivace che avevano coltivato dall'adolescenza, quando andavano in giro a braccetto tutte assieme, con in più lo stupore per la nuova vita che le aveva sconvolte, le fatiche e i cambiamenti che non avevano messo in conto. E invece Monica era una signora, dall'età indefinibile, ma di certo una signora, una alla quale era impossibile dare del tu, piccoletta e larga ma soda, come fosse concentrata, una che era difficile immaginare come la figlia di qualcuno. Doveva avere una madre davvero vecchia, pensò Arianna con sgomento, e se già la figlia sembrava prepotente, chissà l'altra com'era spaventosa.

«Tu devi essere Arianna», affermò la donna, senza stringerle la mano né guardarla in faccia.

Che intuito, pensò Arianna, e la seguì nel portone.

Quando incontrava qualcuno per la prima volta, era abituata a subire un certo tipo di sguardo indagatore, che si posava sul suo corpo e poi se ne distaccava rapidamente, accompagnato da una smorfia di imbarazzo. Pareva che la gente cercasse di calcolare quanto pesava o quanto dovessero essere larghi i suoi vestiti per contenerla tutta o, invece, si chiedesse se era malata e quali erano gli argomenti da evitare parlando con lei. Monica, da parte sua, aveva fatto finta di niente, come se lei un corpo nemmeno l'avesse, e Arianna ne concluse che sua madre l'aveva messa in guardia, con il solito imbarazzo preventivo. «Bada che mia figlia è molto grassa», le aveva detto, probabilmente. E dopo una risata amara, la spiegazione: «Ti avviso, perché quando ci vede insieme, spesso la gente si stupisce». «Grassa, tua figlia? E come è possibile con una madre così», aveva senz'altro commentato l'altra, e via di questo passo l'argomento era stato sviscerato, alle sue spalle, come sempre.

«Bene, saliamo», disse la donna aprendo l'ascensore.

Arianna notò un'esitazione, ma subito Monica sorrise e le fece cenno di passare per prima tenendole la porta aperta.

«A volte qualcuno soffre di claustrofobia, qui dentro. È molto piccolo», disse. «Ma la mamma abita al quarto ed è necessario prenderlo. A meno che tu... non preferisca andare a piedi», continuò lasciandosi scappare un risolino.

Arianna alzò le spalle e, dopo essere entrata, cercò di schiacciarsi il più possibile contro lo specchio in fondo. Monica si infilò a sua volta riempiendo la cabina con la sua enorme pelliccia e dandole le spalle. Per fortuna era più bassa di lei, altrimenti si sarebbe trovata il pelo a solleticarle il naso. E invece le arrivavano le zaffate della lacca che teneva in piedi quella specie di casco che si portava in testa.

«È di quelli a prenotazione, ma per fortuna solo in discesa, ora non ci può chiamare nessuno», commentò la donna ridendo di nuovo.

Comunque non ci starebbero, pensò Arianna.

La donna tacque finché non furono arrivate al piano e, quando furono uscite, si piazzò tra lei e la porta di casa e per la prima volta la guardò negli occhi.

«Senti, prima che entriamo... vorrei avvisarti di una cosa», le disse.

Arianna osservava la grande porta di legno scuro alle sue spalle, lucida e senza graffi, con le maniglie splendenti, come l'altra che si affacciava sullo stesso pianerottolo. Rispetto a casa sua sembrava tutto più grande e più bello, ma anche più freddo, più difficile da sfiorare.

«Ogni tanto la mamma fa una cosa strana», continuò Monica, a voce bassa, come se qualcuno potesse sentirla.

Ecco che ci siamo, pensò Arianna. Figurarsi se non era una vecchia pazza.

Ma avrebbe riavuto il suo computer. E settecento euro al mese. E se le avessero chiesto di fare cose che non voleva fare, o si fosse trovata in difficoltà, avrebbe mandato tutto a monte. Non potevano certo dire che non ci avesse provato.

«Non è niente di che, non ti allarmare. È solo che se uno non è preparato...» continuò Monica mettendole una mano sulla spalla, «...magari non sa cosa fare.»

Arianna si irrigidì e Monica si fece più vicina, quasi cercasse di entrare più in confidenza superando la barriera d'aria che le separava.

«La mamma, come posso spiegartelo... diciamo che si incanta. Sì, si incanta, è la parola giusta. Vedi, magari sta mangiando, e ti sembra tutto normale, ma poi ti accorgi che si è fermata, le cade la forchetta di mano e si imbambola. Oppure ti sta parlando e improvvisamente non la senti più... Mi segui?»

Arianna annuì. Poi, visto che l'altra continuava a fissarla da tanto vicino, non volendo allontanarsi per non sembrare sgarbata, provò a darle un segno che aveva capito, nella speranza che le lasciasse di nuovo il suo spazio vitale.

«Cioè», mormorò, «si addormenta.»

Monica fece un passo indietro, perplessa. Sembrò pensarci su un momento. «Non proprio. Spesso resta a occhi aperti. È più come se... come se si spegnesse. E, se non te lo aspetti, può fare paura. Tu non preoccuparti. Poi si riprende. Te lo dico solo perché se uno non lo sa...»

Arianna si immaginò una vecchia immobile, come morta, con gli occhi sbarrati. Da cosa avrebbe potuto riconoscere una vecchia che si era spenta da una che era morta? E non si diceva proprio così, dei morti, che si erano spenti? Probabilmente avrebbe dovuto sentirle il polso o metterle un dito sotto il naso, come sua madre le aveva raccontato che faceva con lei i primi giorni, quando era nata e non le sembrava vero che così piccola potesse respirare da sola. Ma non si poteva mettere il dito sotto il naso a una che se ne stava con gli occhi sbarrati.

«E io che cosa faccio?»

«Niente. Te l'ho detto, non devi fare niente. Non scuoterla, non farla agitare. È come se si perdesse nei suoi pensieri, poi torna da sola. Di certo, non stare a chiamarmi ogni volta che succede.»

Detto questo, Monica sembrò più sollevata e cercò la chiave giusta nel grosso mazzo che teneva in mano. Entrò senza suonare e Arianna se ne restò sulla soglia, imbarazzata, finché la donna non le disse di muoversi. La seguì in un piccolo ingresso buio. L'ambiente era molto caldo e c'era un odore stagnante, simile a muffa. Monica accese la luce e rapida si tolse la pelliccia, mostrando un tailleur verde, di una tonalità un po' più spenta delle scarpe. Quando Arianna distolse lo sguardo da lei, vide che a sinistra c'erano due poltroncine fasciate in una stoffa a fiori, tanto piccole da non servire a niente, mentre sulla destra c'era una porta e di fronte a lei si apriva un corridoio.

«Puoi appendere la giacca qui», le disse indicando un attaccapanni che sembrava uno scheletro in agguato in un angolo.

Arianna ubbidì e poi la seguì nella stanza che si apriva sulla destra, che era ancora buia. Monica schiacciò un interruttore ma non accadde nulla. Imprecò. Poi, con il passo sicuro dei tacchi, attraversò la stanza finché Arianna non sentì lo stridore di una tapparella malconcia che veniva alzata e lentamente davanti a lei emersero le forme incerte dell'arredo di un salotto, come pezzi di una nave dopo un naufragio. Monica, appesa al nastro con una mano, scrutava il soffitto.

«Si è di nuovo rotta la lampadina.»

All'improvviso Arianna si accorse che sulla poltrona al suo fianco c'era una donna minuta, immobile e avvolta come un fagotto in una vestaglia grigia. Trattenne un grido e la vecchia, che aveva gli occhi spalancati, larghi nel viso piatto dalla pelle scura e raggrinzita, si voltò verso di lei.

Prima che potesse dirle qualcosa Monica la rimproverò, alzando la voce: «Te ne stai al buio?».

La donna si girò lentamente dalla sua parte. «Dormicchiavo ancora un po'. Mi avete fatto paura.»

«Si è rotta di nuovo la lampadina. Ieri funzionava.»

Argentina non rispose e riportò la sua attenzione sulla ragazza. «E questa chi è?»

«Lei è Arianna, mamma. Te ne ho parlato ieri, ti ricordi? È venuto suo padre, l'altro giorno, per portare il suo computer.»

Arianna si voltò nella direzione indicata da Monica e vide il monitor poggiato su un lungo tavolo di legno e, accanto, in terra, l'hard disk, che così esposto, rivolto alla stanza grande e ombrosa invece che al muro, sembrava nudo. Provò un brivido, una specie di formicolio alle mani. Deglutì più volte. In quelle notti le era capitato di svegliarsi tutta sudata, preda del panico, con la sensazione di essere murata viva, sensazione che non se ne andava nemmeno se resisteva al sonno e cercava con gli occhi le ombre familiari della cameretta, per non ricadere nell'incubo, finché poi non si riaddormentava sopraffatta dalla paura. Solo il pensiero che presto avrebbe riavuto il suo computer, i suoi contatti, la teneva in vita. E adesso era tutto lì a portata di mano.

Eccomi, pensò, sono qui.

Si avvicinò ma non osò accenderlo, girò attorno al tavolo per provare la postazione, accarezzò la tastiera.

«Ah, sì, quell'affare», disse la vecchia, petulante. «Ma io cosa me ne faccio? E ho paura che graffi il tavolo di noce.»

«Il papà di Arianna è stato attentissimo, ha messo il panno sul tavolo, non vedi? Per non fare graffi. Non ti devi preoccupare. Era il papà di Arianna, quello, sai?»

«Me l'hai già detto tre volte», sbuffò Argentina, liquidando sua figlia con un gesto della mano e rivolgendosi direttamente ad Arianna: «E così lo useresti tu, quel coso. E che cosa ci fai?».

«Arianna scrive», rispose Monica al suo posto.

La ragazza sussultò e si chiese se era stata sua madre a mettere in giro quella voce. Sarebbe stato tipico di lei, giustificarsi per l'aspetto fisico della figlia, troppo evidente da nascondere, e poi indorare un po' la realtà dove si poteva. Scriveva. Dopotutto era vero: leggeva e scriveva.

«L'ho chiesto a lei», disse con tono acido Argentina.

Arianna arrossì. «Scrivo un blog», farfugliò con le mani davanti alla bocca.

«Un che?»

«Un blog, mamma. È come un giornale, ma si può leggere solo dal computer», intervenne Monica.

Argentina ignorò le sue parole e continuò imperterrita a fissare la ragazza. «Tu non ce l'hai la lingua?»

Arianna abbassò gli occhi.

«Su, mamma, comportati bene», disse ancora Monica. Si avvicinò ad Arianna e, prendendola per un braccio, la obbligò a voltarsi e ad allontanarsi dal tavolo. Arianna, riluttante, le andò dietro e ascoltò le spiegazioni sulla casa e sulle abitudini di sua madre lanciando di tanto in tanto un'occhiata alla vecchia, che sembrava essersi offesa.

«Il modem è di là, in uno studiolo, ma preferisco che tu stia qui, dove puoi vedere la mamma. Vedrai che lei non ha bisogno di granché. Ti darà qualche lavoretto da fare, ma se sta bene, le piace occuparsi della casa. Certo, molte cose non riesce più a farle, e allora, lì, fai tu.» Parlava velocemente, come una abituata a impartire ordini e a non ripetere le cose due volte. «Comunque, le piace star sola e farà un po' fatica a sopportarti. Tu non preoccuparti, qualunque cosa ti dica. Se hai dei problemi puoi telefonarmi e chiedere a me. Vedi, può starsene al buio per ore, chissà a cosa pensa.» E lo disse come se la madre non potesse sentirla. Poi improvvisamente la chiamò, ma la vecchia si era girata dall'altra parte e fissava caparbiamente la finestra. «Eh, dico bene, mamma? Mamma!»

Mano a mano che si avvicinava aumentava il tono della voce, finché, quando le fu appresso, emise una specie di urlo: «Mamma!».

«Non sono mica sorda.»

«Allora ci sei!»

Monica se ne uscì con un altro dei suoi risolini, poi mosse verso la porta. «Vieni, ti faccio vedere il resto della casa.»

Condusse Arianna nelle altre stanze, le mostrò la cucina, le diede le indicazioni per il pranzo, poi rispose al cellulare che suonava e, dopo due parole, le fece cenno di allontanarsi e si immerse in una conversazione fitta fitta.

Arianna percorse il corridoio a ritroso lentamente, sbucò nell'ingressino buio, dove tentennò un po' e infine si decise a rientrare in salotto. La vecchia era sempre seduta in poltrona, con un'espressione vigile e arcigna. Arianna si avvicinò in silenzio e se ne restò in piedi, lì accanto, a capo chino. Non sembrava affatto pazza, la vecchia, semmai era vagamente antipatica, tuttavia in un modo diretto e sincero che non le dispiaceva. Alzando lo sguardo si accorse che la stava squadrando. Le venne in mente che Monica non le aveva detto come si chiamava sua madre e che forse avrebbe dovuto chiederlo. Ma fu la donna a parlare per prima.

«Certo che sei bella grassa», le disse.

Arianna trasalì.

E tu sei proprio stronza, pensò.

Intanto Argentina aveva preso a osservarsi le mani, sollevate davanti agli occhi.

«Guarda qui che scheletro. Vorrei averla io un po' della tua carne...» disse muovendole come farfalline. Poi le lasciò crollare sui braccioli e aggiunse: «E come mai sei così?».

Questa volta Arianna fece spallucce.

«Voglio dire, sei malata, o cosa?»

«Boh, così», disse Arianna.

«Non parli molto, eh?»

Un'altra scrollata di spalle.

«Già.» Argentina ci pensò un po' su, poi disse: «Meglio!». «Meglio così», ripeté, «mica come quelle donnette che mi manda ogni tanto mia figlia, che parlano sempre, quelle. Uh, se parlano. Meglio così... Ma tu», continuò poi, più calma, «ma tu perché ti ritrovi a fare questo lavoro? Sei tanto giovane... Ti hanno bocciato a scuola, eh?»

«Sì», ammise Arianna.

«Sì, lo sapevo già», disse Argentina ridacchiando.

La ragazza la guardò sconsolata.

«E perché ti hanno bocciata?»

Perché?

«Lo so io, perché! Quelli che fanno così li bocciano, quelli che non parlano, che fanno spallucce e non hanno mai niente da dire. Quelli li bocciano, è la regola, non lo sapevi?»

«Mmm.»

La vecchia ammiccò indicando il computer e aggiunse: «Avessi avuto quel coso con te, invece, eh?».

Ad Arianna scappò un sorriso.

Anche Argentina sorrise e mostrò le gengive nude, per un attimo, prima di alzare una mano a coprire la bocca. «E invece ci sono quei banchetti... Ci sono ancora i banchetti, vero?»

«Sì», confermò la ragazza.

La vecchia annuì, pensierosa. Arianna vide il suo sguardo pian piano appannarsi e il corpo farsi immobile, come se fosse stato abbandonato da ogni volontà. Aspettò, ma non successe nulla. La vecchia aveva gli occhi aperti ma non la guardava più. Arianna trattenne il respiro, mosse due passi verso la porta per vedere se casomai Monica avesse finito di telefonare, ma di lei non c'era traccia e allora, intimorita, tornò nei pressi della poltrona. La donna sembrava una statua di cera. Arianna le sventolò una mano davanti alla faccia. Niente. Forse era il momento buono per accendere il computer, si disse. Se solo Monica se ne fosse andata. Ma all'improvviso la vecchia parlò, facendola sussultare.

«Fino a Napoli, se n'è scappato, per studiare. Fino a Napoli. E poi, ovvio che se ne volesse andare via. Anch'io me ne volevo andare via... e me lo sono sposato.» La guardò: «Tu faresti meglio a studiare».

Arianna corrugò la fronte.

«Lasciali perdere, i maschi. Lasciali perdere. Studia!»

Si guardarono per un po' in silenzio.

«Tu non ce l'hai un fidanzato, vero?»

Arianna si morse un labbro.

Poi, guardandosi le scarpe, mormorò: «Si vede?».

Argentina scoppiò a ridere. «Ah, quando vuoi parli, allora. E sei anche simpatica. Si vede dalla luce, la luce che ti manca, negli occhi... Ma devi trovarti una luce tutta tua. Ah, lasciali perdere gli uomini, lasciali perdere...» Si alzò, aggrappandosi ai braccioli e facendo forza con braccia e gambe insieme.

Arianna allungò una mano per aiutarla, ma non la toccò e ritirò le mani ben al sicuro dentro la felpa.

«La mia dentiera, devo mettermi la dentiera...» bofonchiò la vecchia. «Avessi saputo che arrivavate così presto, me la sarei messa, la dentiera, è come un vestito, sai? Mica serve a mangiare... Ma tu cosa vuoi saperne...» disse.

Prima che uscisse dalla stanza, Monica le raggiunse, con la pelliccia già in mano.

«Bene», disse. «Io vado.»

«Dov'eri finita?» le chiese sua madre.

Monica ignorò la domanda e si avviò all'uscita. «Chiamatemi se avete bisogno di qualcosa.»

In silenzio attesero che Monica se ne fosse andata. Quando la porta fu di nuovo chiusa, la vecchia scattò, nelle pantofole, a piccoli passi, mise la catenella di sicurezza e si esibì in un gestaccio. Si voltò radiosa come una bambina e disse ad Arianna, che la guardava a bocca aperta: «Non mi piace che possa entrare come e quando vuole. Ma ora, finalmente, ci sei tu».

Quella mattina Argentina si divertì a far correre la ragazza da una parte e dall'altra. Le mostrò il ripostiglio dei detersivi, le chiese di passare lo straccio, si fece aiutare nel cambio delle lenzuola, la spedì a comprare lo zucchero al supermarket anche se non serviva e le insegnò a preparare il tè come piaceva a lei, con le fettine di limone. Aveva notato come le luccicavano gli occhi quando guardava il suo computer, e non voleva che scambiasse casa sua per una specie di sala giochi per ragazzotte pigre che non avevano voglia di andare a scuola. Si vedeva che non era abituata a far niente, non sapeva nemmeno tenere in mano la scopa e diventava paonazza se solo si piegava in avanti. Quando riceveva un ordine, quando doveva fare qualcosa, restava sbigottita per qualche secondo, come se il corpo non fosse ben collegato alla testa. Per esempio era accaduto quando Argentina le aveva chiesto di grattarle la schiena, solo per il gusto di vedere la sua reazione, e s'era dovuta trattenere dal ridere di fronte alla sua faccia.

Tuttavia era rimasta colpita dall'attenzione con cui Arianna si era sorbita le sue chiacchiere, soprattutto quando le aveva raccontato la storia della Filippodda, che era piovuta dal cielo in testa a un contadino. Non aveva osato fare domande, la fanciulla, ma si vedeva che bruciava dalla curiosità.

«È il demonio che porta le donne tra le nuvole, dicevano al paese, e ne vedevano tante. Io non ne ho mai vista una. Comunque, succede solo alle bruttine, perché le altre hanno altro da fare che perdersi fra le nuvole... ma tu non devi preoccuparti, bella piantata per terra come sei. Io piuttosto... vecchia come sono... non mi dispiacerebbe farmi un giro per aria di tanto in tanto!»

Piano piano tutte quelle parole le erano venute a noia, e anche la presenza di Arianna, e così si era seduta nella sua poltrona e le aveva fatto sciò con la mano. E quella volta la fanciulla aveva capito al volo e in pochi secondi era sparita alla sua vista.

7.

La mattina dopo, prima dell'alba, Arianna era già vestita e, seduta sul letto, si grattava le mani in attesa dell'ora giusta per uscire. Il suo stomaco era vuoto da molte ore, perché la sera, rientrata a casa, si era chiusa in camera senza cenare. Era passata davanti alla cucina, aveva scorto con la coda dell'occhio la sua famiglia riunita intorno al tavolo, Massimo e suo padre seduti, sua madre in piedi, invece, come se la stesse aspettando per afferrarla al volo, e dopo aver farfugliato un saluto veloce si era barricata nella sua stanza. La mamma aveva provato a chiamarla, le aveva chiesto attraverso la porta com'era andata, le aveva detto che c'erano le lasagne per lei, ma Arianna era stata irremovibile. Per la prima volta quella notte aveva dormito come un sasso e si era svegliata che era ancora buio sentendosi piena di energia. Quando i rumori della strada si fecero più convinti e un debole chiarore cominciò a ridare colore alle cose, sgattaiolò fuori, prima che i suoi genitori se ne accorgessero.

Il freddo era pungente e le forze che aveva sentito si dimostrarono presto un'illusione. Per raggiungere la casa di Argentina, avrebbe dovuto attraversare tutta la città. Aveva controllato le fermate della metropolitana sulla mappa e la linea verde faceva al caso suo. Ma non si infilava là sotto da mesi, da quando aveva smesso di andare a scuola, e il solo pensiero la faceva agitare. Invece di dirigersi alla fermata, cominciò a camminare lentamente verso San Cristoforo. Erano le sette meno dieci e poteva permettersi di perdere un po' di tempo. Le piaceva camminare, a patto di non avere fretta, non forzare l'andatura, lasciare che la mente spaziasse, andasse avanti e indietro come un cane sciolto dal guinzaglio che si allontana e poi ritorna. In cuor suo, mentre ondeggiava piano sul marciapiede, godeva della peculiare sensazione di essere diversa, anonima, persa nel vuoto della propria solitudine. Forte dell'idea che nessuno la potesse giudicare, avanzava con calma in mezzo all'indifferenza della gente.

Quando il campanile della chiesina apparve in fondo alla prospettiva della via, provò il solito moto di gioia. Camminare in quell'angolo di città era come grattare lo sporco sulla superficie e scoprire il mosaico che c'era sotto. Attraversò il ponte con leggerezza e, giunta davanti alla chiesa, non resistette alla tentazione di entrare. Spinse il portale. La musica che usciva dalle casse era fastidiosa, ma tutto il resto era bellissimo. Una donna era inginocchiata nella prima panca di fronte all'altare, mentre un ragazzo se ne stava seduto in fondo, guardando fisso davanti a sé. Chissà cosa cercano, pensava Arianna sentendosi tanto vicina a loro e nello stesso tempo così lontana, chissà cosa hanno trovato qui. La porta si aprì e un altro ragazzo entrò. Andò a sedersi vicino al primo, gli passò qualcosa e si infilò nel giubbotto un pacchetto che quello gli aveva allungato, poi guardò nella sua direzione. Solo allora Arianna si rese conto che li stava fissando e intimorita abbassò gli occhi. Per qualche minuto fece finta di pregare, poi si fece un rapido segno della croce e in tutta fretta tornò in strada. La voglia di camminare le era passata. Attraverso il vicolo stretto del passaggio a livello raggiunse il vialone e salì sul primo autobus che andava verso il centro.

Nonostante Monica le avesse lasciato una copia delle chiavi, suonò al citofono e poi anche alla porta. Argentina le aprì immediatamente, come fosse stata ad aspettarla nascosta lì dietro, e la accolse con molto calore. Sembrava una donna completamente diversa dalla vecchia irritabile che avevano sorpreso seduta in poltrona, al buio, il giorno prima. Era vestita di tutto punto, pronta per uscire, se si escludevano le buffe pantofole rosa che le facevano i piedi enormi.

A quanto pareva Argentina aveva già fatto molte cose, quella mattina, perché la casa aveva l'aspetto sottosopra delle grandi pulizie. Chiese ad Arianna di aiutarla a stendere il bucato, dato che i panni bagnati erano troppo pesanti per le sue spalle, e, finito quel lavoro, le mostrò come battere i tappetini del bagno e lo scendiletto, che se ne stavano già ammucchiati vicino alla finestra. Arianna, un po' stordita, si diede da fare meglio che poteva e a mano a mano che le faccende da sbrigare si rivelavano piuttosto facili sentiva crescere in sé una sorta di strana soddisfazione. Infine, alle dieci, Argentina preparò il tè e glielo offrì insieme a qualche biscottino; poi si sedette con le mani in grembo e sospirando chiuse gli occhi.

Arianna si accorse solo in quel momento di avere una gran fame. Cercò di ricordare quand'era l'ultima volta che aveva mangiato e dovette riflettere a lungo prima di concludere che era stato il pomeriggio precedente. Il suo corpo era andato avanti per tutte quelle ore senza lanciare segnali d'allarme e adesso all'improvviso le sembrava di svenire. Fu presa dal panico. Con gli occhi fissi sulla vecchia, che pareva sprofondata in uno dei suoi black-out, si avventò sui biscotti e li ingoiò uno dopo l'altro. Si chiese per qualche secondo se fosse il caso di lasciare l'ultimo a presidiare il piattino, poi ingoiò anche quello.

Con le mani in mano, rimase attonita a guardare la donna, mentre lo stomaco gonfio le rimandava la brutta sensazione di aver di nuovo sbagliato, di essere debole. Ecco, il suo peccato era non avere forza di volontà e la sua condanna il non poter mai tornare indietro. Vomitare sarebbe stata una grande liberazione. Erano pensieri che conosceva bene, e sapeva che sarebbero svaniti velocemente, digeriti anch'essi dai suoi succhi gastrici. Pian piano l'attenzione tornò a concentrarsi sull'esterno, sulla vecchia che non si muoveva più. Di tanto in tanto, a dir la verità, Argentina sospirava e non sembrava affatto spenta; aveva più semplicemente l'aspetto di una donna stanca, che si è alzata molto presto e si gode un riposino del tutto meritato.

Cercando di fare meno rumore possibile per non disturbarla, Arianna posò le tazzine nell'acquaio e raggiunse la sua postazione.

Il giorno prima non aveva avuto il tempo di scrivere molto. Aveva risposto velocemente alle email di Jewel e di Seba per tranquillizzarli e aveva passato il tempo a leggere tutto quello che si era persa nella settimana di isolamento forzato. Finalmente, quella mattina, poté raccontare ciò che le era successo e si accorse di avere così tante cose da dire che dovette imporsi di rallentare il ritmo; nonostante l'urgenza che sentiva dentro, sapeva quanto fosse importante pubblicare i post al momento giusto, di modo che suscitassero commenti e discussioni, e così mise in salvo alcuni brevi testi da usare successivamente. Già scrivere quello che provava, anche se le parole restavano lì, chiuse nel loro file, era come dare vita a qualcosa, prendere le distanze da un pensiero e osservarlo nella sua rotondità. A volte certi pensieri si rivelavano così stupidi che non valeva la pena di tenerli, ma altre volte le sembravano tanto belli da dubitare che fossero davvero suoi.

Erano molti gli amici che si erano preoccupati per la sua improvvisa sparizione. Anche loro le erano mancati. Tuttavia, se si escludeva Jewel, con la quale spesso si scambiava confidenze, l'unico al quale aveva voglia di raccontare un po' della sua vita era Seba. Aveva l'aria simpatica e spesso Arianna si ritrovava a guardare i suoi video finché non vedeva spuntare la sua chioma di ricci neri. Di alcuni conosceva anche il volto, grazie alle foto che pubblicavano di continuo, ma a lei nessuno chiedeva di mostrarsi, come se sapessero che non era poi così importante.

Stava ascoltando una canzone di Avril Lavigne e iniziando a scrivere la recensione del libro che l'aveva salvata dalla noia nell'ultima settimana di isolamento forzato, *Cattedrale* di Carver – ma come aveva fatto a perdersi i suoi racconti fino a quel momento? – quando Argentina comparve sulla porta. Non appena la vide, appoggiata allo stipite, Arianna sussultò e si tolse l'auricolare. Che non avesse udito un suo richiamo? Si era del tutto dimenticata di trovarsi in quella casa, a lavorare, e forse aveva esagerato nel farsi gli affari propri in modo tanto spudorato.

Ma la vecchia non badò per nulla a lei e, leggera come una piuma, si diresse alla finestra, davanti alla quale si piazzò con una mano sulla maniglia, quasi volesse aprirla ma non fosse ancora il momento giusto. Restò in quella posizione a lungo, come sovrappensiero, poi fece un giro del salotto, sempre senza preoccuparsi di lei, e infine tornò alla finestra.

Di tanto in tanto Arianna, che si era immersa di nuovo nelle sue faccende, staccava gli occhi dal monitor e le lanciava un'occhiata, ma al secondo giro, quando si accorse che la vecchia percorreva una sorta di tragitto fisso prima di tornarsene alla finestra, prese a osservarla con più attenzione.

Per la terza volta Argentina si girò verso la stanza, come se le fosse venuto in mente qualcosa di importante; mosse incerta verso la poltrona e lì sostò qualche secondo, forse indecisa se sedersi; poi si guardò intorno e attraversò il salotto, fece un ampio giro attorno al tavolino e si diresse verso un mobiletto basso, di legno, con un'unica anta leggermente ondulata, che ad Arianna ricordava il frigobar di certi alberghi. Allungò una mano, sfiorò il mobiletto, lo aprì curvando leggermente la schiena, poi si voltò all'improvviso, sembrò ricordarsi di lei, e quindi con uno scatto lo richiuse e si raddrizzò di nuovo. Sempre assorta, si aggiustò i capelli e tornò alla finestra.

Dopo aver compiuto un altro paio di queste curiose passeggiate, con piccole variazioni, una buona mezz'ora più tardi andò a sedersi in poltrona.

Con il passare delle settimane, Arianna si rese conto che non era sempre così facile accedere al computer ed entrare nel suo mondo. Nel complesso il lavoro quotidiano si riduceva a due o tre ore di lavoretti domestici e per il resto le veniva richiesto solo di essere presente. Ma c'erano giorni che la vecchia non aveva voglia di averla intorno, e allora si inventava le commissioni più inutili per cacciarla fuori e altre volte Monica, che ora sembrava molto più felice di far visita alla madre, la congedava in anticipo. Lontano da lì Arianna si sentiva persa e la sua cameretta, che per tanto tempo era stato il luogo più caldo e accogliente dell'universo, ormai le risultava quasi insopportabile. Stando meno davanti al monitor, aveva più tempo per leggere, e con il primo stipendio aveva scoperto la meraviglia di potersi comprare i libri, invece di sfogliarli in piedi nei corridoi delle librerie o prenderli in biblioteca per restituirli poi a malincuore; ma quando si trovava sdraiata sul letto con un libro in mano sentiva comunque nostalgia di quella casa, della quale non percepiva più l'odore stantio dei primi giorni, al punto che non le sarebbe affatto dispiaciuto se qualche volta Argentina le avesse chiesto di fermarsi a dormire.

In fondo non era male nemmeno il lavoro. Superato il primo impatto con lo sporco e con la fatica di riempire il secchio, strofinare o sbucciare le patate, i gesti diventavano quasi automatici e la mente poteva vagare per i fatti suoi, come le donne del paese di Argentina che vagavano tra le nuvole. E se Argentina era in forma, stare a sentire i suoi racconti era appassionante come navigare tra i suoi blog preferiti, forse di più. Tra i personaggi che aveva conosciuto, i suoi favoriti erano i monachicchi, spiritelli burloni di bambini morti senza essere battezzati, che potevano condurti fino a tesori nascosti se solo riuscivi ad acchiappare il cappellino rosso che portavano in testa. Argentina sosteneva di averlo visto da piccola, uno di questi tesori nascosti nel bosco, ma di averlo lasciato lì per paura dei briganti. E poi aveva conosciuto delle streghe, che producevano filtri d'amore con ingredienti schifosi, e raccontava un sacco di aneddoti con l'aria seria e gli occhi ridenti, al punto che Arianna non riusciva a capire quanto ci fosse di vero e quanto la prendesse in giro. Perché che le piacesse prenderla in giro era certo, ma poiché lei non si offendeva, gli scherzi si erano fatti via via più amichevoli e quasi divertenti.

Quando, invece, Argentina si faceva insopportabile, e capitava abbastanza spesso, Arianna cercava di mimetizzarsi con l'arredamento, si nascondeva nel mutismo che conosceva tanto bene, approfittava di un'occasione qualunque per uscire o sgattaiolare davanti alla tastiera.

«Ma cosa fai sempre lì davanti», le chiedeva lei se non voleva lasciarla andare. E facendo finta di niente le si parava dietro, cercando di sbirciare nel monitor aggiustandosi gli occhialetti. «È come la TV, questo coso. Non è meglio guardarsi la TV, allora? Mi sembra molto meglio, e ci sono anche più canali.»

«È molto più di una TV. Ci sono tutte le informazioni possibili e si può comunicare con tutto il mondo.»

«Ah, scemenze!» si irritava Argentina. «E con tutta questa scienza a disposizione, ti sei fatta bocciare a scuola. Pensa un po'. E mica una volta sola! No, no!»

«Lì è diverso. A scuola pretendono che uno si metta in mostra, per farsi giudicare. Io non voglio essere giudicata. Sono un disastro.»

«Ma se non ho mai visto nessuno leggere quanto te! Che disastro e disastro! Anzi, sì, hai ragione, sei davvero un completo disastro!»

E visto che ogni volta che toccavano l'argomento Arianna si incupiva e se ne restava zitta, Argentina perdeva la pazienza: «Io non ti capisco, davvero. E invece capisco benissimo perché ti hanno bocciato, e perché ti ritrovi a fare da badante a una povera vecchia». Alla fine, se Arianna resisteva alla tentazione di risponderle, non era escluso che la lasciasse in pace.

Fin dai primi giorni Argentina diventò uno dei personaggi principali delle storie di AriaLove e pian piano suscitò l'interesse dei suoi amici. Arianna prese a raccontare le peripezie quotidiane del suo nuovo lavoro con tanto entusiasmo da far sembrare la sua vita addirittura avventurosa. In particolare era il mistero del mobiletto, al quale la donna si avvicinava con circospezione quando pensava di non essere osservata, che stuzzicava la loro fantasia – c'era chi sosteneva che contenesse un tesoro, nascosto alla figlia e pronto a essere donato alla volenterosa giovane aiutante, ma l'ipotesi più accreditata era che la vecchia vi nascondesse la bottiglia – e Arianna ci ricamò sopra tutta una serie di episodi, fino a quando i lettori del blog non chiesero a gran voce di risolvere la questione con una provvida spiata.

Questo mai, rispondeva AriaLove piccata: tradire e spiare,

aprire e violare non si poteva. E quanto alla bottiglia, se anche fosse stato, certo d'alcol non si trattava. Con tutte quelle storie su streghe e pozioni magiche, con le immagini che era in grado di evocare quando raccontava dei suoi luoghi natii, tanto vivide e potenti, come tutti potevano ben vedere nei resoconti di AriaLove, non era escluso che la donna avesse trovato il modo di viaggiare con lo spirito, cosa che avrebbe anche spiegato i suoi misteriosi spegnimenti.

Un'altra delle stranezze di Argentina era la sua vera e propria ossessione per la posta. Nelle giornate buone, quando Arianna la trovava pronta e attiva, l'uscita per il ritiro della posta era l'evento più importante della mattinata; se invece la vecchia non stava bene, allora l'arrivo del postino diventava una specie di affare di stato. Seduta in poltrona, avvolta nella vestaglia e coperta dal plaid di lana, Argentina non faceva altro che guardare l'ora e insistere perché la ragazza uscisse a controllare, nemmeno stesse aspettando la risposta di un concorso a premi, e se Arianna obiettava che era ancora presto, allora la vecchia si arrabbiava e dava in escandescenze. A volte, purché la smettesse, Arianna usciva ugualmente, ben sapendo che il postino non era ancora passato, e tornava alzando le spalle e allargando le braccia con rassegnazione. Oppure faceva solo finta di scendere, per non correre il rischio di incontrare inutilmente i vicini nel portone, e invece restava a contare i secondi nascosta dietro alla porta, in modo da non rientrare troppo presto. E dire che, quand'anche il postino fosse passato, nella cassetta non avrebbero trovato niente di diverso dal solito, niente di più interessante di tristi dépliant pubblicitari, proposte di agenzie immobiliari e sconti del supermercato. La vecchia raccoglieva tutto avidamente, leggeva ogni parola, conservava i dépliant in un cestino e non buttava via niente.

Con il passare del tempo, tuttavia, il rito della posta divenne una piacevole abitudine anche per Arianna. Con qualche piccola astuzia, la ronda postale le concedeva una certa libertà, magari la possibilità di farsi un giretto, proprio verso le undici, quando scoccava l'ora più faticosa della giornata.

Era l'ora in cui il suo corpo si ribellava per essere stato svegliato all'alba e cedeva più facilmente alla noia.

Di norma, al mattino presto Arianna usciva di casa in fretta senza aver fatto colazione. L'atmosfera familiare aveva ritrovato una parvenza di normalità da quando aveva ricominciato a parlare ai suoi genitori, e tuttavia cercava di passare con loro meno tempo possibile. Per una specie di tacito accordo, dopo essersi vestita, si sforzava di fare capolino in cucina dove Massimo e suo padre, seduti a tavola, spalmavano grandi quantità di burro e marmellata e inzuppavano biscotti, mentre sua madre riscaldava il caffellatte, riempiva le tazze e riordinava tutto sgranocchiando una fetta biscottata in piedi.

Ad Arianna, a quell'ora del mattino, risultava difficile persino deglutire, ragion per cui rifiutava qualunque cosa solida le venisse offerta e ingurgitava di malavoglia il caffè amaro che le serviva sua madre.

«Ecco la nostra dama di compagnia», diceva suo fratello ogni volta.

Arianna grugniva qualcosa fra i denti.

«Ragazzi!» li ammoniva il padre, fingendo di rimproverarli, ma in fondo divertito.

Tirava un'aria di finta allegria, come se ciascuno si sforzasse di mettere in scena una rappresentazione di famiglia che aveva in testa, e Arianna, dopo pochi minuti, non ce la faceva più. Suo fratello parlava in continuazione, li metteva al corrente di tutti gli impegni della giornata, dalle ore di studio dedicate a ciascuna materia fino agli appuntamenti con la fidanzata, e alle estenuanti sedute in palestra con le quali teneva a bada la tendenza a ingrassare. Sembrava un maiale a sguazzo nella melma, felice che la sua vita piena di successi fosse al centro di tante attenzioni. Solo sua madre le sembrava più stanca del solito, spesso la sentiva sospirare e le pareva di intercettare di tanto in tanto le sue occhiate piene di preoccupazione. Da quando aveva iniziato a uscire presto per andare a lavorare si accorgeva di cose che non aveva mai notato prima, come il fatto che sua madre si facesse sempre in quattro per tutti, la mattina prima di andare in ufficio e la sera al suo ritorno, e le sembrava inconcepibile che non dicesse mai niente, non si ribellasse. Se ci pensava bene, le veniva in mente che le scenate che tanto aveva odiato in passato, e che da qualche tempo non si verificavano più, ruotavano in fondo sempre intorno ad argomenti futili, se paragonati alla schiavitù in cui lei viveva. Mai una volta che avesse chiesto loro di lavarsi i calzini o preparare la colazione. E questo pensiero le faceva ancora più rabbia.

All'improvviso si alzava, dichiarava di essere in ritardo e usciva per prima, lasciandoli attoniti, così da evitare il bacio che suo padre, dopo aver salutato la moglie, avrebbe appioppato anche a lei.

C'era voluto qualche tempo per superare la paura della metropolitana che l'aveva assalita i primi giorni. Schiacciata in mezzo agli altri passeggeri, in un piccolo vagone che viaggiava sottoterra, spesso aveva dovuto resistere alla tentazione di scendere qualche fermata prima e correre in superficie a prendere aria. Mentre il convoglio si infilava nel tunnel e le pareti intorno si facevano scure e terribilmente vicine, si lasciava andare alle fantasie più nere, immaginava di restare intrappolata mentre il treno andava in fiamme e, a occhi chiusi, con immane fatica, si ripeteva che era solo questione di abitudine, perché era stata chiusa in casa troppo a lungo. Quando arrivava a destinazione, tuttavia, invece di provare sollievo, continuava a essere attanagliata dall'ansia, che non l'abbandonava fino a quando non si sedeva davanti al computer e poteva finalmente connettersi alla rete, controllare i messaggi e aggiornarsi su tutte le attività che s'era persa la sera, quando era obbligata all'isolamento nella sua camera ormai tanto triste.

Verso l'ora di pranzo Argentina le chiedeva aiuto in cucina e qualche volta, se aveva voglia di chiacchierare, alle quattro la chiamava per il tè. Se la incalzava con le domande, Arianna si chiudeva a riccio e la conversazione diventava difficile. Ma quando iniziava a raccontare del suo paese, che aveva lasciato da ragazza, allora lei si faceva attenta. Sarebbe rimasta ad ascoltare le sue storie per ore, soprattutto quando la vecchia si sedeva nella sua poltrona preferita e parlava a ruota libera, mentre lei se ne stava davanti al monitor, con un solo auricolare per poter sentire tutto e un file aperto in mezzo alle altre finestre per prendere un appunto quando un dettaglio la colpiva. Poi Argentina si acquietava, le palpebre si facevano pesanti e bastava non fare rumore perché si assopisse o si perdesse in pensieri silenziosi e lontani.

8.

Il giorno in cui arrivò la lettera, Arianna si stava placidamente annoiando davanti al computer.

«Il postino sarà già passato, a quest'ora», borbottò Argentina dalla sua poltrona, facendo ruotare sul polso magro il cinturino dell'orologio che cascava.

Arianna controllò l'ora sullo schermo. «Dovrebbe passare tra poco.»

La giornata era uggiosa e, per quanto la vita in rete languisse, Arianna non aveva nessuna voglia di uscire.

«Lo so quando passa, vuoi che non lo sappia? Abito qui da cinquant'anni!» puntualizzò Argentina agitandosi con le mani sui braccioli come se volesse alzarsi ma non ne avesse le forze.

Arianna notò i suoi tentativi e rimase immobile a osservarla – un pesce che si dibatteva in un acquario – mentre pensava che avrebbe dovuto offrirle il suo aiuto. Ma toccare quel corpo raggrinzito le costava molto più che strofinare per terra o lavare i piatti, e c'erano giorni che anche a distanza il suo odore le penetrava nelle narici e sembrava non volersene più andare.

Argentina batté i piedi in terra e i pugni sui braccioli. La ragazza le rivolgeva uno sguardo ogni tanto e non pareva accorgersi della sua irritazione. Lei, seduta in poltrona, sentiva freddo, ma non aveva nessuna intenzione di farne parola. Non le piaceva dover chiedere le cose ovvie, ripetersi. E il freddo in quel momento non era la cosa che la preoccupava di più.

Sentiva la rabbia scorrerle nelle braccia e nelle gambe, che non riuscivano a stare ferme. Se ne sarebbe accorta prima o poi, quella buona a nulla? Perché continuava a guardarla, con quel filo bianco che le pendeva dalle orecchie, e non muoveva un dito? Di che cosa era mai fatta, di pasta frolla, di sale, di argilla? Le sembrava uno di quegli animali grossi e lenti che si vedono nei documentari, che per girare la testa impiegano interi minuti. Stava attaccata a quel calcolatore tutto il santo giorno e se era costretta a guardarla in faccia sbatteva continuamente gli occhietti porcini, come se facesse fatica a riconoscere il volto che aveva davanti. Era il volto di una persona viva, per la miseria, che parla, che chiede attenzione, non il suo stupido schermo!

In generale, le piaceva la ritrosia di quella piccola, quel modo che aveva di mantenere il distacco, un certo orgoglio per la propria inattaccabilità; sembrava una roccia, ben piantata sulla terra, la testa bassa, fino a sembrare gobba, una palla chiusa su sé stessa. Le ricordava i contadini di poche parole, ruvidi come zolle. Più volte le aveva chiesto di darle del tu e lei, proprio come avrebbe fatto un contadino, aveva scosso la testa, imperturbabile. Ma c'erano volte che le sembrava di aver a che fare più con un mulo che con una persona, e ciò che più la turbava era la sensazione che lo facesse apposta.

Argentina cominciò a tremare.

«Vuole una coperta?» chiese all'improvviso Arianna posando l'auricolare sul tavolo.

«Ma no!» urlò Argentina stizzita.

La ragazza emise un piccolo verso di stupore e Argentina perse le staffe. Possibile che si fosse già dimenticata? Possibile che non capisse?

«Te l'ho già detto! C'è la posta da ritirare e io sono tanto malandata che non riesco nemmeno ad alzarmi.»

«Ah, sì. Ora scendo.» Ciò detto si rimise l'auricolare.

Argentina la fissò sgomenta. «Allora? Vai o no? Che fai ancora lì?»

«Vado, vado. Ora scendo. Aspettavo dieci minuti, per essere sicura che il postino fosse già passato davvero.»

«Ma certo che è passato, ma che discorsi! Certo che sei una bella pigrona, eh?» inveì Argentina. Poi si alzò lentamente e, dopo essere rimasta ferma qualche secondo per ritrovare l'equilibrio, si avvicinò rapida e minacciosa. «Anzi, sai cosa ti dico?» disse puntandole contro l'indice, «potresti fare le scale a piedi: ti farebbe bene per tutta quella ciccia!»

Arianna si alzò, gettò via l'auricolare e strinse i pugni. Per un po' riuscì a sostenere lo sguardo della vecchia, poi abbassò il capo.

Non era tanto il fatto che la prendesse in giro a darle fastidio, ma piuttosto il macigno che le pesava sul petto, l'incapacità di rispondere per le rime; ché di cose da ribattere ne avrebbe avute, ma le mancava la presenza, e a cosa le serviva tutta quella carne per poi non manifestarsi al momento opportuno? In certi frangenti arrivava persino a dubitare della propria esistenza. Com'era possibile che quella donna minuta e tremante riuscisse sempre a metterla all'angolo, anche quando le sue ragioni erano tanto stupide? Quando la vecchia faceva la matta con le sue manie – come quando pretendeva che si facesse dare il resto da un negoziante in monete da cinquanta centesimi oppure si incaponiva sul fatto che il sale andasse gettato nell'acqua della pasta solo quando si vedevano le bolle, e più d'una volta le aveva ordinato di svuotare la pentola e ricominciare da capo – il massimo che riusciva a fare per non dargliela vinta consisteva nello starsene immobile e muta, con il risultato che sembrava più pazza di lei. Se poteva la lasciava blaterare e faceva di testa propria senza darsi troppi pensieri, ma era impossibile quando Argentina la toccava nel suo punto debole, le faceva una ramanzina sul cibo o, peggio, la derideva per il suo aspetto.

La sentiva vicina, l'indice ancora puntato verso di lei, ne indovinava gli occhi pieni di trionfo e desiderò di avere la forza di risedersi e far finta che nulla fosse successo. Poi si arrese. Lentamente andò alla porta.

«E stai attenta a prendere tutto, non far cadere niente! Buona a nulla!»

Arianna si lanciò lo zaino in spalla con rabbia e andò a prendere la giacca.

«Non è il caso di far le valigie! Vai solo fino al portone. E torna subito!»

Provò a sbattere la porta ma non le riuscì, perché all'ultimo istante le venne naturale frenarla con un gesto gentile e la porta si chiuse dolcemente. Con le lacrime agli occhi chiamò l'ascensore e solo dopo qualche minuto di attesa si accorse che era sempre occupato, fermo da qualche parte. Allora, sconfortata, si avviò per le scale, tirando su col naso e gettando occhiate apprensive agli appartamenti dei vicini ogni volta che svoltava a un pianerottolo. Ogni tanto era costretta a fermarsi perché aveva il fiatone e allora restava in ascolto, sperando di non incontrare nessuno.

Dal portone giungevano delle voci concitate. Si fermò: qualcuno stava litigando. Sbirciò di sotto sporgendosi nella tromba delle scale. Riconobbe la voce di Fatima, dall'accento che pareva rendere più sottili le parole, e per un attimo ne intravide le mani che spingevano la sedia a rotelle del signor Gavino. Fatima lo fece roteare con una certa violenza sul tappeto rosso, ma lui se ne restò tranquillo come sempre, prima di sparire di nuovo dalla visuale. Arianna attese, ma udendo una porta che si apriva da qualche parte sopra di lei si sentì in trappola. A testa bassa affrontò l'ultima rampa.

Fatima, come una furia, cercava di manovrare la sedia a rotelle per entrare in ascensore, mentre il signor Gavino, ora un po' sghembo, roteava gli occhi di qua e di là e muoveva le labbra. Sulla porta dell'ascensore, a sbarrare il passo, c'era la vicina del terzo piano, la Borgonovo, che era livida di rabbia e urlava dei monosillabi. Passando rapida tra le due, Arianna ebbe appena il tempo di notare la bocca della Borgonovo, disegnata male da un rossetto fiammeggiante, e quella di Fatima, che nonostante la concitazione trovò il modo di farle un fuggevole sorriso. Uscì senza nemmeno guardare le cassette della posta e nell'aria umida di goccioline, dopo essersi voltata di qua e di là, si incamminò verso il centro.

In momenti come quello si vergognava della propria debolezza. Non aveva nessuna voglia di uscire, né un posto dove andare, eppure era bastata la presenza delle due vicine per impedirle di portare a termine un compito piccolo piccolo come aprire la cassetta della posta. Era fuggita, sentendosi in colpa persino per lo spazio che occupava. Lo sguardo dei passanti calava su di lei come una scure. Si spostavano a frotte in entrambe le direzioni e sciamavano da un negozio all'altro come se l'acquisto fosse l'unica ragione plausibile per trovarsi a piedi a quell'ora in quella via di Milano. Lei non voleva andare avanti e non poteva tornare indietro. Alla fine svoltò in una traversa deserta e si infilò nel primo negozio che le parve abbastanza rassicurante.

Era una panetteria. Un uomo dalle braccia grosse che spuntavano dal grembiule bianco stava servendo una signora e c'erano altre due donne in attesa. Arianna si sistemò in un angolo, vicino alla porta. Le focacce e i dolci in esposizione le facevano venire l'acquolina. Altre due persone entrarono e le passarono davanti. Fu il panettiere che, all'improvviso, la chiamò.

«Signorina?»

Arianna lo guardò stupita.

«Tocca a lei, giusto?»

Il tono gentile dell'uomo, in perfetta armonia con il profumo di buono, la tranquillizzò.

«Vorrei una brioche al cioccolato, per favore. E poi», aggiunse arrossendo, «vorrei quella pagnotta.»

Il panettiere si voltò e indicò a sua volta una pagnotta che spiccava sopra le altre in un espositore di legno alle sue spalle.

«Il pane giallo!» esclamò e fece un cenno d'approvazione con la testa.

Arianna se ne uscì contenta con l'involto del grosso pane giallo sotto al braccio e la brioche in bocca. Il pane l'aveva preso per Argentina – le piaceva quel tipo di pagnotta rustica, le ricordava il suo paese – e già le sembrava che aver comprato qualcosa per lei potesse mettere a posto le cose.

Prima di rientrare si guardò in una vetrina e spazzolò via le briciole dal petto. Dentro il portone, per fortuna, non c'era più nessuno e tutto era tranquillo.

Aprendo lo sportellino della cassetta della posta fece cadere due volantini. Li raccolse. Due copie dello stesso annuncio immobiliare. Li appallottolò e li gettò in un grosso portaombrelli, già pieno di cartacce. Afferrò il resto. C'erano le solite cose: la pubblicità di un centro estetico che qualcuno aveva distribuito in tutte le cassette, lasciando anche un cospicuo mazzo di volantini abbandonati in terra sotto il casellario, e un foglietto stampato alla bell'e meglio che reclamizzava l'opera di un imbianchino tuttofare. E poi c'era una lettera.

La busta era azzurrina, l'indirizzo scritto a mano. Il mittente, un certo Rocco Pace, di Grassano. La vecchia rompiscatole sarebbe stata felice di ricevere una lettera dal suo paese. Tenendo l'involto tra le ginocchia aprì lo zaino e vi ficcò tutto dentro.

Fu sorpresa di trovarsela lì davanti, nell'ingresso, carica come una molla pronta a scattare. Sembrava infuriata. Gli occhi grandi, fuori dalle orbite, le davano l'aspetto di uno di quei cagnetti da salotto che si arrabbiano per un niente.

«Quanto ci hai messo?»

«Sono andata a prendere il pane, quello che le piace.»

«Ma che pane e pane!» sbraitò lei. «Ti avevo detto la posta! Ci hai messo un'ora. E dov'è la posta?»

Arianna, impacciata, posò il pane sul tavolino e aprì lo zaino. «C'era una lettera», balbettò.

Argentina, invece di mostrarsi contenta, aggrottò la fronte e rapida come un avvoltoio le strappò la busta di mano.

«Dammi qua, è mia», disse portandosela al petto e, dopo averla fulminata con lo sguardo, a passo veloce, se ne andò in camera e si sbatté la porta alle spalle.

Argentina si sedette sul letto. Le tremavano le mani, strette intorno al suo unico bene, il corpo intero scosso dai fremiti, non più indolenzito, ma attraversato da ondate di energia inutile, destinata a disperdersi, a farsi rabbia e dolore.

Stupida ragazzina, pensò. Stupida, stupida ragazzina.

L'aveva lasciata ad aspettare come una povera allocca, come una donnicciola innamorata che spasima e guarda sempre nella stessa direzione, con il cuore che galoppa, verso la porta di casa, da dove potrebbero arrivare segni di lui, e più che di lui sono segni dell'esistenza di lei, di Argentina, della sua stessa vita, perché senza quei segni la vita non c'è, allora e soprattutto adesso che la vita è trascorsa e sta per finire e il desiderio stranamente si fa più urgente, proprio ora che non può più essere soddisfatto, ora che non c'è più un corpo che possa sostenerlo; ma non è vero, non è affatto vero, questo corpo c'è, e c'è vita, finché ci sarà il pensiero dell'amore, l'unico pensiero che abbia attraversato ogni sua giornata, nessuna esclusa, da quando l'ha visto per la prima volta, anche ora che è decrepita, sì, ora come allora, quando piena di speranza guardava verso il portale della chiesa, verso l'arcata sotto la quale lui sarebbe passato.

Era umido dentro la chiesa della Madonna della Neve, dove lei e le cugine si stipavano l'una contro l'altra, al rintocco della campana, prima dell'alba, per la funzione del *matinin*. Le donne più anziane sono sedute sulle sedie portate da casa, le ragazze come Argentina in piedi alla parete, e i giovani maschi hanno occhi solo per loro, mentre entrano disordinatamente e si fanno avanti, i fiati pesanti di freddo, gesti che si cercano, colpi di tosse.

Rocco non c'è, non si vede. Argentina non sente nemmeno ciò che accade intorno, non sta attenta, più volte Filomena le dà di gomito per farle aprire la bocca insieme a tutti gli altri, ma lei non riesce a pensare ad altro che all'assenza che le segnerà la giornata, le mani rovinate dal freddo e dal lavoro contratte intorno allo scialle. Finché non le giunge una gomitata più forte, diversa, e allora si volta verso la cugina e segue il suo sorriso malizioso fino al dito puntato, e dall'indice alla spalla di un uomo dall'altra parte della chiesa, laggiù, sotto l'arcata. E dietro, apriti cuore, gli occhi neri che sembrano esistere solo per lei.

Argentina, stringendo la lettera fra le mani, si sfiorò il petto, ma gli occhiali non c'erano e nemmeno erano appoggiati sul comodino. Respirò profondamente e si alzò in piedi. I tremori erano passati.

Andò in salotto, guardò sulla poltrona e in terra, dove a

volte gli occhiali cadevano dopo essere stati in bilico sul bracciolo. Non erano neppure lì. E allora l'avrebbe letta più tardi, la lettera, e adesso l'avrebbe messa al sicuro, nascosta insieme alle altre.

Arianna era concentrata davanti al computer, l'espressione corrucciata, i gomiti sul tavolo e le mani sulle orecchie. Argentina si avvicinò al mobiletto che conteneva il suo segreto, lanciò ancora un'occhiata alla ragazza e, credendola profondamente assorta nelle sue faccende, si chinò e aprì veloce la porticina. Arianna con la coda dell'occhio la vide muoversi di scatto e smise di leggere. Argentina raggiunse la scatola con le mani, ne sollevò il coperchio senza togliere le stoffe. Arianna trattenne il respiro. Vide la lettera scivolare all'interno. Argentina chiuse lo sportello e gettò un'occhiata alla ragazza. Arianna, immobile, fissava lo schermo.

Argentina se ne andò alla finestra. La fanciulla era ancora offesa, naturalmente, e così imbronciata le faceva tenerezza. Era così giovane, pensò la vecchia. Improvvisamente si sentì invadere da una grande nostalgia, da un'infinita tristezza.

«Dove l'hai lasciato il pane?» le chiese.

Arianna riprese a respirare e fece capolino da dietro lo schermo.

«Non lo so, sarà rimasto nell'ingresso.»

Argentina andò a vedere. Era proprio lì. Tornò da lei con il pacco tra le mani. «Hai fatto bene a prenderlo», disse sorridendo. «È quello giallo, è buono. Mi ricorda il pane che si faceva a casa.»

Arianna si tolse l'auricolare e sospirò.

«Quando non c'era abbastanza grano, ci si mettevano dentro altre farine, e anche i legumi schiacciati, a volte, sai? E si faceva un segno, qui sopra, un timbro, per riconoscerlo quando si portava al forno pubblico.»

La ragazza non sorrideva ma ascoltava con attenzione.

«Noi avevamo il forno in casa, ma il timbro lo facevamo lo stesso, mia mamma me lo faceva fare, perché a me piaceva. Ero figlia unica. Dopo di me non ne sono arrivati più. La vizi, le diceva mia nonna. Diceva: *Turci 'u vign' quann' iè mninn', ca quann' iè grann' na lu turci cchiù!*» Argentina rise. «Hai capito cos'ho detto?»

Arianna fece di no con la testa.

«Piega il vimine da piccolo, ché da grande non lo pieghi più! Vieni, aiutami a trovare gli occhiali, che ti faccio vedere come si taglia, col coltello contro il petto, così impari per bene anche tu.»

9.

Le notti si stavano accorciando.

Argentina, che aveva il sonno breve e leggero, e dormiva un'ora, forse due, mentre per il resto del tempo che trascorreva a letto pensava e ascoltava, mescolando i rumori notturni della città con i ricordi, se ne accorse prima degli altri.

Pensava e osservava il suo pezzetto di cielo nero, come il fondo di un pozzo tra i tetti dei palazzi, riempiendolo del cielo immenso che si era portata da casa, la spessa trapunta che al paese si stendeva ogni notte sulla terra, coprendola di stelle, e a mezzogiorno diventava un abbacinante abito da sposa. Qualcuno in città si sarebbe sorpreso, un giorno, nel trovarsi la primavera alla finestra, perché non si era accorto che mattina dopo mattina la luce del sole era arrivata in anticipo, di poco, ma ogni volta un poco di più.

Anche a Milano l'inverno era lungo, ma Argentina non pregava più perché arrivasse la primavera, come da piccola, quando aveva sempre freddo e nella stalla, mentre le donne parlavano e filavano, lei si scaldava al fiato delle bestie aspirandone forte l'odore e ascoltava i discorsi, le risate soffocate, le allusioni che pian piano cominciava a capire e desiderava con tutto il cuore che venisse presto la Pasqua con i suoi misteri e il Maggio con le sue feste. E più le capre puzzavano, più s'immaginava l'aria calda entrarle nei polmoni, perché la nonna glielo diceva sempre, d'estate, quando lei si lamentava della puzza del maiale, che con la neve che cancellava tutto l'avrebbe rimpianto, quell'alito di vita.

Ora non aveva più fretta, era dovuta diventare vecchia per imparare a non avere fretta, e amava l'inverno che si portava dentro la bella stagione come una donna gravida e così se ne stava al caldo delle coperte a osservare il cielo, che si rischiarava ogni giorno un po' prima, attraverso la finestra dalla tapparella alzata. E aspettava, aspettava, a occhi chiusi o aperti non faceva più differenza, mentre la vita ripassava lenta davanti a lei in una magnifica processione, e nel frattempo scorreva anche quattro piani sotto, nel traffico che andava ingrossandosi e spaccava il silenzio della notte lucana che per pochi attimi lei aveva ricreato intorno a sé.

Si accorse subito che qualcosa non andava quando tentò di drizzarsi meglio sui cuscini. Appoggiare di nuovo la nuca fu un enorme sollievo e solo dopo qualche minuto che cercava di stare immobile a occhi chiusi finalmente la stanza smise di girare. Poteva essere la pressione bassa o forse era colpa della cervicale, che a giorni alterni la faceva impazzire. Comunque in quella posizione le ossa non le facevano troppo male.

Le scappava la pipì, ma poteva resistere ancora un po'. Se solo avesse potuto guardare l'orologio luminoso sul comodino si sarebbe fatta un'idea di quanto ancora c'era da aspettare, ma alzare il collo e voltare la testa le costava un'immensa fatica. Fuori era ancora buio. Doveva essere molto presto.

Tese l'orecchio per sentire i rumori della strada. Non aveva ancora udito il cinguettio degli uccelli né la campana di Santa Francesca.

Accarezzò il tasto per la chiamata d'emergenza che Monica voleva si appendesse al collo di notte. In caso di bisogno quel tasto avrebbe fatto suonare un allarme da qualche parte a casa di sua figlia e lei si sarebbe precipitata o avrebbe mandato un'ambulanza a prenderla. Non era di grande aiuto saperlo. E che cos'era poi un'emergenza? Se fosse stata tanto male da non riuscire più a capire dove si trovava, le sarebbe venuto naturale schiacciare un tasto che portava appeso come una collana? E la pipì, era un'emergenza o no dover fare la pipì e non riuscire ad alzarsi dal letto?

Alzarsi non poteva e ora che aveva trovato una posizione stabile per la testa sarebbe rimasta così, ferma, fino all'arrivo di Arianna. Piuttosto che muoversi si sarebbe fatta la pipì addosso. Già vedeva la faccia schifata che avrebbe fatto la ragazza.

Una ciocca di capelli le solleticava la narice. La prese in una mano, si grattò la guancia e quando sollevò la ciocca vide il bianco brillare in mezzo alle dita sporche di sangue. Con un altro sforzo allungò l'altra mano verso il comodino e prese un fazzoletto con il quale si tamponò la guancia. Il sangue era poco, doveva trattarsi solo di un graffio.

Se le avessero aperto il corpo avrebbero trovato poche gocce di sangue raggrumato. E niente più pipì, che stava scorrendo calda sotto di lei a bagnare il materasso.

Fu svegliata dal campanello. Doveva essersi riassopita.

Il suono si ripeté e poi Arianna aprì la porta di casa. La sentì richiudere, togliersi la giacca e andare in salotto, poi in cucina, tornare indietro e finalmente la vide comparire timidamente sulla soglia della camera. Aveva il respiro pesante, per quel poco di movimento che aveva fatto.

«Sono Arianna, signora», sussurrò. «Dorme ancora?»

«No», rispose Argentina, «ti ho sentito.»

Si toccò la camicia da notte, che era bagnata. Cercò di alzarsi un pochino sui gomiti. Sarebbe andata a lavarsi da sola, se la testa avesse smesso di girare. Ma aveva la nausea e il dolore alla schiena era aumentato.

Arianna avanzò un pochino, cercando di distinguere nella penombra la piccola sagoma affondata tra i cuscini.

«Accendi pure la luce, quella lì piccola sul comodino», le disse Argentina.

Arianna obbedì e non appena i suoi occhi si abituarono alla luce Argentina vide che aveva indosso una tuta spessa di un viola sgargiante e si tormentava le mani l'una con l'altra.

Restarono a guardarsi un po'.

«È nuova?» chiese Argentina.

«Sì.»

«È bella.»

«Grazie.»

«Stamattina sto male, non riesco ad alzarmi.»

«Ha la febbre?» chiese Arianna, restando immobile dov'era.

Se ne stava lì impacciata, senza far niente. Argentina si spazientì.

«Non ho la febbre», disse seccata. «È la cervicale. È questa maledetta cervicale! E poi... devo andare in bagno. Vieni un po' qui, non startene lì impalata. Prova ad aiutarmi a scendere.»

Arianna si avvicinò. Argentina sollevò un po' la coperta per alzarsi, ma la forza non le bastò e la coperta ricadde. La ragazza fu investita da una zaffata d'urina e fece un passo indietro.

Argentina si abbandonò spossata sui cuscini. Le lanciò un'occhiata furibonda e fece un ghigno.

«Sì. Mi sono pisciata addosso, e allora? Non ti è mai successo? Di certo quando eri in fasce, e ti succederà di nuovo, vedrai», disse. Si portò una mano sugli occhi, come per piangere, ma la sua era una tristezza secca e umiliante, una specie di disperazione senza via d'uscita. Con Arianna che la osservava con quell'espressione di disgusto sul volto, rimpianse Irina, la scontrosa e pratica Irina, che sapeva sempre cosa fare. Tuttavia, vedendola così, paralizzata, provò pena per lei.

«Ho bisogno di un'iniezione, altrimenti non riesco a muovermi. Tu non sai fare le iniezioni, suppongo.»

Arianna scosse la testa, intimorita.

«Senti, forse è meglio se vai a chiamare Fatima, la badante del signor Gavino, del primo piano. La conosci, no?»

Arianna non se lo fece ripetere due volte e senza nemmeno lasciarla finire di parlare si precipitò fuori dalla stanza.

Non era stato l'odore dell'urina a sconvolgerla, ma ciò che quella puzza rappresentava, il disfacimento del corpo, la perdita del controllo, l'avvicinarsi del limite estremo. Sul volto della vecchia aveva letto la disperazione, il dolore, la consapevolezza.

Quando suonò alla porta del primo piano, era talmente agitata che dovette ripetere più volte a Fatima che non si trattava di una cosa grave: no, la signora non era caduta, e no, non era necessario chiamare un'ambulanza, serviva solo farle un'iniezione di antidolorifico in modo che potesse muoversi.

Fatima andò a prendere una borsa e la seguì.

«Facciamo presto», disse, «non posso lasciarlo solo.»

Poi quando furono in ascensore le toccò un braccio per farsi guardare. «Ma sai che cosa voleva quella pazza l'altro giorno?» le disse. Senza aspettare una risposta da parte di Arianna continuò: «Dice che rigo l'ascensore entrando con la carrozzella. Che non devo usarlo! Capito? E cosa devo fare, io? Portarmelo in spalla su e giù? È colpa mia se hanno fatto un ascensore così piccolo...».

Quando le porte si riaprirono, si interruppe per guardarla bene. «Ma tu sei preoccupata...»

Terrorizzata, pensò Arianna.

«Mal di schiena, hai detto?»

Annuì.

«Non devi preoccuparti. È normale che stiano male, sai? La signora Argentina è vecchia, più vecchia del mio.»

Addirittura?

«Però lei è in gamba! Ed è anche una bella rompiscatole, pure lei, quando va bene.»

Una gran rompiscatole davvero, pensò Arianna, e sorrise.

Fatima si mise a ridere.

La donna entrò in casa senza aspettare che Arianna le facesse strada e si diresse con sicurezza verso la camera. Arianna restò sulla soglia della stanza.

«Qui bisogna cambiarsi!» disse Fatima con il tono di voce alto e allegro che avrebbe usato con un bambino.

Argentina si lamentò, ma lei le intimò di non fare i capricci.

«Ti viene l'arsura», le disse.

Con modi decisi aprì un cassetto dentro l'armadio, prese delle lenzuola, le appoggiò sul letto gemello, poi con rapidità e sicurezza spostò il leggero corpo di Argentina da una parte e dall'altra mentre con l'abilità di un prestigiatore toglieva e rimetteva le lenzuola sotto. Argentina continuò a lamentarsi dei dolori, ma la lasciò fare. Prima di praticarle l'iniezione la portò in bagno per lavarla.

Arianna seguì tutte le operazioni a distanza, spostandosi appena per farle passare. Quando Fatima ebbe finito, se ne andò con la stessa semplicità con la quale era arrivata.

Argentina era stesa su un fianco, il cuscino doppio, la coperta tirata fino al collo.

Arianna, sempre sulla soglia, restò a guardarla a lungo.

Per tutta la mattina andò avanti e indietro tra il salotto e la camera, tra la vecchia che si rigirava agitata nel letto e il suo computer.

A mezzogiorno si fece portare una pizza e dopo averla divorata piegò il cartone e lo infilò bene in fondo al bidone della carta perché Monica non lo notasse.

Sentendo che Argentina si muoveva le chiese se desiderasse qualcosa, magari un tè, ma non capì la risposta. Lo preparò ugualmente, rovesciò l'acqua bollente sulla bustina nella teiera e sistemò il servizio su un vassoio che poi lasciò sul tavolo della cucina.

Quando si affacciò nuovamente alla camera da letto, la testa della vecchia era leggermente reclinata da una parte e nella penombra non si poteva capire se dormisse davvero. Si avvicinò in punta di piedi. Le mani immobili, incrociate sul petto, sembravano quelle di una morta e facevano una certa impressione. Niente si muoveva, nemmeno il torace al ritmo del respiro.

Arianna si avvicinò ancora e le mise un dito sotto al naso, una piccola escrescenza carnosa sul muso da tartaruga. Argentina tirò un respiro più profondo, come se si fosse accorta della sua presenza. Allora Arianna ritirò la mano e indietreggiò lentamente. Dormiva.

Dalla finestra del salotto si vedeva un piccolo scorcio di corso Buenos Aires e un lungo tratto di una strada più tranquilla. Era una bella giornata. Ormai si sentiva aria di primavera e finalmente sembrava che Milano avesse una qualche ragione d'imprimere la solita velocità alle cose e alle persone.

Si voltò. C'era, lì davanti a lei, il misterioso mobiletto, intorno al quale lei e i suoi amici avevano tanto fantasticato.

Qualche giorno prima Argentina ci aveva nascosto la lettera di quel Rocco, credendo di non essere osservata. All'improvviso, le sembrò che dare una sbirciatina non sarebbe stato poi così grave, tanto più che la lettera gliel'aveva portata lei e per tutto ringraziamento era stata maltrattata. La vecchia, d'altra parte, non sarebbe mai venuta a saperlo.

Andò ad assicurarsi che stesse ancora dormendo.

Tornata in salotto poggiò un ginocchio per terra, di fronte al mobiletto, e lo aprì. Dentro, attaccato sotto al tettuccio, c'era un marchingegno nero e dorato e, sulla destra, un grande ingranaggio: capì che si trattava di una macchina per cucire dalla quantità di stoffe e scampoli che vi stavano sotto. Li tastò e ne tirò fuori qualcuno. C'erano toppe di velluto a coste che ad accarezzarle cambiavano tonalità e sciarpine di seta sgargianti e sfilacciate, in mezzo a pezze di tessuti più ordinari. La lettera doveva essere nascosta nel mucchio.

Infilando una mano più in profondità sentì finalmente qualcosa e l'afferrò. Era una scatola di latta, fredda al tatto, leggermente ammaccata in qualche punto.

Il ginocchio sul quale si era appoggiata cominciava a farle male. Si sedette con la schiena contro al muro, la scatola in grembo.

Si sentiva un po' in colpa per quello che stava facendo, eppure le sarebbe piaciuto poter finalmente svelare il segreto: dopotutto era meglio che si trattasse di lettere e non delle pozioni di una strega.

Sollevò il coperchio con il cuore in gola. Ogni rumore la faceva sobbalzare. Dentro la scatola c'erano effettivamente delle lettere azzurre, uguali a quella che le aveva consegnato, legate con un nastro e sotto, piegati, c'erano fogli color avorio, zeppi di una calligrafia minuta e disordinata. Stava per sciogliere il nodo, quando un tonfo la allarmò. Veloce chiuse la scatola, si alzò e la fece sparire tra le stoffe, poi chiuse anche il mobiletto.

Andò alla porta. Il corridoio era immerso nel silenzio. Dalla camera di Argentina non giungeva alcun rumore. La vecchia era nel suo letto, sempre addormentata. Arianna attese qualche minuto, ferma tra le due stanze, ascoltando il battito del proprio cuore. Poi tornò a prendere la scatola.

Il foglio che estrasse dalla prima busta era piegato in tre e la grafia era ordinatissima e pulita. La lettera iniziava con un altisonante: «Mia amatissima» e finiva con: «Tuo per sempre, Rocco». Arianna, sorpresa di trovarsi tra le mani una lettera d'amore, la lesse d'un fiato. Rocco raccontava piccoli fatti quotidiani, come la paura per il cane Pirro, che era sparito per un giorno intero e poi era tornato tutto sporco e contento, o la precoce fioritura della mimosa. Il resto erano frasi piuttosto convenzionali, alcune delle quali, ci avrebbe giurato, copiate pari pari da qualche libro.

Un po' delusa, ripiegò con cura il foglio, ma mentre lo infilava nella busta, un altro rumore la fece sussultare. Con una certa fatica si mise in piedi, andò alla porta, sbirciò nell'ingresso e in corridoio e tese le orecchie, ma non sentì più nulla, a parte il solito chiasso che proveniva dalla strada. Raccolse da terra la scatola e la portò sul tavolo, dove sarebbe stata più comoda. Scelse un'altra lettera e l'aprì. Era molto simile alla precedente e allora, dopo averla riposta, passò ai fogli color avorio.

Erano le brutte copie delle lettere di Argentina e leggerle non era tanto semplice, a causa delle innumerevoli correzioni che recavano riga su riga e della grafia un po' contorta. Ma mano a mano che Arianna si abituava e procedeva, il suo interesse si faceva sempre più vivo, e anche il senso di colpa, e la paura di essere sorpresa, perché tra le dita si trovava all'improvviso un'anima messa a nudo; e più si diceva che avrebbe dovuto smettere, come quando si sorprende qualcuno nell'espressione della sua intimità e si distoglie lo sguardo, più cresceva il desiderio di andare avanti e immergersi in quel mare di sensazioni dense. Era come entrare dentro a una persona, lettera dopo lettera, sentire sulla propria pelle l'ardore di un altro, un ardore che non poteva venire da quel corpo che lei conosceva e che – anche solo pensarlo le riusciva difficile – era, in fondo, sgradevole, anzi era, a volerla dire tutta, davvero repellente; e via via che formulava questo pensiero sentiva che la sua curiosità si faceva sempre più morbosa e la sua vergogna più forte, e non sapeva più se fosse vergogna per ciò che sentiva su di sé, quasi fosse lei la protagonista di quella passione, o per la brutta azione che stava facendo, o ancora per aver pensato al corpo della donna che era capace di scrivere quelle cose come a un oggetto disgustoso.

Il verso che la indusse a voltarsi fu una specie di rantolo, il grido cupo di una bestia ferita a morte. Arianna si girò di scatto, i peli delle braccia irti per lo spavento. Argentina era a un metro da lei e la fissava, con le mani affondate nei capelli che erano scappati alle forcine.

«Le mie lettere!» urlò.

Si lanciò su di lei.

Arianna si alzò dalla sedia appena in tempo per non farsi artigliare e Argentina si gettò sul tavolo abbracciando il suo tesoro. Cominciò a gemere e Arianna, nel vedere la fragile schiena che fremeva, temette che si fosse rotta qualcosa. Poi la vecchia si mosse e la scatola cadde in terra rovesciando tutto il suo contenuto, mentre lei continuava a inframmezzare urla e frasi lasciate a metà.

«Tu! Vigliacca! Come hai potuto... Stupida cicciona! Sporca traditrice!» gridò mentre si inginocchiava e cercava di raccogliere i fogli, ma nella confusione non faceva che peggiorare il disordine.

Arianna, sconvolta, provò a balbettare qualche spiegazione, ma Argentina, feroce come una furia, le si gettò addosso cercando di graffiarle la faccia. Arianna, per paura di farle male, si coprì il volto e restò ferma, sentendo le botte che si abbattevano sulle sue braccia. L'attacco durò poco.

Quando i colpi finirono, allontanando le mani dagli occhi, Arianna vide la vecchia appoggiata al tavolo, in affanno, con le mani sul petto.

Ora le viene un infarto, pensò.

Ma il respiro della donna divenne via via più regolare. Semplicemente piangeva.

«Vattene», le disse, «fuori di qui. Non ti voglio vedere mai più.»

Poi cercò ancora di chinarsi per raccogliere quello che

era caduto e Arianna istintivamente si avvicinò per aiutarla, ma lei riprese a urlare.

«Vattene, vattene, ti ho detto!»

Arianna a capo chino uscì dalla stanza, indietreggiando. Ferma nell'ingresso, indecisa sul da farsi, fu colta di sorpresa dal rumore dell'ascensore che si apriva al loro piano. Poco dopo sentì le chiavi girare nella toppa.

Trovando la catena a bloccare la porta, Monica cominciò a scampanellare.

Arianna tornò veloce sui suoi passi. La vecchia era ancora inginocchiata sulle lettere, troppo debole per riuscire a metterle a posto. Alzò gli occhi terrorizzati.

«No, mia figlia no...» cominciò a gemere con disperazione.

Arianna si avvicinò per aiutarla, ma Argentina le brandì davanti il pugno chiuso e riprese a emettere versi ferini.

Intanto Monica continuava a suonare e, ormai in preda alla rabbia, gridava: «Mamma, apri! Arianna!».

Allora la ragazza, più velocemente che poté, chiuse la porta del salotto, corse in cucina, si guardò intorno in cerca di qualcosa, vide il servizio da tè sul vassoio, lo scaraventò per terra con forza e, mentre i pezzi di ceramica si frantumavano e la zuccheriera rotolava sotto la credenza, tornò nell'ingresso per aprire a Monica, che adesso stava sbattendo contro la catenella urlando, più inviperita che mai.

Monica entrò spingendo e obbligando Arianna a indietreggiare per non essere travolta. La guardò con gli occhi fuori dalle orbite.

«Ma che succede, cos'è stato questo fracasso? Perché ci hai messo tanto? Quante volte ti ho detto di non mettere la catena?»

«Mi dispiace...» balbettò lei.

Monica appese la pelliccia e guardò con sospetto la porta chiusa.

«Dov'è la mamma?»

Arianna le sbarrò il passo.

«In cucina», disse tremando.

«Ma che fai?» Monica la guardò perplessa, poi si avviò verso la cucina.

«Penso di aver combinato un guaio...» mormorò seguendola.

«Che guaio? Dov'è la mamma?»

Monica percorse il corridoio di gran carriera.

«Oh Signore! Ma cosa è successo qui dentro?» disse vedendo il disastro sul pavimento.

La teiera sembrava intatta, ma il tè si era allargato in una pozza sotto al tavolo e la zuccheriera, rotolando, aveva sparso il suo contenuto in una scia curva e irregolare. Il piattino e la tazza si erano rotti in più pezzi e il vassoio giaceva rovesciato.

Arianna sentì le guance andare in fiamme mentre Monica spostava lo sguardo dal pavimento alla sua faccia.

«Ma che cosa hai fatto? Ma sei una... sei... incredibile!» strillò battendo un piede per terra. Poi sembrò ricordarsi di qualcosa: «E la mamma? Dov'è la mamma?».

«Ah, sì», balbettò Arianna ben piantata nello specchio della porta. «Lei è in salotto. È arrabbiata. Vede... Volevo fare il tè, ma sono inciampata... La signora si è arrabbiata molto.»

«Ci credo che si è arrabbiata!» disse Monica cercando di passare.

Ma Arianna alzò una mano per farle capire che prima doveva ancora dire una cosa e Monica, guardandola come fosse una mendicante che cerca di fermare la gente per strada, fece un passo indietro.

«La signora, be' ecco, mi vuole cacciare...»

«Oh benedetta ragazza! Come darle torto! Guarda cos'hai combinato! Ci teneva tanto a quel servizio, gliel'aveva regalato mio padre», disse Monica.

Arianna desiderò sprofondare sotto terra. Abbassò gli occhi. «Lo ripago io...» mormorò.

Monica reagì con un gesto di stizza. «Non è una questione di soldi... era un valore affettivo», disse. «Pulisci tutto, dai», aggiunse con un tono più mite. Poi le fece segno di farsi da parte. «Io vado da lei. E comunque», continuò riprendendo il solito tono autoritario, «quanto a mandarti via, ne parleremo, è una cosa che decido io.»

Mentre la donna si allontanava, Arianna con lo stomaco in

tumulto raccolse i cocci, mortificata. Della teiera si era rotto solo il becco e i pezzi della tazza sembravano piuttosto grossi. Radunò velocemente su un piatto quelli che forse potevano essere incollati. Asciugò e pulì il pavimento, mentre con l'orecchio ben teso cercava di capire cosa stesse succedendo dall'altra parte della casa. Non aveva fretta di finire, per paura di dover assistere a un'altra scena penosa e dover fornire altre imbarazzanti spiegazioni.

Terminato il suo compito, tuttavia, poiché nessuno la veniva a cercare, raggiunse le due donne in salotto, sperando che la lasciassero andare. Argentina era seduta nella sua poltrona, immobile, con le mani davanti alla faccia e i capelli bianchi scompigliati. Monica, in piedi accanto a lei, le teneva una mano sulla spalla e le parlava sottovoce. Della scatola e delle lettere non c'era alcuna traccia.

Arianna, in punta di piedi, si portò vicino al computer e lo spense con delicatezza. Si issò lo zaino in spalla e attese che Monica desse segno di essersi accorta di lei.

Finalmente la donna la guardò. «Domani è meglio se non vieni», le disse.

Arianna annuì.

«Io non la voglio più vedere», piagnucolò Argentina, la faccia sprofondata tra le mani.

«Allora, io vado», mormorò Arianna, che non vedeva l'ora di togliersi d'impiccio.

Passando disse piano: «Mi dispiace».

E Monica, senza capire, la esortò ad allontanarsi: «Va', va'», le disse. «Ti chiamo io tra qualche giorno.»

Allora Arianna se ne uscì, stanca e triste. Invece di dirigersi subito alla metropolitana si trascinò fino al bar. Guardò la vetrinetta, ma non le venne voglia di niente.

10.

Con una manata zittì la sveglia e si girò dall'altra parte, mentre ricordava che quella mattina non era necessario alzarsi presto e sentiva il calore di quel pensiero spandersi per tutto il corpo. Tuttavia una piccola ansia la obbligava a muovere le membra e a rigirarsi in continuazione, come un minuscolo tarlo nel cervello che rodeva e non ne voleva sapere di andar via. Arianna cercò di godersi il sonno mattutino, di svuotare la testa, ma ogni rumore prodotto dalla casa richiamava la sua attenzione, suo padre che tossiva, suo fratello che aveva acceso il televisore per sentire le previsioni meteo, e ora urlava qualcosa – «Papà, vieni a vedere!» – e poi il phon, lo sciacquone, un altro colpo di tosse.

Non c'era niente di familiare in quel sottofondo, niente a cui le sembrasse di appartenere. Si immaginò di girare per la casa nel suo imbarazzante pigiama rosa e non riuscire a trovare un angolo dove sentirsi a proprio agio. Persino la camera era diventata fredda ed estranea da quando non c'era più il computer davanti al quale sedersi. Solo sotto le coperte, al buio, la faccia nascosta nel lenzuolo, le pareva di sentirsi vicina a sé stessa, a quel minuscolo punto rosso che doveva essere il suo cuore, dentro, in profondità, dove nessun altro era mai arrivato. Con la testa sotto, i suoni si facevano ovattati e poteva illudersi di star bene per qualche istante, far tacere il tarlo, sentirsi al mondo.

Cominciò ad accarezzarsi piano, ma la porta si aprì all'improvviso e la magia si ruppe. Una lama di luce tagliò la penombra e Arianna, le palpebre serrate, percepì il respiro di sua madre molto vicino.

«Ari, la sveglia è suonata da un po'. Farai tardi.»

«Mmm», mugolò lei.

Silvia uscì, lasciando la porta aperta. I rumori si fecero più forti, Arianna si voltò verso la luce e aprì gli occhi. Di tanto in tanto vedeva passare un'ombra nel corridoio. Il pensiero di non aver niente da fare, all'inizio così piacevole e caldo, diventò un vuoto dentro, proprio in coincidenza con la cavità dello stomaco.

Sua madre ricomparve davanti alla soglia.

«Ari, non stai bene?»

«Sì, sì, sto bene», bofonchiò lei, sdraiata sulla schiena, mentre si parava gli occhi con un braccio.

«Sono già le sette e mezzo», disse Silvia e si allontanò.

Arianna si rigirò nel letto ancora un po', poi, dopo aver sentito la porta di casa aprirsi e chiudersi due volte, si alzò e in pigiama andò in cucina. Massimo e suo padre erano già usciti, mentre la madre, perfettamente vestita per andare in ufficio, se si escludevano le scarpe nere con il tacco pronte a essere calzate accanto alla borsa nell'ingresso, stava davanti al fornello con un pentolino in mano.

«Ti scaldo il caffè?»

«Faccio io.»

Silvia guardò l'orologio. «Tanto, ho già fatto tardi, ormai. Già che ci sono, ti scaldo il caffè. O vuoi che te lo faccia nuovo con la caffettiera?»

«Va bene quello che c'è, ma faccio io, davvero.»

Sua madre esitò prima di farle una timida carezza sulla spalla, come se l'avesse desiderato per tanto tempo e non avesse saputo come si faceva.

«Non ti preoccupare. Siediti», le ingiunse.

Arianna si sedette al tavolo, davanti alla tazzina vuota, e il suo sguardo fu attirato dal piatto con i resti dell'uovo strapazzato di suo fratello. Odiava l'abitudine che avevano di occupare sempre gli stessi posti. Il suo, contro al muro, non le piaceva, e nessuno gliel'aveva mai chiesto. A volte, in famiglia, si sentiva come una strana pianta, venuta su senza una ragione, spontaneamente, senza che nessuno si fosse mai posto il problema di chi fosse davvero e di cosa avesse bisogno per vivere. Senza la mamma, si sarebbe seduta al posto di Massimo, avrebbe ripulito il suo piatto, e avrebbe anche raccolto ogni piccolo pezzo di pane che gli altri avevano lasciato in tavola per ricoprirlo di burro e ingoiarlo, e poi pentirsene subito dopo. Ma Silvia continuava a ronzarle intorno e alla fine, dopo averle versato il caffè, raccolse anche i rimasugli della colazione e li gettò nella pattumiera. Infine cominciò a riempire la lavastoviglie.

«Oggi non devi andare dalla mamma di Monica?»

«No», rispose lei sospirando.

Silvia si bloccò un attimo, come se in quel sospiro avesse trovato una conferma ai propri timori, poi riprese a incastrare i piatti tra una pentola e una padella.

«Ma è successo qualcosa?» le chiese senza guardarla.

Arianna sospirò ancora.

Silvia chiuse la lavastoviglie e si sedette di fronte a lei, con le mani sul tavolo, le dita aperte come dovesse tenerlo fermo. Arianna la guardava di sottecchi, mentre faceva finta di essere concentrata sul caffè che non aveva ancora toccato.

Anche con la fronte corrugata, Silvia aveva sempre un'aria giovane. Dimostrava almeno vent'anni meno di Monica, e forse li aveva. Rispetto all'ultima volta che avevano discusso, a gennaio, quando tutto aveva avuto inizio, aveva un'aria più stanca, più dolce. Forse questa volta era davvero preoccupata per lei e non si sarebbe arrabbiata furiosamente. Per un attimo Arianna ebbe la tentazione di raccontarle tutta la verità, di dirle che aveva letto le lettere e Argentina l'aveva cacciata via, ma si accorse che le mancavano le energie e i mezzi per farlo, come se si trattasse di un'impresa impossibile, e, a mano a mano che i secondi passavano e sua madre restava zitta e aspettava, pensò che comunque non sarebbe stato giusto tradire il segreto di Argentina, tradirla ancora una volta.

La vedeva fremere, desiderosa di domandare, sapere, avere il controllo della situazione e magari anche sgridarla, partire in quarta con una delle sue ramanzine, e nello stesso tempo si capiva che stava lottando con la sua natura, provava a contenersi, cercava di sorridere incoraggiante, di essere lì con lei, presente.

Arianna sentì le lacrime che le salivano agli occhi e cercò di trattenerle, perché sua madre non le potesse fraintendere. Aveva voglia di piangere, sfogarsi e abbracciarla, dirle che era difficile muoversi in questo mondo, passare attraverso gli sguardi sfrontati della gente in metropolitana, quando doveva scendere dal treno e non riusciva a sgusciar via leggera come la ragazza che aveva davanti; dirle che le avevano fatto bene quei mesi di lavoro e quindi forse aveva avuto ragione lei, e proprio per questo si sentiva tanto stupida e incapace per aver perso tutto in quel modo ignobile, prima ancora di riuscire ad ammettere la verità e chiederle scusa; dirle tante di quelle cose che le premevano in gola, cose che avevano un senso e portavano anche il peso del senso contrario, al punto che nemmeno lei sapeva se erano lacrime di felicità o di tristezza quelle che stavano per sgorgare dai suoi occhi; avrebbe voluto ma non ci riuscì perché ormai il pianto le inondava le guance, la bocca e il caffè.

Silvia perse la calma che si era imposta fino a quel momento e scattò in piedi, le mani puntellate sul tavolo. Ne allungò una a prendere una salvietta di carta che le portò al viso, ma il gesto fu troppo brusco e Arianna si pentì anche solo di aver pensato per un attimo di poterle chiedere scusa.

«Arianna! Santo cielo! Me lo vuoi dire che cosa succede?»

«Ma niente.»

«Come niente!»

Arianna scosse la testa, mentre si asciugava gli occhi, e si soffiò rumorosamente il naso.

«Sono tua madre! È successo qualcosa di grave? Che hai fatto?»

Arianna la guardò ma non rispose.

«Hai combinato qualche pasticcio? Vero? Dimmi la verità! Monica è il mio capo, non vorrai farmi fare brutte figure...»

«Ma no, no... è solo che ho...»

«Ah, lo sapevo! Hai combinato qualcosa, lo sapevo! Riesci sempre a farmi fare brutte figure, tu!» disse Silvia tentando poi di ritrovare la calma, annaspando come se cercasse il modo di ritornare sui suoi passi.

«Ho... ho rotto una teiera», farfugliò Arianna.

Sua madre, che aveva già le mani sui fianchi e gli occhi stretti, pronta a inveire, si placò. Strinse le braccia conserte davanti al petto e inclinò la testa di lato, quasi a farsi più vicina, per vedere se aveva capito bene.

«Hai rotto una teiera?»

Arianna annuì.

Silvia sembrò tornare improvvisamente tranquilla. «E c'è da frignare, per così poco? Santo Dio, mi hai fatto spaventare... La ripagherai. Cosa piangi, adesso?»

«Non piango per quello...»

«E per cosa, allora?»

Arianna scrollò le spalle.

«Non si riesce mai a capire, con te... mi vuoi dire cosa c'è?» esclamò Silvia ricominciando a girare per la cucina e a mettere a posto tutto ciò che le capitava sotto mano. Piegò lo strofinaccio due o tre volte e lo appese allo schienale di una sedia. Ogni due secondi lanciava un'occhiata all'orologio e poi ad Arianna, con irritazione crescente.

«La signora», sussurrò Arianna, «mi vuole mandar via.»

«Per una teiera?»

«Si è arrabbiata.»

Ora fu Silvia a scuotere la testa. «Le passerà... Però tu, un po' di attenzione! Lo so come fai, sai? Ti conosco! Ti muovi come un... come un elefante in cristalleria... lasciamo perdere! Non riesci a stare un po' attenta, a non fare danni, a fare bene qualcosa, una volta tanto?» Tacque. Guardò ancora l'orologio. «Va be', lasciamo stare. Io ora devo proprio andare. Se è solo per una teiera, ci parlo io con Monica.»

Arianna continuò a fissare il caffè che non aveva bevuto.

Silvia emise un sospiro d'esasperazione, infilò le scarpe, raccolse la borsa e uscì.

Rimasta sola, Arianna restò ferma con lo sguardo perso nella tazzina per più di un'ora. Si sentiva vuota, come se il suo corpo fosse un pallone bucato, privo di energia, senza forma.

Nemmeno i primi squilli del telefono riuscirono a farla reagire, finché il rumore insistente non ebbe la meglio e allora Arianna spostò gli occhi, poi una mano e infine si alzò per andare a rispondere.

«Ero in bagno a lavarmi», si giustificò con sua madre, che voleva sapere perché ci avesse messo tanto. La informò che Monica non si era ancora fatta vedere in ufficio e le chiese se per caso avesse chiamato. Arianna le disse di no e riattaccò.

Tornata in cucina, aprì il frigorifero, passò in rassegna tutti i ripiani, infine prese il panetto di burro e dei panini congelati, che infilò nel forno. Nell'attesa, spalmò il burro su due fette biscottate e si trasferì sul divano a guardare la TV. Ogni tanto andava a controllare lo stato del pane, finché, stufa di aspettare, lo tolse dal forno ancora mezzo congelato e lo mangiò così com'era. Spense la TV.

Avrebbe voluto sfogarsi con Jewel, o almeno controllare la posta. Sapeva che di mattina non avrebbe trovato molti amici collegati, ma sarebbe stato meglio di niente. Il pane e burro non le aveva dato alcuna soddisfazione, anzi, se possibile la sua infelicità era aumentata. Si vestì in fretta e uscì.

L'Internet point dei cingalesi non era il più vicino a casa, ma aveva il vantaggio di essere un posto tranquillo. Lo gestivano due fratelli quasi identici ed era frequentato soprattutto da maschi stranieri. Di tanto in tanto capitava qualche ragazza, soprattutto africana, e vi si sentivano molti accenti diversi. Arianna ci andava di sabato o di domenica, qualche volta anche la sera, perché il posto era sempre aperto e vi regnava un'atmosfera di pacata allegria, come se tutti avessero molto tempo a disposizione e niente da perdere.

Quella mattina aggiornò Jewel sugli ultimi avvenimenti, già sapendo che le avrebbe risposto solo al pomeriggio, navigò mezz'ora e poi, annoiata, se ne andò.

S'incamminò in una direzione a caso, alla fermata dell'autobus salì sul primo che passò e dopo un po', quando riconobbe un caffè dall'altra parte della strada, si accorse che si stava dirigendo verso la casa di Argentina. Scese.

Era uno dei bar che aveva cominciato a bazzicare da quando aveva più denaro a disposizione. Era piuttosto elegante e troppo frequentato al mattino presto, prima delle otto. Tuttavia, più tardi, a metà mattinata, era facile trovarlo vuoto, con ancora una discreta scelta di brioche nella vetrinetta. Il personale era asettico ma sempre educato e non si correva il rischio di gaffe e brutte sorprese. Depositò un bombolone alla crema sul piattino che il cameriere le aveva passato con un rapido gesto professionale e andò a sedersi in attesa che le portassero il cappuccino che aveva ordinato.

La telefonata di Monica arrivò mentre addentava la pasta. Si pulì in fretta le dita e rispose al cellulare.

Due minuti più tardi arrivò la seconda telefonata. Questa volta si trattava di Argentina.

«Ti ha chiamato?» le chiese.

«Sì.»

«E allora? Pensi di venire, stamattina?»

«Veramente sua figlia mi ha detto al pomeriggio...»

«Lascia perdere Monica, te lo sto chiedendo io. Allora, vieni?»

«Va bene.»

«Allora muoviti.»

Arianna, confusa, sentì le lacrime che le salivano di nuovo agli occhi. «Argentina... Io... mi dispiace...»

«Ah! Zitta e vieni.»

Argentina le aprì la porta prima che potesse suonare il campanello.

«Vieni, ho fatto il caffè. L'hai già preso?»

Arianna la seguì e, arrivata in cucina, estrasse dallo zaino un sacchettino. «Ho comprato della colla...»

Cercò con gli occhi il piatto dove il giorno prima aveva appoggiato i cocci, ma non lo vide da nessuna parte.

«Dove sono i pezzi della teiera? Erano qui!»

«Quelli? Li ho buttati nella spazzatura», disse Argentina mentre versava il caffè nelle tazzine che aveva già messo in tavola.

«Ma si possono aggiustare...» esclamò Arianna.

«E perché aggiustare quell'affare?»

«Be', era...» balbettò confusa Arianna. «Era un regalo...»

«Oh», rise Argentina, «se ci tieni, prendili! Sono ancora lì.»

Arianna aprì lo sportello sotto al lavello e con due dita raccolse dal sacco il corpo rotondo della teiera e la parte del becco che si era spezzata. Osservò i grossi fiori arancioni che decoravano la ceramica.

«Ho comprato la colla apposta... Non sono un genio in queste cose, ma...» disse sedendosi e studiando i profili dei cocci per controllare che combaciassero perfettamente.

Argentina la guardava divertita.

«Se ti fa piacere...»

«Ma Monica mi ha detto che...»

«Ah, cosa vuoi che capisca Monica», disse Argentina e scoppiò in una risata. «Me l'ha regalata mio marito. Credo che l'abbia vinta a una pesca di beneficenza. L'ho sempre trovata così brutta! A lui piaceva, figurati, povero Antonio... aveva gusti così orrendi!»

Arianna sgranò gli occhi. Poi sorrise, imbarazzata. «Avrei dovuto chiedere a mio papà, io non sono molto capace. Mio padre è bravo ad aggiustare le cose.»

«I maschi sono sempre bravi ad aggiustare le cose. Prima le rompono, però! Non sono come noi, che ce ne prendiamo cura...»

«Be', io sono più una che le rompe, le cose...»

Arianna smise di occuparsi della teiera e strinse una mano nell'altra. Quando alzò il capo, si trovò Argentina molto vicino.

«Ma tu l'hai fatto per me. Sono vecchia ma non sono scema, sai?» le disse. Le fece una carezza sulla testa. «Ho capito perché l'hai fatto. E te ne sono grata.» Poi si sedette anche lei.

«Mi dispiace per quello che ho fatto...» mormorò Arianna.

«Mi hai fatto arrabbiare, non dovevi. Ma la verità è che mi sono arrabbiata così tanto perché mi vergogno», disse Argentina senza guardarla. «E mi vergogno anche di averti detto quelle brutte cose. Non ne parliamo per favore», aggiunse coprendosi il volto con le mani.

Arianna, a capo chino, ricominciò a incollare i pezzi di ceramica.

Dopo qualche minuto Argentina ruppe il silenzio con un risolino. «Già, dimenticavo che con te», disse, «non parlare di un argomento non è certo un problema! Non è necessario nemmeno dirlo.»

Arianna la guardò perplessa.

«È una cosa che apprezzo, sai?» precisò Argentina.

«Sono una buona a nulla», mormorò Arianna.

«No, non è vero. Io alla tua età non ero così sveglia, non sapevo tutte quelle cose», disse Argentina chiudendo gli occhi. Poi li riaprì e continuò, più allegra. «Non avevo la tua testa, non sapevo fare tutte quelle cose che fai tu. Non c'erano quei cosi, per esempio...»

Ad Arianna venne in mente all'improvviso il suo computer. A quell'ora forse Jewel le aveva risposto, ma la realtà aveva già fatto un passo in avanti. C'erano nuovi aggiornamenti da raccontare.

«Vuoi andare? Vai, su, vai pure...» disse Argentina infilando un dito nel caffè. «È già freddo, ora me lo scaldo.»

«Posso farlo io...»

«No, no! Cosa credi, che sono tanto decrepita da non sapermi scaldare un caffè? Va', va', va' davanti al tuo coso.»

Arianna sistemò la teiera e la tazza ad asciugare su un ripiano della credenza, poi si voltò per andare in salotto, ma sulla soglia si bloccò.

«Io...»

«Che c'è?»

Arianna arrossì.

«Mi stavo chiedendo se non le andrebbe di...»

«Cosa?»

«...vedere...»

«Cosa? Quella roba? No, grazie. A me non interessa.»

«Però potrebbe vedere...»

Argentina si era alzata e, con le mani sui fianchi, la guardava spazientita. «Allora, che c'è?» la incalzò.

«Posso farle vedere il paese.»

«Cosa dici?»

«Con il computer», balbettò Arianna, sempre più imbarazzata. «Si può vedere il paese, le vie, le case...»

«Ce l'ho qualche fotografia, me le mandava mia cugina...» sospirò Argentina.

Prese le due tazzine ancora piene e le portò nel cucinino, rovesciò il caffè in un pentolino e lo mise sul fuoco. Arianna la seguì.

«Ma io intendo... come essere lì, e si può girare in tondo e vedere tutto. Come se ci fosse una telecamera che riprende intorno e uno si muove dove vuole...»

Argentina le era tornata accanto e ora, la fronte corrugata, la fissava senza capire.

«...è come camminare per il paese così come è oggi», concluse Arianna.

Sentendo il caffè che sfrigolava, Arianna andò a spegnere il fuoco. Lo versò di nuovo nelle tazzine e tenendone una in ciascuna mano raggiunse Argentina, che era rimasta ferma come pietrificata.

«Venga», le disse Arianna prendendo coraggio. «Le faccio vedere.»

Aggiunse una sedia accanto alla sua e la fece accomodare, come fosse una bambina timorosa. Poi caricò la mappa del paese e, cercando di non perdersi l'espressione di Argentina, trascinò l'omino giallo su una strada a caso. Si aprì la vista di un paesaggio brullo, tutto cielo e terra in lontananza. Argentina sorrise incerta.

«Cos'è?» chiese.

«Deve essere la vista da una collina... È in alto Grassano?»

«Eh sì, si sale, si sale, per arrivarci», le spiegò Argentina aggiustandosi gli occhiali e avvicinandosi al monitor per capire meglio.

Arianna, un po' delusa perché la sorpresa non aveva sortito l'effetto che s'era aspettata, cominciò a far ruotare il panorama per orientarsi, e finalmente comparvero le case e fu possibile procedere lungo la strada per entrare in paese. Il cammino procedeva lento, con la prospettiva che si rinnovava a ogni passo da gigante dell'omino giallo, e Argentina, con la bocca aperta per lo stupore, si fece più attenta.

«Ma come fai?»

«Sono fotografie, tante fotografie che ricostruiscono l'immagine delle strade, è un po' come se fossimo lì.»

«E chi le ha fatte?»

«Non lo so. Un operatore, qualcuno. Hanno fatto foto a tutte le strade d'Italia.»

«Però non riconosco bene i posti... Sei sicura che sia Grassano?»

«Sì. Avranno costruito delle case nuove... Da quanto tempo non ci va?»

«Uh! Più di mezzo secolo...» mormorò Argentina. «Ma non può essere... Sì, fermati!» Allungò la mano e con l'indice toccò lo schermo, poi lo ritrasse. «Questa strada la conosco... sì, queste case mi sembra... ma non mi oriento... Queste sono macchine?»

«Sì.»

«Ce n'era una, una volta. Una macchina che arrivava dallo scalo...»

«E non le è mai venuta voglia di tornare?»

«Che domande!» si arrabbiò Argentina. «Certo che mi è venuta voglia, sapessi quante volte...» Il suo tono si fece più dolce. «Ma non potevo. L'avevo promesso a mio marito... Lui odiava il paese. Diceva che a Milano avevamo trovato la civiltà, che non aveva intenzione di tornare tra le bestie... Non voleva vedere più nessuno. Aveva litigato con sua madre, lei l'aveva minacciato, non voleva che partisse. Solo suo fratello Ezio ha rivisto, ma era lui che veniva qua, noi al paese non siamo più andati. Poi ha rotto i rapporti anche con lui, perché insisteva troppo.»

«Ma dopo che...»

«Dopo che è morto Antonio, vuoi dire? Non so perché non sono più tornata. Ormai stavo bene qui. Avevo tagliato i ponti con mia cugina, dei miei parenti non restava più nessuno. E avevo paura...»

Avanzarono a tentoni per le strade, mentre Argentina sembrava riconoscere qualche luogo, anche se non era sicura e di tanto in tanto nominava qualcuno, la cugina, sua nonna, Rocco. Al nome di Rocco sospirò. Arianna si fece coraggio. «È il signore delle lettere?» chiese con un fil di voce.

«Sì», disse Argentina.

«Eravate...»

«Niente», la interruppe Argentina. «Non eravamo niente. Ci conoscevamo da ragazzi e abbiamo cominciato a scriverci di recente.»

«E non vi siete più visti?»

«No, ragazzina curiosa. Non ci siamo più visti.»

«Sarebbe bello incontrarlo di nuovo, un giorno, no? Sarebbe un'occasione per tornare...»

«Ma sei matta? Vecchia come sono? Vuoi che mi faccia vedere così?»

«Sarà vecchio anche lui...»

«Appunto.»

Ad Arianna venne da ridere e Argentina le andò dietro, con la mano davanti alla bocca. Poi tornò improvvisamente seria.

«No, no. Non c'è niente da ridere. Sapessi come è strano, scrivere a qualcuno che non vedi da anni... E che in fondo non hai mai conosciuto, con cui non hai mai parlato...»

«Come? Non vi siete mai parlati?»

«Ah no! Mica eravamo come voi, adesso, che fate tutto quello che volete...»

«Be', insomma, proprio tutto quello che vogliamo, no», protestò Arianna. «Ma che facevate se non vi parlavate?»

«Ci guardavamo.»

«Cosa?»

«Ci guardavamo. Da lontano.»

«Oddio.»

«Erano altri tempi, bambina mia... Ti sembra strano?»

«Sì. Anche se, pensavo... secondo i miei genitori sono io che sono strana. Io ci parlo con i miei amici, ma non li ho mai visti...»

«Come, non li hai mai visti?»

«È un po' come le sue lettere. Ci scriviamo. Lettere con il computer, e ci parliamo. Ma loro abitano in altre città. Jewel e Seba a Roma, per esempio.»

«E non li hai mai incontrati? Mai guardati negli occhi?»
«No.»
«Ah, non sai cosa ti perdi», mormorò Argentina con aria sognante. «Io me li ricordo ancora quegli occhi. Potrei dimenticarmi tutto, ma non quegli occhi...»
Arianna avrebbe giurato di vederla arrossire, per un momento. Poi la vecchia sbuffò e la afferrò per un braccio.
«Fermati, torna indietro. Noi abitavamo vicino alla chiesa. Fermati, ti ho detto. Torna indietro!»
Arianna, la lingua fra i denti, cercò di far ruotare l'omino, ma a ogni tentativo le immagini si inceppavano. Provò a spostarlo un po' più in là, ma c'era un buco nero e non si riusciva a inquadrare un lato della strada. Argentina cominciò ad agitarsi.
«Non così, ti ho detto! Dall'altra parte!»
«Ci provo, ma non ci riesco.»
«Ah! Non si capisce niente!»
«Non è facile, se non si conosce il posto...»
«È il mio paese, vuoi che non lo conosca...»
«Non intendevo lei, volevo dire che...»
La finestra sul monitor si chiuse all'improvviso.
«Ah, non lo sai fare!»
«La riapro, aspetti, ci vuole solo qualche secondo...»
Ma Argentina ormai era irritata e stanca e non aveva più voglia di starla a sentire. Si alzò, le voltò le spalle e se ne andò alla finestra. Arianna attese un minuto, provò a chiamarla, poi visto che non rispondeva si infilò le cuffiette e si scolò l'ultimo goccio di caffè, anche se era diventato freddo.

11.

Finalmente Monica se n'era andata. Argentina si era imposta di mangiare due cucchiai di brodo perché vedesse che stava bene, aveva finto di ascoltarla, aveva annuito e anche sorriso. Monica le aveva chiesto più volte se non avesse fame, il resto di ciò che le aveva detto non l'aveva sentito o non le era rimasto impresso, perché l'unica cosa che desiderava era restare da sola.

Adesso, seduta sul letto, con la camicia da notte in grembo, non riusciva a decidersi. Non era difficile, non erano molte le possibilità, doveva togliere il giacchetto e la sottana, appoggiarli sulla sedia e vestirsi per la notte, gli stessi gesti da tutta una vita. Eppure le mancava la volontà, le sembrava che ogni movimento del corpo fosse una fatica immane, le braccia erano pesanti, la testa sul collo pareva un macigno, gli occhi non volevano saperne di spostarsi da una parte e dall'altra.

Nella sua testa, invece, i ricordi mulinavano leggeri, immagini, parole, e la vita era tutta lì, nel suo corpo agile di bambina che corre su per il corso e poi nei vicoli, che salgono verso la chiesa madre. Li aveva rivisti di nuovo ricomporsi come per magia su quello schermo, come se fosse al cinema, anzi meglio, come essere lì, e potersi voltare e guardare intorno e avanzare lentamente, e poi volare sui tetti e non riconoscere più i posti, no, no, torna giù, torna tra quei muri, quella porta, ecco, ma quella è una macchina, come fa una macchina ad arrampicarsi fin lì, ma che idee pazze, che tempi, ma quella è la locanda, la riconosco, è proprio lei!

Era proprio la locanda dove avevano sistemato l'illustre straniero. Carlo Levi si chiamava. Arianna era rimasta ad ascoltare il racconto a bocca aperta e le aveva promesso di leggere *Cristo si è fermato a Eboli* al più presto. Argentina era appena una bambina quando lui era arrivato a Grassano. L'eccitazione generale era troppo grande e nessuno badava a lei e agli altri ragazzini che correvano liberi per le strade e sgusciavano tra le gambe dei contadini che stavano tornando dai campi.

Nei ricordi Argentina è di nuovo bambina. Qualcuno non ha ancora sentito la notizia e ogni bambino vuole essere il primo a gridarla, ma bisogna scappare veloci giù dalla strada, all'ingresso del paese, per vedere se l'automobile arriva davvero, per udire già da lontano, dalle curve prima del cimitero, gli scoppiettii del motore e, intanto, nell'attesa, non si può non correre anche verso la chiesa, verso le case, per urlare: «Arriva il confinato! Arriva il confinato!» casomai qualche donna non ne fosse ancora informata.

«Arriva il confinato! Arriva il confinato!» urla eccitatissima anche lei entrando in casa.

Sua madre la ferma. «È un dottore!» la redarguisce, e poi: «Shh! Shh!» le fa mentre la trattiene, e vorrebbe rinchiuderla, ma lei sguscia via come un pesce nel fango, tutti ne parlano, e lei deve vedere, deve sapere, a costo di scappare di casa.

Improvvisamente si trova davanti suo padre e ha un sussulto, ma lui è allegro, è appena tornato però non sembra stanco come sempre e, anzi, sta per andare dal barbiere con tutti gli altri uomini, vogliono rendersi presentabili prima di andare alla locanda, dove sistemeranno l'illustre straniero. Anche la mamma ride e tutti si sentono un po' eccitati, come quando arriva in paese il teatro. Qualcuno sta portando il flauto e la fisarmonica, com'è bella la musica dei contadini quando c'è l'occasione, e Argentina ne approfitta e fila via, per trovare un posto buono da dove vedere l'automobile, e poi spiare quell'uomo grande e sorridente scortato dalle guardie, che dovrebbe sentirsi imprigionato e invece sembra che l'abbiano appena liberato, perché è felice di tornare tra loro, e dopo essere entrato a parlare con l'oste sente la musica e allora, evviva, si affaccia al balcone, e saluta, e chissà se si accorge di quella bambina dagli enormi occhi neri, che non sa ancora cosa le riserverà il futuro.

L'arrivo della primavera era stato una breve illusione. Si era fatta sentire nell'aria, per qualche settimana si era insinuata nei passi d'Arianna, mentre andava al lavoro contenta, felice forse di aver trovato un posto nel mondo, forse di aver fatto per una volta la cosa giusta e poi tutto, di nuovo, era precipitato nel freddo e nel grigio.

Che cosa si era aspettata? Che dovesse accaderle qualcosa di importante? Magari l'amore? Che si annunciasse così, con gli sguardi della gente per strada che pare sorriderti, le bocche che si aprono appena come per salutare, le giacche che si lasciano sfiorare, senza sottrarsi al contatto? A volte Arianna viaggiava veloce, ma la sua vita restava sempre un passo indietro.

Non posso, era tutto quello che aveva saputo dire. Non posso. Le due parole le erano affiorate alle labbra con semplicità e aveva visto la delusione sulla faccia di Argentina, aveva sentito tutto il peso del suo corpo immobile. Non c'era niente da fare. Non poteva proprio, a costo di far finire tutto lì.

Ma perché dovevano sempre aspettarsi cose da lei? Perché dovevano sempre metterla in quelle condizioni? Non vedevano che era un'incapace? Che era impotente? Una buona a nulla?

Avanzò ondeggiando verso la metropolitana. Si era già fatto buio, era rimasta seduta nei giardini di piazza Aspromonte per tutto quel tempo, pensando alla faccia delusa di Argentina, al filo che si era spezzato un'altra volta. Perché mai le era venuto in mente di farle quella proposta, di mostrarle la mappa del paese? Che cosa pensava di fare prendendosi quella confidenza? Non lo sapeva lei che non era in grado di reggere la vicinanza fisica delle persone, che non era in grado di mantenere nemmeno una piccola promessa? Perché le era saltato in mente di poter piacere a qualcuno? Lei, la nullità che era. Quando Argentina l'aveva guardata con gli occhi spiritati e le aveva detto: «Portami laggiù. Ti prego, accompagnami a casa», lei era stata capace di dire soltanto: «Non posso». E se n'era andata.

Sul treno si accorse prima di tutto delle risate. Provenivano da un punto alle sue spalle. Le ricordarono subito i versi che sentiva a scuola, quando quelli delle altre classi la sfottevano in cortile. Fece finta di niente, poi cercò di carpire qualche parola che le voci si dicevano, frasi mozze, tono cattivo, tra una risatina e l'altra. La prima parola che colse fu «vacca».

Si voltò e li vide, tre ragazzi più grandi di lei, con i capelli rasati e le facce brutte. Uno dei tre era basso e grosso, con un giubbottino senza maniche sopra la maglietta e le pieghe sul collo taurino, come un cane da combattimento. E il più mingherlino, che indossava una felpa nera, aveva un'espressione cattiva, forse a causa di un dente rotto che spiccava nel ghigno. Il terzo aveva la pelle slavata, tanto da sembrare quasi un cadavere e sparire in mezzo agli altri due. Il mingherlino le mostrò la lingua e Arianna si voltò subito. Era abituata a essere scrutata, e anche presa in giro, ma questi erano diversi, sembravano malvagi, e non si preoccupavano che lei li sentisse, sembrava anzi che volessero attirare la sua attenzione.

Arianna si guardò intorno, osservò i visi degli altri passeggeri, ma nessuno si interessava a lei, c'era chi guardava fuori, chi leggeva un libro, chi scriveva messaggi con il telefonino. Ebbe paura.

Il treno entrò in stazione a Sant'Agostino e ad Arianna venne in mente che poteva scendere e aspettarne un altro. In passato l'aveva fatto, qualche volta, quando sentiva l'ansia crescere e ogni faccia che aveva intorno le ricordava quella di un terrorista o quando le sembrava che qualcuno stesse fissando il suo zaino troppo intensamente. Le era capitato di scendere, voltarsi indietro sulla banchina e controllare di non essere seguita, fermarsi e aspettare il treno successivo. Aveva provato vergogna ma poi si era accorta che non era un problema per nessuno perché a nessuno importava niente di lei, e questa sensazione, di poter sparire, confondersi, non essere notata, l'aveva fatta sentire subito meglio.

Scese. Quando si voltò, vide che i tre erano scesi dietro di lei, e allora affrettò il passo verso la scala mobile, in una direzione qualunque. Salì i due piani verso la strada senza voltarsi più indietro. In mezzo al rumore pesante del proprio respiro sentiva le loro voci, le loro sghignazzate. Le gambe le facevano male. Provò a correre ma si accorse che non poteva, era troppo per il suo cuore, troppo per le sue ginocchia. Ecco, stare al mondo richiedeva l'uso del corpo e lei al mondo non ci sapeva stare.

Sbucò in superficie, nella piazza, e spingendo si fece largo in mezzo a due barboni che, appoggiati alla ringhiera rossa, bevevano da una bottiglia fasciata in un sacchetto di carta marrone. Gli uomini la presero a male parole e sentì le loro mani sudicie addosso. Fece ancora uno sforzo per sgusciare via e si buttò a destra, lungo il viale alberato.

Non aveva il coraggio di guardarsi indietro per controllare se i tre la stavano ancora seguendo. Rallentò, senza voltarsi per non perdere il poco vantaggio che forse aveva accumulato. Poi non riuscì più a trattenersi e si girò. I ceffi la seguivano a breve distanza e non sembravano fare alcuna fatica. Pareva che si divertissero. Le fecero dei fischi e le gridarono qualcosa. Uno emetteva una vocina stridula che faceva accapponare la pelle.

Arianna fu tentata di buttarsi in mezzo alla strada per chiedere aiuto, ma aveva paura di non riuscire a spiegarsi, essere scambiata per pazza e perdere soltanto terreno. Continuò a camminare, più in fretta che poteva, ma la sua andatura diminuiva di velocità e le gambe le facevano sempre più male.

All'improvviso si trovò davanti il muraglione rossastro del carcere, con la sua torretta, ed ebbe paura a costeggiarlo, come se il muro non fosse fatto per racchiudere chi stava dentro ma servisse a bloccare lei che stava fuori e scappava, e voleva solo essere libera, essere lasciata in pace. D'istinto cercò il modo di allontanarsene e attraversò la strada. Solo dopo, quando era ormai troppo tardi per tornare indietro, si rese conto che lungo il muro avrebbe forse trovato un passo carraio con qualche guardia, un posto di blocco, una divisa vicino alla quale sentirsi al sicuro. Ma di certo quelli non le avrebbero dato retta, nessuno le avrebbe dato retta, perché i suoi aguzzini apparentemente non facevano niente di male, se ne andavano per la loro strada, e solo lei sapeva che invece stavano aspettando il momento in cui fosse stata troppo stanca per scappare, troppo spaventata per urlare e allora farle del male.

Arrivata a un incrocio, vide sulla sinistra dei giardinetti bui. Per evitarli avrebbe dovuto attraversare la strada, ma il semaforo era rosso e non poteva aspettare. Si mise a correre. I tre le stavano dietro. Le cosce sfregavano una contro l'altra e il suo corpo ricadeva pesantemente sull'asfalto a ogni passo. Aveva il respiro cortissimo, il cuore in gola. Incrociò una signora che la guardò e passò oltre. Non riuscì a dirle niente. Sentiva le lacrime che le premevano sugli occhi senza colare e le offuscavano la vista.

L'aria s'era fatta scura. Imboccò una via sulla sinistra. Non ce la faceva più. Da una parte c'erano delle vetrine dall'aria abbandonata e alla sua destra una siepe molto alta che impediva di guardare oltre. Più in là un palazzo pieno di graffiti arroccato nel suo isolamento.

In un attimo i tre le furono addosso. Sentì delle mani come artigli che l'afferravano per le braccia, piantandole dita dure come acciaio nella carne e una forza incontrastabile che la tirava. Aprì la bocca per urlare senza emettere alcun suono e la richiuse quando sentì l'odore cattivo di una mano che le prendeva la faccia. Cadde dietro alla siepe e si ritrovò in un piccolo giardino sporco, vicino a un campetto da calcio deserto.

«Troia», le disse uno.

«Ora ci divertiamo», disse un altro.

Ridevano.

Sentì un peso addosso, le arrivò una ginocchiata nella pancia e il suo zaino fu scaraventato di lato. Cercò di rotolare da una parte e vide delle gambe, delle scarpe e le mani di uno dei tre, quello tarchiato, che si stava slacciando la cintura dei pantaloni. Voleva gridare ma aveva paura che provandoci non sarebbe di nuovo uscito alcun suono, che la voce non ci fosse, che non ci fosse più niente da fare. Le arrivò un altro calcio. Si issò in ginocchio e si aggrappò alla siepe, sotto la quale c'era un mucchio di spazzatura, una bottiglia, delle lattine, fazzoletti sporchi, ma i rami cedettero sotto il suo peso, facendola quasi cadere dall'altra parte. Gli aguzzini sghignazzavano, poi in due si fecero sotto. Arianna era in piedi, sebbene piegata in due, le spalle alla siepe, davanti l'orrore di quei jeans calati e di quelle mani, perché di più non riusciva a vedere. Le erano addosso.

Urlò. Prima piano, quasi un rantolo, poi sempre più forte. L'urlo di una bestia, che nemmeno lei riconobbe. I tre si fermarono e si scambiarono un'occhiata. Ormai Arianna li poteva vedere in faccia e si accorse di una certa loro espressione stupita. Stranamente non aveva più paura. Aveva raccolto da terra la bottiglia rotta e teneva un sasso nell'altra mano. Si raddrizzò e urlando cominciò a mulinare le braccia con forza. Le urla divennero parole.

«Dovete lasciarmi stare!» gridava. «Vi ammazzo! Vi ammazzo!»

Avanzò facendosi forza di tutto il proprio peso e i tre indietreggiarono, con un sorrisino che aleggiava ancora sulle loro labbra. Il basso si era tirato su i pantaloni. Ora l'attenzione dei tre sembrava concentrata più su quello che accadeva in strada che su di lei, anche se tenevano d'occhio la bottiglia che roteava nell'aria.

«Vi ammazzo, bastardi!»

Dalla strada arrivava qualche rumore. La portiera di una macchina sbatté e una voce che proveniva dall'alto, da una finestra, chiese che cosa stesse succedendo. Arianna riprese a urlare con più forza.

«Ma guarda 'sta troia», disse il mingherlino.

«Andiamo», disse un altro.

I tre si voltarono verso il campetto e cominciarono a correre, sparendo in pochi secondi.

Arianna uscì in strada e si trovò davanti una coppia anziana. La donna sobbalzò alla sua vista e i due si strinsero facendo un passo indietro e guardando le armi che la ragazza ancora stringeva nelle mani. Arianna le brandì verso di loro e i due indietreggiarono, risalirono in macchina e partirono. Due persone stavano affacciate alle finestre del palazzo di fronte.

«Che succede?» chiese un uomo.

«Li ammazzo!» gridò Arianna. «Li ammazzo tutti!»

«Tu sei matta», disse l'uomo. «Guarda che chiamo la polizia!»

Arianna lasciò cadere il sasso e la bottiglia e tornò indietro a recuperare lo zainetto. Poi si incamminò veloce nella direzione da cui era venuta, sentendo dolore ai muscoli e alla pancia, dove l'avevano colpita, ma era un dolore lontano, che non le apparteneva, che non le impediva di andare avanti, mentre sentiva fremiti in tutto il corpo, come se il sangue le ribollisse dentro e la sua testa fosse un'enorme pentola dove cuore e cervello stavano cuocendo. Sentiva dentro una forza smisurata e trascinava il corpo senza badare ai movimenti scomposti che faceva. Vedeva che intorno la gente le lanciava strane occhiate, ma sapeva che nessuno si sarebbe curato di lei, che era sola al mondo e doveva badare a sé stessa.

Come un automa tornò in piazza Sant'Agostino, anche se casa era nella direzione opposta. I barboni non c'erano più. Scese in metropolitana. Sentendosi improvvisamente stanca e accaldata si mise a sedere anche se il posto era stretto. L'uomo seduto accanto la guardò storto, poi si alzò. A lei non fregava niente. Chiuse gli occhi. Erano poche fermate ma doveva riposare, doveva calmarsi. A Famagosta uscì, assicurò lo zaino sulla schiena, infilò le mani in tasca e si fece strada. Nell'aria fredda si incamminò verso casa, più calma.

Doveva avere un aspetto orrendo, forse aveva la faccia graffiata, lacrime e muco rappresi sulle guance, i capelli sudati appiccicati al cranio. Giunta davanti alla vetrina illuminata di un bar entrò e chiese di poter usare il bagno. Il barista, appoggiato al bancone a sfogliare «La Gazzetta dello Sport», non alzò nemmeno la testa e indicò una porta sul fondo.

Davanti al lavandino, Arianna aprì l'acqua fredda e si sciacquò le mani, la lasciò scorrere sui polsi tirando su le maniche, poi la raccolse nella conca dei palmi e si lavò la faccia. Infine alzò la testa e si guardò allo specchio. Restò a fissarsi per qualche secondo.

Quasi si era dimenticata della sua faccia, con le guance tanto pronunciate e il naso a patata. Graffi non ce n'erano. Si produsse in tutte le smorfie possibili, digrignò i denti, spalancò la bocca, ringhiò, ruggì, strabuzzò gli occhi, si sorrise. Ricominciò da capo, poi ancora. Ogni volta, alla fine, il sorriso le veniva sempre meglio. Il cameriere, fuori, doveva pensare che stesse male. E invece no. Non stava male. Non stava nemmeno bene. Si accarezzò una guancia e uscì.

Quella sera avrebbe chiamato Argentina per dirle che aveva cambiato idea.

SECONDA PARTE

IN VIAGGIO

1.

Argentina l'aspettava seduta in cucina, composta come una scolaretta. Teneva le mani unite sul tavolo e quando la vide entrare le rivolse un sorriso incerto. Aveva messo la dentiera e aveva raccolto i capelli in uno chignon molto alto. Indossava una camicetta color crema, un maglioncino con i bottoni e una gonna marrone lunga fin sotto al ginocchio. Ai piedi, ancora le pantofole.

«Non sono riuscita a infilarmi i collant», le annunciò. «Temo che dovrai aiutarmi.»

Arianna storse il naso.

Tuttavia le disse: «Certo», sforzandosi di sorridere a sua volta.

Posò sul tavolo lo zaino gonfio come una palla, si tolse la giacca a vento, sentendo il sudore che già le imperlava la fronte per lo sforzo, e si inginocchiò davanti a lei.

Argentina le porse le calze lisce, ancora intatte, cercando di non rovinarle con le unghie e, dopo aver osservato per un po' i gesti impacciati della ragazza che non sapeva da dove cominciare, iniziò a ridere.

«Non sono molto pratica.»

«Lo vedo. Devi arrotolare la calza con due dita dentro, così», le mostrò, «finché non trovi la cucitura del piede. E stai attenta con le unghie...»

«Non ce le ho... le rosicchio», confessò Arianna con un po' di vergogna.

Argentina sfilò una pantofola e allungò il primo piede in avanti, titubante. Tenendosi allo schienale della sedia e al tavolo riusciva a non sentire il dolore alla schiena, ma non avrebbe potuto mantenere la posizione per molto. Mentre

Arianna le avvolgeva il piede nel nylon distolse lo sguardo come per scusarsi di quella sua estremità tanto brutta, deformata dalla vecchiaia e dalla mancanza di cura, che era costretta a metterle sotto al naso. Poi tornò a collaborare affinché la ragazza ripetesse l'operazione sull'altra gamba.

«Ecco, ora ce la faccio da sola.»

Arianna si rialzò ansimando e con ostentazione portò lo sguardo fuori dalla finestra, ora che Argentina, in piedi, sollevava la gonna per sistemarsi le calze.

«Sei tutta sudata», le disse la donna quand'ebbe finito.

«Sono venuta a piedi», si giustificò la ragazza.

«Da laggiù!»

«Solo un pezzo. È una bella giornata...»

L'attenzione di Argentina si spostò sullo zaino, che era rotolato in mezzo al tavolo. La tela a quadretti bianchi e rossi, lisa agli angoli, era talmente tesa che attraverso uno strappo usciva la stoffa blu di una maglietta, come un'ernia.

«Ti porti solo quello?» le chiese.

Arianna scrollò le spalle, come se non fosse una cosa degna di tanto interesse e non ci avesse affatto pensato.

«Non ho bisogno di chissà cosa. E poi...» aggiunse fissandola all'improvviso, quasi si fosse resa conto di quell'aspetto della questione solo in quel momento, «non ci fermeremo molto, no?»

«Non lo so», rispose Argentina scuotendo la testa.

Ammutolirono insieme, come avessero visto lo stesso pensiero emergere all'improvviso e galleggiare nell'aria in mezzo a loro. Fu Argentina a parlare per prima.

«Cosa hai deciso di fare con i tuoi genitori? Gliel'hai detto?»

«No. Mia madre l'avrebbe subito riferito a Monica.»

«Si arrabbieranno, temo.»

Arianna scrollò di nuovo le spalle. «Boh, sì. Ma che importa?»

«Diranno che ti ho rapito», constatò seria Argentina.

«Piuttosto si arrabbierà Monica. Dirà che sono stata io a rapire lei.»

«Sicuro, ma sei tu la minorenne. Verranno a prenderti per riportarti indietro.»

Arianna, i pugni stretti lungo i fianchi, la testa china, annuì grave. «Be', non è così facile spostarmi.»
Argentina la guardò stupefatta, poi scoppiarono a ridere insieme. Arianna sussultava, come se ridere le costasse un'enorme fatica. Argentina si rifece seria di colpo e le si avvicinò, afferrandole il mento e obbligandola a guardarla negli occhi.
«Non preoccuparti di Monica. Sono vecchia e decrepita, ma posso ancora decidere cosa fare di me. E da parte tua, stai facendo il tuo lavoro, aiutandomi, anche in questo mio piccolo viaggio.» E aggiunse: «Sai, sono contenta che tu abbia cambiato idea e che abbia deciso di accompagnarmi. Voglio solo essere sicura che tu ne sia convinta».
Arianna si divincolò dalla presa notando le unghie della vecchia, coriacee e ingrigite, che l'avevano leggermente graffiata, e annuì con forza, i pugni sempre più stretti.
«Allora lo vuoi fare davvero?»
Il mento della ragazza rimbalzò due volte sul petto e la sua testa restò china, come se cercasse di arrotolarsi su sé stessa.
«Va tutto bene, ragazza mia?»
La ragazza sentì le lacrime scendere sulle guance e annuì ancora mentre le asciugava.
«Ma è successo qualcosa? Hai litigato con i tuoi?»
Arianna scosse la testa. Aprì la bocca, ma non disse niente. Scosse la testa di nuovo.
«Sto bene.»
«D'accordo», assentì Argentina, non troppo convinta. Poi si guardò intorno e gettò un'occhiata all'orologio. «Allora, sembra arrivato il momento», disse.
«Sì.»
«Andiamo?»
«Andiamo.»

Controllarono di avere tutto, biglietti del treno, documenti, occhiali, medicine, mappe e indirizzi. Fin dal giorno precedente Argentina aveva riempito una vecchia valigia di cuoio consunto e l'aveva nascosta sotto il letto. Arianna la tirò fuori, l'appoggiò sul materasso e si sedette a osservare la vecchia che l'apriva e vi si chinava sopra. Mentre rovistava in cerca di qualcosa, con la schiena curva, sembrava che stesse per caderci dentro, e Arianna si ritrovò con le braccia distese pronta ad acchiapparla, come una mamma apprensiva che segue il suo bambino quando muove i primi passi. Vergognandosi le ritrasse in grembo.

Aveva provato la stessa vergogna due giorni prima, quando era andata a bussare da Fatima mentre Argentina dormiva.

«Sta male?» si era allarmata la donna.

«No, no, va tutto bene», l'aveva rassicurata lei. «Volevo solo chiederti...»

Chissà perché si era bloccata ed era diventata tutta rossa, come se la richiesta che stava per avanzare contenesse qualcosa di inopportuno. Si era fatta coraggio.

«...Volevo solo chiederti di insegnarmi a fare le iniezioni.»

Fatima aveva spalancato gli occhi, poi la porta per farla entrare.

«Ma certo, con piacere. Brava!» le aveva detto. «Brava!»

La sua reazione l'aveva riempita di gioia e aveva capito che non era la richiesta a essere inopportuna, ma era lei a sentirsi inadeguata, come se le fosse cresciuto un nuovo organo e non sapesse assolutamente che uso farne.

Aveva imparato a fare le iniezioni su una patata, facendo uscire bene l'aria dalla siringa e piantando l'ago con mano ferma. Più tardi, davanti alla curiosità di Fatima, non aveva saputo tenere a freno la lingua e le aveva spifferato il loro progetto.

Anche in quel frangente la donna l'aveva rassicurata. «La signora Argentina può andare dove le pare e piace. Tu, però, stai attenta a non metterti nei guai. E se sta male, portala al pronto soccorso. Promettimelo.»

Aveva promesso.

Quando Argentina le diede il via libera Arianna chiuse la valigia, chiamò il servizio taxi, si issò lo zaino in spalla e infine la aiutò a infilare il soprabito. Abbassarono tutte le tapparelle, spensero le luci, controllarono il gas una volta ciascuna, poi Arianna sollevò la valigia, Argentina la sua borsetta beige nuova fiammante, comprata per l'occasione, e uscirono tese e circospette come due spie.

Arianna trasportò la valigia sul ciglio del marciapiede e in quel momento vide il taxi che si avvicinava.

Ne scese un uomo tarchiato, dalla barba mal rasata, vestito da cacciatore, che puntò Arianna con passo deciso. Se non avesse avuto la valigia se la sarebbe data a gambe e, quando lui con una certa violenza gliela strappò di mano per infilarla nel bagagliaio, ebbe un sussulto. Lo vide sbattere lo sportello, tornare a sedersi al posto di guida e aggiustare lo specchietto per osservarla con l'espressione cattiva.

Arianna avrebbe voluto muoversi, ma era ancora bloccata, inchiodata al terreno. Odiò quell'uomo. Cos'aveva tanto da guardare? Cosa gli passava in quella testa quadrata da mastino?

Si accorse solo in quel momento che Argentina si era mossa a passetti rapidi dal portone per salire in macchina e allora riuscì a staccarsi dall'asfalto, con il solo pensiero di seguirla e proteggerla. Dopo averle tenuto aperta la portiera, accennò a salire dalla stessa parte. Ma l'uomo, sempre guardandola attraverso lo specchietto, come se stesse aspettando proprio quel gesto, emise un urlo tremendo. «C'è un'altra portiera, signorina!» sbraitò. Arianna si sentì morire. Rapida girò intorno al taxi maledicendo il suo proprietario e si gettò accanto ad Argentina che, al colmo dell'eccitazione, batté le mani e trillò: «Alla stazione Centrale!».

Fuori la primavera aveva sparso i suoi segni con una certa parsimonia, ma un occhio attento poteva coglierli anche nel paesaggio sempre uguale della città, in una macchia verde pendente da una terrazza là in alto, nelle gemme di un albero del viale, negli abiti più leggeri e colorati della gente per strada. Ma soprattutto il cambiamento si sentiva sulla pelle, perché l'aria fresca e il tepore del sole provocavano alternandosi una dolce sensazione di piacere, uno speciale desiderio di vita, al punto che quasi dispiaceva lasciare Milano proprio quel giorno. Più facile sarebbe stato partire un mese prima, quando tutto invitava alla fuga. Ma quella non era una fuga, era un'avventura, si disse Arianna, per la quale lei, proprio lei, era stata scelta. E non c'è modo migliore di amare un posto che andarsene via, pensò, e d'istinto spostò lo sguardo dalla città, che forse le sarebbe addirittura mancata, alla sua compagna di viaggio, che teneva la faccia incollata al finestrino ma doveva nutrire tutt'altri pensieri. Stava per tornare in un posto lasciato anni e anni addietro, e chissà che cos'aveva provato allora andando via, ma soprattutto stava per rivedere un vecchio amore, il sogno che aveva conservato intatto per tutta la vita. Lei non aveva mai provato niente del genere, ma si sarebbe fatta in quattro per proteggere quella storia straordinaria. Il quadernino che si era portata per annotare idee e impressioni era in fondo allo zaino e non avrebbe potuto tirarlo fuori prima di essere salita sul treno. Si ripeté le parole a mente più volte per paura di dimenticarsele e dopo un po' le sembrò che suonassero vuote come se la sensazione fosse svanita via.

Il tragitto fu brevissimo, e Arianna fu subito richiamata alla realtà dalla voce pesante dell'uomo.

«Eccoci, siamo arrivati», disse sprezzante, come se l'avessero fatto muovere per niente, e scese a prendere la valigia.

Arianna lo seguì, estrasse dal portafoglio che si era legata al collo una banconota da venti euro e gliela allungò senza guardarlo in faccia. Preso il resto, raccolse la valigia e la spostò un po' più in là. Sentì la mano di Argentina che le artigliava il polso, così forte che si spaventò. La vecchia la guardava con un'espressione corrucciata.

«Che c'è?»

«Non so, non so», balbettò Argentina. «Non so più se facciamo bene, mi sembra una cosa tanto folle.»

Perché si faceva prendere dallo sconforto proprio adesso? Il taxi si era accodato agli altri, in attesa di passeggeri, e Arianna immaginò di rimettersi in fila, in cima alla colonna di macchine, per farsi riportare indietro. Immaginò la faccia che lui avrebbe fatto. Immaginò di tornare a casa, quella sera, come se niente fosse e rivedere l'espressione sempre strafottente di suo fratello. Avevano qualcosa in comune, Massimo e quel tassista, qualcosa nello sguardo che la metteva a disagio. La guardavano come se fosse un elemento sbagliato nel paesaggio, un errore della natura, una femmina malfatta. Solo in quel momento, vedendo l'espressione di suo fratello negli occhi di un estraneo, ne capiva il senso. Non si poteva tornare indietro adesso. No davvero.

Per qualche istante osservarono in silenzio il viavai di turisti e pendolari che si incamminavano su per la scalinata imponente verso i binari o uscivano dall'edificio per inabissarsi nella metropolitana. Sembravano tutti leggermente storditi dalla luce di quella mattinata e si sparpagliavano per la piazza come formiche che cercano di ritrovare la giusta direzione senza mai arrestarsi.

«Il nostro treno parte tra mezz'ora», disse Arianna.

Argentina sospirò.

Arianna colse l'esitazione e la paura racchiuse in quel soffio.

«Dobbiamo andare», disse.

Argentina guardò la ragazza sollevare la valigia e le venne in mente il primo giorno, quando faceva fatica persino a spostare il tappetino del bagno. Era cambiata molto in quei mesi, era diventata più determinata, più intraprendente. Le andò dietro.

A ogni scalino Arianna sollevava la valigia con uno strappo e dalla bocca le usciva un versetto.

«Cavolo se pesa», la sentì mormorare.

La superò e le disse: «Non ci ho messo quasi niente. È la valigia che è pesante, anche quando è vuota».

Arianna si fermò e dal basso le gettò un'occhiataccia, che la fece ridere e le fece tornare il buonumore.

«Ho fatto una fatica a tirarla giù dall'armadio», le raccontò continuando a salire. «L'ho agganciata con la scopa e praticamente l'ho fatta cadere in terra. Non potevo tirarmela in testa, restarci sotto.»

Quando Arianna sbuffando la raggiunse, ridacchiò e le diede di gomito. «Pensa alla faccia della Borgonovo quando ha sentito il tonfo! Avrà pensato che ero caduta io, puf, giù come una pera. E chissà quanto ci ha goduto, la strega!» Argentina ricominciò a salire. All'improvviso si fermò e si voltò. «E non le è mica venuto in mente di chiedere se stavo bene, a quella lì», disse.

Arianna, concentrata sugli scalini per non inciampare, non dava segno di ascoltare la sua tiritera. Quando la raggiunse, Argentina le indicò un gruppo alle loro spalle. «Guarda quelli», disse, «quanti bambini hanno. Ma saranno tutti loro?»

E mentre la famiglia le superava commentò imperterrita: «Eh sì, sembrano fatti con lo stampino, tutti biondi...».

Poi riprese a camminare e a parlare della sua valigia. «Non ho portato molte cose, non sapevo cosa metterci. Due gonne, due camicette, è quasi vuota. Pesa perché pesa già così, da vuota. Fai tanta fatica? Figurati che non ci ho messo proprio niente. Oddio, non sono più abituata a uscire, figurarsi a viaggiare...»

Affrontò gli ultimi gradini. Dall'enorme volta della stazione arrivava un brusio ovattato, lontano. Giunta in cima Argentina si arrestò di colpo, la bocca spalancata: solo gli occhi continuarono a vagare per il grande spazio.

Sbucando sotto la volta, improvvisamente aveva sentito il cuore farsi più largo, mentre le sembrava di rammentare qualcosa. Doveva essere il marmo bianco e il nero delle ombre, lo spessore dei muri, la maestosità dell'edificio. Ricordava una grande sala ristorante, di prima e seconda classe, con i tavoli disposti in fila contro le pareti, dove Antonio l'aveva portata a mangiare quando erano arrivati. Lui c'era già stato, a Milano, per trovare casa e lavoro, e dopo che si erano sposati vi aveva condotto pure lei.

Era stato un viaggio lungo ed estenuante, tanti anni prima, dal paese alla grande città, questo lo sapeva, le era rimasto impresso come una certezza, ma non ricordava alcun dettaglio di quella fatica, che per anni lei e Antonio avevano rammentato insieme e raccontato agli altri come un'impresa epica. Ciò che invece ricordava benissimo era lo stupore, la meraviglia che aveva provato quando, scendendo dal treno, si era accorta che in quella città i binari finivano.

Il convoglio era andato ad appoggiarsi contro due grosse mani di ferro che stavano lì a parare il colpo, pum, e oltre non si poteva andare. Lì il viaggio ha termine e tutti i passeggeri devono scendere, nemmeno avendo il biglietto si potrebbe restare su e tornare indietro, perché un uomo passa in tutte le carrozze per controllare che la gente sia scesa. E comunque loro il biglietto di ritorno non ce l'hanno, resteranno lì per sempre, senza voltarsi, come hanno deciso, e all'inizio sembra davvero una cosa grande e buona. La cosa giusta da fare.

I binari terminano, tranciati di netto, tran, e lei, che è abituata a vederlo passare fischiando, il treno, giù allo scalo, e magari fermarsi, per poi riprendere la sua corsa, come fosse un favore che fa al loro piccolo paese, di fermarsi un attimo, solo il tempo di far scendere e salire le persone, e non proprio in paese, ché sarebbe troppo da signori, ma molto più giù, nella valle, in fondo ai tornanti, lei si trova a pensare per la prima volta che esiste un posto nel quale tutto va a finire, forse lo stesso posto in cui tutto segretamente ha inizio, senza che lei possa saperlo, e così, in quel momento, come per magia, si sente in capo al mondo. E felice abbraccia Antonio, che da parte sua è fiero di averla condotta con sé, è fiero di lei perché non mostra di avere paura, non piange per le parenti che ha lasciato, e vedendola così contenta non può immaginare quali grandi aspettative, quali fantasie si stanno costruendo sopra quei binari.

Ma dov'era finita la sala ristorante? Ora la galleria sembrava una specie di grande bazar, con tante botteghe sparse qua e là, pannelli luminosi che annunciavano arrivi e partenze e scivoli mobili che portavano la gente su e giù.

Arianna la richiamò con delicatezza. «Andiamo?» le disse toccandola. «È al binario otto. Il treno sarà già pronto. Dobbiamo cercare la nostra carrozza.»

Argentina la seguì in mezzo alle persone che sfrecciavano da tutte le parti e fu colta dalla puerile paura di perdersi. Ma Arianna avanzava lentamente, facendosi largo con la sua stazza, e lei, tenendole una mano appoggiata sul gomito, si sentì rassicurata e si lasciò guidare.

Il treno era diverso da quelli che ricordava, era bianco e rosso, con il muso allungato come una supposta. Strinse la presa sulla giacca di Arianna e lei si fermò.

«Qualcosa che non va?»

«È tanto che non viaggio.»

«Andrà tutto bene.»

S'incamminarono lungo il binario leggendo i numeri delle carrozze, finché Arianna non si arrestò, vicino a due donne con una montagna di valigie e un bambino piccolo in braccio. La più giovane delle due, vedendole arrivare, aveva passato il bambino all'altra e aveva premuto il tasto per l'apertura della porta. Poi, con una certa agitazione, aveva cominciato a tirare su le valigie e le borse, una alla volta, ostruendo il passaggio. Mentre la montagnola di bagagli aveva abbandonato il marciapiede per ricostituirsi all'ingresso della carrozza, sotto gli occhi vivaci del bambino che si agitava in braccio alla nonna, dietro ad Arianna e Argentina si andava formando una piccola coda di gente impaziente.

Finalmente poterono salire. Arianna montò per prima issando la valigia e poi allungò il braccio per aiutare Argentina, che si inerpicò su per la scaletta con qualche difficoltà. Staccando i piedi da terra le sembrò di alzarsi in volo e il suo cuore si mise a battere più forte.

Presa da una leggera vertigine, nel corridoio si dovette appoggiare a destra e sinistra per avanzare e appena Arianna ebbe sistemato la valigia si sedette al suo posto, di fronte a lei, accanto ai finestrini. La poltroncina era comoda e il tavolino nel mezzo creava una familiare aria da salottino. Le donne con il bambino occupavano i quattro posti al di là dello stretto corridoio e muovendosi continuamente impedivano agli altri passeggeri di spostarsi, creando una certa confusione.

Arianna e Argentina cercarono di isolarsi dalla calca che avevano intorno facendosi vicine con le braccia sul tavolino e guardando fuori. I posti accanto a loro erano ancora liberi.

«È una specie di avventura...» mormorò Arianna.

«Siamo un po' come quelle due... come si chiamavano?» chiese Argentina.

«Chi?»

«Ma sì, quelle due! Quelle del film...»

Arianna continuava a non capire. Argentina si spazientì, con il nome sulla punta della lingua, poi improvvisamente lo ricordò. Batté le mani.

«Thelma e Louise!» esclamò.

«Ah, sì», assentì Arianna vagamente delusa, «è un vecchio film.»

«Cosa? Non è affatto vecchio!» protestò Argentina. Ci pensò un po' su, borbottando.

«Mi ricordo addirittura quando è uscito al cinema», disse a un certo punto. «Il povero Antonio non c'era già più. E lui è morto nell'81.» Scrutò per qualche istante l'espressione un po' confusa di Arianna, poi le spiegò: «Non sono più andata al cinema senza di lui, ma mi è rimasta l'abitudine di controllare i film sul giornale. Questo l'ho visto molto tempo dopo in televisione, ma mi ricordo quando è uscito! Non è affatto vecchio».

«Be' io negli anni Ottanta non ero ancora nata...» disse Arianna stringendosi nelle spalle.

Argentina le lanciò un'occhiata piena di sconcerto e fece un gesto di disgusto con la mano, un po' offesa, un po' divertita. Poi si appoggiò più comoda al sedile e si mise a guardare, fuori, la fila di persone che si era formata davanti alla porta.

«Se deve salire tutta quella gente, non partiremo più.»

2.

E invece partirono in orario. Argentina si accoccolò sul sedile, la testa reclinata contro il finestrino e gli occhi chiusi, e non aprì più bocca.

Arianna aspettò, la osservò a lungo, cercando di cogliere un movimento, seppur minimo, una qualunque possibilità di parlare ancora un po' con lei, poi si rassegnò. Le sembrava che la loro avventura meritasse uno scambio d'opinioni e le sarebbe piaciuto capire cosa provava, come si sentiva, se le faceva paura l'idea di incontrare Rocco dopo tanto tempo. Passata la vergogna, si era sentita piano piano legittimata a occuparsi della vicenda e, ora che erano partite insieme, se ne sentiva coinvolta e responsabile, come se quel sentimento appartenesse anche a lei e lei fosse incaricata di portare una reliquia, il cuore martoriato della vecchia dentro la teca di quel corpo fragile, fino alle mani del legittimo proprietario, l'unico in grado di conservarlo e santificarlo.

Allungandosi sopra il tavolino, le stese sopra con delicatezza la propria giacca a vento e solo in quel momento si accorse che il posto accanto ad Argentina era stato occupato da una signora che prontamente la aiutò, rivoltando un lembo della giacca che era rimasto piegato.

«Fai bene a coprirla. Fa proprio freschino qui dentro.»

Arianna annuì.

«È tua nonna?»

La donna aveva i capelli corti e neri e grandi occhi azzurri che, sorridendo, la fissavano con insistenza. Arianna pensò che sarebbe stato gentile sorriderle di rimando, ma non ci riuscì.

«No», rispose soltanto.

L'altra restò in attesa, ma ad Arianna non venivano le parole giuste per spiegare la loro situazione e non aggiunse altro. Invece abbassò lo sguardo e cominciò a occuparsi con ostentazione degli affari propri. Sistemò di fronte a sé il quadernino, la penna e un libro, i racconti di Lovecraft, che aveva comprato per Jewel e che doveva finire prima di arrivare a Roma, perché ce n'erano alcuni che non aveva mai letto.

Il libro rimase aperto per molto tempo alla stessa pagina, perché troppi erano i pensieri che si accavallavano nella sua mente. Provò ad annotarne qualcuno, giusto per ricordarselo, come i nodi che Argentina faceva ai fazzoletti, ma ogni volta che apriva il quaderno per prendere un appunto, la donna di fronte le lanciava lunghe occhiate invadenti. Alla fine rinunciò.

D'altra parte negli ultimi tempi scrivere non le bastava più. Improvvisamente sentiva il bisogno di dire ciò che le passava per la testa, come se la voce le fosse rimasta chiusa nella pancia per lungo tempo e lì avesse lievitato, lievitato e lievitato, gonfiandola sempre di più, e ora premesse per uscire a costo di farla scoppiare. Avrebbe voluto dirle subito a qualcuno, le cose che le venivano in mente, lasciarle fluire fuori dalla bocca e intanto vedere che effetto facevano sugli altri, su Argentina, su Jewel, forse addirittura sui suoi genitori.

Chissà come sarebbe stato parlare un po' con quella donna curiosa, rifletté gettandole un'occhiata a sua volta, ma subito, quando i grandi occhi azzurri risalirono dal quadernino al suo volto con espressione complice, se ne pentì. Sentendosi arrossire fino alla radice dei capelli, appoggiò la fronte al finestrino e lo trovò fresco, fresco e piacevole come riaffondare nei propri pensieri.

Finalmente stava per incontrare Jewel. Lei, da parte sua, un po' di paura ce l'aveva, ma era una paura buona, non come quella che aveva sperimentato fino a quel momento; era un timore che portava con sé la voglia di affrontarlo, paura e determinazione insieme. Era così che dovevano sentirsi gli atleti prima della gara. Il primo sguardo tra di loro sarebbe stato fondamentale. Se guardandosi negli occhi si fossero riconosciute – e non secondo i banali espedienti che avevano escogitato per trovarsi in mezzo alla folla, ma se si fossero riconosciute davvero –, se avessero ritrovato l'una nell'altra ciò che avevano condiviso, allora tutto avrebbe funzionato. Altrimenti la loro amicizia sarebbe scoppiata come una bolla di sapone e Arianna avrebbe dovuto ammettere a malincuore che avevano ragione i suoi genitori, e che la loro frequentazione virtuale era stata soltanto un'illusione.

Qualcosa le diceva che sarebbe andato tutto bene. Quando le aveva chiesto aiuto per il viaggio, e si erano scambiate i numeri di cellulare, le era venuta voglia di chiamarla per raccontarle ciò che non aveva ancora detto a nessuno. Dell'aggressione aveva parlato solo con lei. I suoi genitori quella sera non si erano accorti di niente, né dei suoi vestiti sporchi di terra né della sua faccia stravolta. Nei suoi silenzi non avevano notato niente di straordinario.

Parlarne con Jewel, invece, era stato naturale come bere un bicchier d'acqua. La sua amica era stata fantastica, l'aveva ascoltata, e si era comportata come se da sempre si fossero telefonate tutti i giorni alla stessa ora. Aveva una voce molto diversa da come se l'era immaginata. Al primo ascolto era strana, sgraziata, troppo acuta, con la erre moscia e un accento pesante che le ricordava certi comici romani. Ma una volta fatta l'abitudine, il suo timbro e la sua pronuncia erano diventati una necessaria parte di lei, come l'allegria, la battuta pronta, l'acume delle osservazioni. Con lei Arianna aveva l'impressione che nessuna parola andasse mai sprecata, che ogni frase trovasse la giusta profondità e andasse sempre a segno. E il desiderio di parlarle di nuovo era forte come il desiderio di sentirsi viva.

Ancora adesso la sorprendeva la facilità con cui aveva abbandonato il computer a casa di Argentina ed era partita seguendo una voce, una voce che doveva trovare corpo, perché un'amica come Jewel prima o poi doveva averlo, un corpo. Aveva anche un nome, a dirla tutta: si chiamava Giuliana, e già al telefono si erano dette ciao Arianna, ciao Giuliana, e Arianna aveva sentito che era una cosa importante, e ora, con la fronte attaccata al finestrino, si ripeteva che un corpo ce l'aveva anche lei, e non un corpo qualunque, non un corpo che passasse inosservato, che si potesse mettere, per così dire, tra parentesi. Si chiedeva se sarebbe stato un problema. Ma no, poteva solo sperare di no, perché altrimenti le sarebbe stata negata ogni possibilità di contatto, le sarebbe stata negata la vita. E invece lei voleva vivere, voleva esserci, per una volta, doveva solo abbandonarsi, accettare di essere una presenza viva a tal punto da essere sé e segno di sé nello stesso momento, senza lasciare altre tracce, senza scrivere nulla, senza nascondersi dietro al solito muro di parole che si facevano oggetto al posto suo, quelle parole scritte alla tastiera dietro le quali si era sempre sentita protetta, dietro alle quali si era sempre nascosta.

Argentina non s'era accorta che erano partiti: si ritrovò a stupirsi all'improvviso quando già tagliavano i campi a sud della città e un po' le dispiacque di essersi persa qualcosa, perché avrebbe voluto gustarsi quel viaggio dall'inizio alla fine, ma già questi nuovi pensieri la distraevano e la portavano via. Accanto ad Arianna il posto era rimasto vuoto, mentre vicino a lei si era seduta una signora che poteva avere l'età di sua figlia, con gli occhi azzurri sempre spalancati. Ogni volta che Argentina lasciava scorrere lo sguardo all'interno della carrozza, si sentiva osservata da quelle due specie di fari. E allora si voltava di scatto, infastidita, per lasciare l'impicciona a bocca asciutta.

Al di là del corridoio, un ragazzo aveva occupato la poltroncina libera accanto alla famigliola, ma dopo pochi minuti si era allontanato infastidito portandosi appresso il trolley che prima con tanta fatica aveva incastrato in un buco libero tra due valigie. Lì, dove il bambino alternava gridolini di gioia a urla di frustrazione passando rapidamente dalle braccia della mamma a quelle della nonna, la signora dagli occhi sgranati aveva già trovato pane per i suoi denti e non perdeva mai l'occasione di scambiare una battuta. Ma sembrava che fosse particolarmente attratta da Arianna, che nel suo silenzio rappresentava una sfida più allettante, un mistero da svelare. Forse si stava chiedendo che rapporto ci fosse tra loro due, se la ragazza fosse sua nipote e dove stessero andando.

Argentina sbirciò Arianna e notò con grande soddisfazione che aveva aperto davanti a sé un libro e, anche se non sembrava intenta a leggere e nemmeno voltava le pagine, tuttavia mostrava una decisa avversione alle chiacchiere con la ficcanaso.

Avevano deciso di fare tappa a Roma, dove un'amica di Arianna si era offerta di ospitarle. E il solo fatto di aver stabilito quel punto, giorni addietro, quando il piano della loro fuga aveva cominciato a prender forma, aveva tranquillizzato Argentina, come si fosse innalzata una barriera protettiva tra lei e la follia che stava per compiere, una parete trasparente, dietro alla quale Grassano pareva un po' più lontana e, sebbene se ne scorgesse il profilo arroccato sul costone, tuttavia non faceva più paura. Pensando a Roma evitava di chiedersi che cosa avrebbe trovato al suo paese e sorvolava sull'impudenza di presentarsi di punto in bianco senza nemmeno aver avvisato, e sulla vergogna di farsi vedere così, com'era adesso, per non parlare del timore di scoprire quanto era cambiato lui, che non poteva certo assomigliare a quello di una volta.

Ma forse, si diceva quando la assalivano questi dubbi, era proprio per quel motivo che le era presa la smania di andare, perché aveva bisogno di strappare il velo del sogno e tornare alla realtà, mettersi a nudo e potere di nuovo guardarsi allo specchio senza trasalire, sgonfiare finalmente la bolla che stava avvolgendo e mistificando la sua vita. Aveva bisogno di mettere un punto fermo a quella faccenda delle lettere che la stava facendo impazzire, che la confondeva e non le permetteva più di stare quieta. Era qualcosa che aveva a che fare con il senso della fine, se ne rendeva ben conto, anche se quella parola faceva fatica persino a pensarla. Avvicinandosi all'estremo era necessario chiudere delle pratiche, darsi delle risposte, mentre le lettere continuavano a sollevare domande, e non solo riguardo alle scelte del passato: contenevano qualcosa che stuzzicava la sua curiosità, perché era chiaro che lei e Rocco non condividevano la stessa memoria. Per quanto l'avesse resa euforica la prima risposta che le avevano recapitato, presto si era resa conto che le cose non quadravano. L'uomo che le scriveva si sforzava di essere galante e di confermare le sue aspettative, ma sapeva a malapena di cosa parlasse. Tutto dipendeva forse dal fatto che erano stati i suoi occhi, un tempo, a parlare per lui. Argentina avrebbe dovuto continuare a godere della propria immaginazione, che le aveva fatto compagnia e l'aveva sostenuta per decenni, senza andare a sollecitare la realtà, a sfidarla, perché ormai era una partita persa in partenza, quando si aveva la sua età. Le lettere erano state una fonte di gioia, era vero, ma anche d'angoscia, perché se allora aveva compiuto una scelta l'aveva fatto a ragion veduta, e non era giusto che le vite possibili si ripresentassero alla sua porta con tanta leggiadria, ora che possibili non erano più, come se lei potesse realmente accoglierle e farle sue, e rallegrarsene. Era tutto un maledetto equivoco, e presto l'immaginazione si sarebbe sciolta al sole. Gli occhi di Rocco le avrebbero detto la verità: che aveva dimenticato, perché andava bene così, che avevano vissuto due vite piene, ciascuno la sua, ciascuno quella giusta. Avrebbe messo finalmente un punto a quella storia che aveva riaperto con tanta incoscienza.

E poi avrebbe rivisto i suoi posti, i campi, le case, i viottoli: li avrebbe riconosciuti? O sarebbero stati fantasmi sbiaditi come gli scorci ingannevoli che Arianna le aveva mostrato sullo schermo?

Cosa avrebbe dato ora per sapere, cosa avrebbe pagato per poter leggere il bigliettino della fortuna che quel venditore, con lo zufolo e il pappagallo nella gabbietta, offriva un tempo per le strade del paese nel suo vagabondare.

«*A fortunell', a fortunell'!*» strillava l'uomo, per far avvicinare le donne.

Argentina si avvicinava tremante, sebbene sapesse che era solo un gioco: non era come Filomena, lei. Filomena ci credeva e avrebbe voluto leggere la fortuna ma aveva troppa paura e quindi se ne scappava via, e poi voleva sempre sapere quelle degli altri, che le sembravano meno spaventose.

Argentina sapeva che era tutto un divertimento, ma un po' di paura la sentiva, mentre pensava: dimmi cosa sarà, cosa c'è dopo questo salto, dopo questo volo, e il treno adesso andava così veloce che sembrava un aeroplano e lo stomaco dava un po' fastidio, forse per il movimento, forse per la paura di leggere il foglietto che il pappagallo aveva scelto per lei, e le mani tremavano nell'aprirlo, e la cosa spaventosa era che erano mani di vecchia, con le macchie, le vene blu e le unghie dure, e il foglietto era bianco, vuoto, non diceva proprio niente, e tutti nel vederla avrebbero pensato che sciocca, così vecchia, a chiedere la fortuna, a cercare di conoscere il futuro, come se avesse tempo davanti e non fosse tutto dietro, il tempo, il tempo così prezioso che il treno si stava lasciando alle spalle.

3.

L'arrivo a Roma era previsto per l'una. Probabilmente Giuliana le avrebbe portate a mangiare, ma mancava ancora un'oretta e Arianna si chiese se non fosse il caso di mettere subito qualcosa sotto ai denti. Non che avesse fame, anzi, stranamente negli ultimi giorni il suo stomaco aveva smesso di mandare segnali con la solita frequenza, come se il turbinio di movimenti interni che l'agitavano si fosse spostato più in alto, nella testa, dove i pensieri nascevano e scoppiavano a ritmi sempre più incalzanti. Certo, le restava il chiodo fisso del cibo, come un comandamento, un imperativo, che tuttavia andava svuotandosi di significato.

La carrozza non aveva tardato a riempirsi e Arianna osservava la gente che andava e veniva dal ristorante in testa al treno. Accanto a lei si era seduto un uomo sudato in giacca e cravatta, che s'era addormentato subito dopo Firenze. Di fronte, la signora, che cercava ancora di incrociare il suo sguardo e le sorrideva, stava pescando caramelle da una piccola tracolla e a un certo punto, accortasi che lei aveva chiuso il libro, le fece un cenno.

«Caramellina?»

Arianna scosse la testa e alzò la mano per rifiutare, mormorando un piccolo grazie, poi estrasse dallo zaino che teneva in mezzo ai piedi un pacchetto di cracker che posò vicino al libro. Non lo scartò, ma lo tenne lì, come una protezione, mentre continuava a guardarsi intorno.

Al di là del corridoio, il bimbo, che aveva dormito forse un quarto d'ora, si era già svegliato e urlava con le guance arrossate, mentre madre e nonna se lo passavano e aprivano un gran numero di borse per cercare l'occorrente per sfamarlo. Quando il bimbo scoprì il vetro vi si appiccicò con le mani e il musino e la situazione si fece più calma, con la nonna che lo teneva per il sedere, tutto teso nello sforzo di stare in piedi, mentre la mamma si dedicava alla preparazione di un biberon con latte e biscotti.

Argentina mosse leggermente il capo ma non aprì gli occhi. Arianna era quasi certa che non avesse fatto colazione e da quando erano partite non aveva nemmeno bevuto un goccio d'acqua. Era la prima volta che si preoccupava del nutrimento di quel corpo, che in fondo era arrivato alla sua bella età senza bisogno di lei, ma adesso sentiva di avere nuove responsabilità, almeno finché erano in viaggio, almeno finché non avesse portato a termine il compito che le era stato affidato.

Allungandosi sopra il tavolino le sfiorò una mano e la sentì fredda. Era talmente piccola che il sedile, identico a quello in cui lei stava schiacciata come un budino attenta a non debordare e a non urtare con il gomito e il ginocchio il suo vicino, intorno ad Argentina sembrava invece un enorme trono, sul quale lei fosse adagiata come una minuscola principessa delle fiabe. Arianna la toccò con più decisione e cominciò ad accarezzarla piano. Non era poi così spiacevole al tatto come sembrava dal colore, con quelle vene viola che parevano voler uscire dalla pelle e le macchie scure che si estendevano dal dorso fin sotto al polsino della camicetta. Era anzi una pelle morbida, quasi vellutata. Ad Arianna vennero in mente gli scampoli che ricoprivano la scatola delle lettere e sorrise. Si accorse allora che anche la donna seduta vicino ad Argentina sorrideva: le osservava e sorrideva.

Argentina aprì gli occhi, guardò prima fuori, poi parve ricordarsi dov'era e nello stesso istante accorgersi che Arianna, protesa tutta in avanti col petto schiacciato contro il tavolino, le teneva la mano tra le sue.

Arianna si tirò indietro.

«Non manca molto», disse. Toccò appena il pacchettino frusciante appoggiato sul tavolo. «Vuole mangiare qualcosa?»

Argentina, ancora un po' confusa, rifiutò con una smorfia, mentre provava a muoversi lentamente e con le mani si toccava la faccia, i capelli, e si lisciava i vestiti. La giacca che le aveva fatto da coperta cadde tra di loro e Arianna la raccolse.

«Un po' d'acqua?»

«Magari sì», rispose la donna, «basta che non sia fredda.»

«Non lo so. Non credo che lo sia. Proviamo.»

Le riempì un bicchiere di carta con la bottiglietta che aveva nello zaino.

«Fa freddo, qui dentro.»

«Vuole metterla, questa giacca?»

Argentina prese la giacca a vento che Arianna le porgeva e se la adagiò di nuovo sulle gambe.

«Comunque tra poco arriviamo», la rassicurò la ragazza.

Il treno aveva rallentato e fuori scorreva un paesaggio urbano.

Argentina gettò un'occhiata piena di irritazione alla vicina, che continuava a seguire la loro conversazione con manifesto interesse, e Arianna, pensando che fosse sul punto di dirle qualcosa di sgradevole, cercò di prodursi in sorrisi da parte di tutte e due, un po' per stemperare la leggera tensione e un po' per scusarsi in anticipo per ciò che poteva uscire dalla bocca della sua compagna di viaggio. Poi, fortunatamente, l'attenzione generale fu attirata dal bambino che aveva ripreso a divincolarsi e a gridare.

«Avrà una gran famona», disse la donna dagli occhi azzurri alla madre, che rispose qualcosa di incomprensibile sotto le urla di suo figlio.

Argentina sembrò dimenticarsi dei suoi propositi bellicosi e si raddrizzò un po' sul sedile. «Ci sarà ad aspettarci la tua amica con quel nome strano.»

«Jewel», confermò Arianna, «ma si chiama Giuliana, in realtà. Jewel è solo il suo nickname.»

Argentina sgranò gli occhi.

«Il suo soprannome», le spiegò. «È così che firma i messaggi che scrive e in rete tutti la conoscono come Jewel, nessuno la chiama Giuliana. Abbiamo tutti un nickname.»

«Un nomignolo.»

«Sì.»

«In pratica il suo nome di battaglia.»

«Sì, direi di sì», rispose Arianna. L'idea del nome di battaglia le piaceva.

«O il suo nome di conversione», aggiunse Argentina.

Questa volta fu Arianna a stupirsi. «Cioè?»

La donna dagli occhi azzurri era stata di nuovo catturata dalla loro conversazione e incuriosita la seguiva attentamente.

«I religiosi, quando entrano nell'ordine, prendono un nome nuovo, per la nuova vita che li aspetta», disse Argentina lanciando un'occhiataccia alla donna e sospirando in modo esagerato. «Le monache di clausura, per esempio, cambiano nome quando lasciano la vita secolare. Il nome nuovo testimonia di un cambiamento di identità...» sospirò. «La sorella di mio marito si era fatta monaca... chissà se è ancora viva...» aggiunse, quasi fra sé, dopo essersi voltata a guardare fuori dal finestrino.

Arianna, che non aveva mai pensato sul serio al significato dei loro nickname, la ascoltava rapita.

«E il nome di battaglia? Da dove viene? Anche quello testimonia di una vita nuova?» le chiese.

Argentina si riscosse e riportò l'attenzione su di lei. Ci mise un po' prima di dar segno di aver capito la domanda. Poi scosse la testa, indecisa.

«Il nome di battaglia serve più per farsi riconoscere all'interno di un gruppo, suppongo. Oppure per non farsi riconoscere fuori, nella vita civile. Ce l'avevano i partigiani, i banditi, ce l'hanno le spie, i combattenti. Dipende.»

«Sì, è proprio così. Per noi è proprio così», confermò entusiasta Arianna. «Cioè non nel senso dei banditi, o delle spie, voglio dire, ma... Noi ce l'abbiamo tutti un nickname... e quando scrivi qualcosa sei sempre un po' diverso da come sei realmente. O forse viene fuori quello che sei realmente senza la paura di essere giudicato...»

Argentina la guardò con la sua espressione più curiosa, che spesso le risparmiava la fatica di chiedere, e Arianna, intuendo cosa voleva sapere, arrossì.

«Io sono AriaLove», disse. E poi precisò: «Love come amore, in inglese...».

«Ah, fin lì ci arrivo persino io che l'inglese non l'ho mai imparato», protestò Argentina scoccando un'altra occhiataccia alla signora accanto. «AriaLove. È bello. E dimmi, com'è AriaLove realmente?»

«AriaLove non ha paura di mostrarsi, mai. Dice sempre delle cose intelligenti. Ed è buona. I suoi amici le vogliono bene.»

«E pensi che ad Arianna non ne vorrebbero?»

Arianna ci pensò un po'. «Sì, suppongo di sì», rispose senza troppa convinzione.

«E quindi tu e questa...»

«...Giuliana...»

«...tu e questa Giuliana vi incontrerete oggi per la prima volta?»

«Sì.»

«E tu un po' di paura ce l'hai, vero?»

«Sì, direi che sono proprio... terrorizzata.»

«Addirittura! E perché mai? Siete amiche, no?»

«Sì, siamo amiche...»

«Hai paura che non venga? Che ti giochi uno scherzetto? Guarda che noi due ce la caviamo comunque.»

«No, no. Mi fido di Jewel, cioè di Giuliana, sono sicura che verrà.»

«E allora?»

«È solo che sarà come conoscersi di nuovo e mi sento un po' insicura.» Ci pensò un po' su, prima di continuare: «Sa, mi chiedo se ci piaceremo...».

«Se siete amiche vi piacerete per forza. Anzi, vi piacete già. Tu come te la immagini?»

«Jewel è forte, è simpatica. Fa sempre battute su tutto, vede tutto in positivo. Dice sempre quello che pensa e non si fa mettere i piedi in testa da nessuno.»

«Un bel tipino davvero. E pensi che in realtà non sia così? È di questo che hai paura?»

Arianna scosse la testa. Non l'aveva nemmeno presa in considerazione una simile possibilità.

«O forse», proruppe Argentina, come se le fosse venuta

un'idea proprio in quel momento, «dato che lei non ti ha mai visto...»

Qui si fermò. Poi continuò, più titubante: «...hai paura che ti trovi...».

Arianna aspettò che finisse la frase, ma Argentina gesticolava come se non le venisse la parola.

«Grassa, vuol dire?»

«Mah, sì, diversa da come ti immaginava, forse.»

«Veramente io gliel'ho detto...»

«Ah. Bene, allora.»

Argentina parve rilassarsi.

«Sa, non sapevo come ci saremmo riconosciute e così le ho detto... di cercare una ragazza grassa con una...»

Arianna si interruppe all'improvviso e Argentina si accigliò.

«Con una vecchia?»

Arianna annuì.

Alla donna dagli occhi azzurri scappò un risolino.

«Allora ci riconoscerà senz'altro», sentenziò Argentina seccata, voltandosi verso il finestrino.

Arianna intercettò l'ennesima occhiata complice della vicina, che aveva inarcato le sopracciglia in un'espressione divertita, ma decise di non darle corda e si dedicò anche lei all'osservazione del paesaggio. Dopo un po', non sapendo più dove guardare, aprì il pacchetto di cracker e cominciò a sbocconcellarne uno.

Argentina sembrava aver cambiato del tutto umore e non le prestava più attenzione. Sempre voltata a guardare fuori muoveva la bocca come se la dentiera le desse molto fastidio e di tanto in tanto parlava da sola.

Ad Arianna ricordò la prima volta che l'aveva vista, quando ancora le dava l'impressione di essere soltanto una vecchia bisbetica, e le venne in mente che non avevano ancora telefonato a Monica. Per parlare con i suoi genitori avrebbe potuto aspettare fino all'ora di cena, perché era raro che si sentissero prima, a meno che non ci fosse qualcosa di urgente da comunicare. Invece Monica, di solito, verso mezzogiorno chiamava Argentina e, se non la trovava a casa, provava sul cellulare, prima quello di sua madre e poi il suo. A quel punto insisteva perché Arianna gliela passasse, ma Argentina si rifiutava di parlarle. «Se ho spento quel maledetto coso ci sarà un motivo, no?» diceva e puntualmente le due donne litigavano con Arianna in mezzo a fare da parafulmine. Se Monica avesse chiamato in quel momento, la situazione sarebbe stata ancora più complicata del normale.

«Argentina?» la chiamò.

La vecchia non le badò, arrabbiata, come se la ritenesse responsabile della derisione che aveva subito da parte dell'odiosa sconosciuta.

«Argentina?» ripeté.

Nel silenzio che seguì la voce della vicina risuonò come uno squillo di tromba. «Si chiama Argentina? Ma che bel nome!» disse.

Arianna annuì, mentre la vecchia, che evidentemente seguiva lo scambio con attenzione, emise uno sbuffo sonoro. Arianna sorrise alla donna. Di certo il suo impicciarsi non le era d'aiuto.

«Argentina», ripeté incerta. Poi si decise a dirle ciò che le era venuto in mente senza aspettare che si voltasse. «Credo che a questo punto dovrebbe chiamare Monica. Altrimenti lo farà lei. Avrà già telefonato a casa.»

Era certa che avesse capito, sebbene si ostinasse a non risponderle.

«Cosa pensa di dirle?»

Questa volta Argentina borbottò infastidita e Arianna, dopo aver tossicchiato imbarazzata, cominciò a ripetere la domanda, ma a quel punto Argentina la interruppe.

«Non lo so, cosa voglio dirle. Comunque il telefono è spento. Per ora non mi troverà.»

«Ma così chiamerà me!»

Argentina fece spallucce.

«E io cosa le dico?»

«Niente, le dici. Spegnilo anche tu!» sbottò.

«Ma avevamo detto che arrivate a Roma...»

Arianna non andò oltre, intimidita dall'espressione cattiva che si era disegnata sulla faccia della donna.

«Non siamo ancora arrivate a Roma, e comunque ora non ho nessuna intenzione di chiamarla. Non ho bisogno che mi si dica sempre quello che devo e non devo fare!» Poi si volse verso la sua vicina, che non le aveva staccato gli occhi di dosso per tutta la sfuriata, e la fulminò.

Un po' risentita, Arianna provò a protestare timidamente. «Ma se Monica chiama i miei?»

«Se è questo che ti preoccupa, chiamali prima tu!» urlò. «Avvisali, fa' quello che vuoi. Puoi dire quello che ti pare, ma ora non voglio che mia figlia si impicci di quello che sto facendo. E nemmeno tu. È chiaro?»

Arianna tacque, confusa.

Il bambino, spaventato dalle urla, si era messo a strillare pure lui e la madre si alzò in piedi per cullarlo meglio, ma senza riuscire a calmarlo. Smise di piangere solo quando la madre, tenendolo in braccio, si allontanò lungo il corridoio per distrarlo. Tutti si erano voltati da quella parte.

La signora curiosa ne approfittò per incrociare lo sguardo di Argentina e le disse allegra: «Come sono belli a quell'età, eh? Viene voglia di mangiarseli».

Ma Argentina le fece morire la risata in gola. «Sì», rispose ghignando, «e poi quando sono grandi ci si pente di non esserseli mangiati.»

4.

Mentre entravano in stazione, Arianna riaccese per breve tempo il cellulare per controllare se ci fossero messaggi. Monica ne aveva lasciato uno in segreteria, ma non lo ascoltò. Scrisse a Giuliana e spense di nuovo. Argentina continuava a tenerle il muso, ma lei si era accorta con sollievo che gli sbalzi d'umore della vecchia e le sue piccole sfuriate non le facevano più lo stesso effetto di qualche tempo prima. Era come avere a che fare con una bambina, certe volte, ed era chiaro che, dovendo prendersene cura, non poteva farsi condizionare troppo dalle oscillazioni del suo carattere e dai suoi capricci. Notò comunque che l'annuncio dell'arrivo a Roma e il fermento che s'era impossessato di tutti i passeggeri avevano messo addosso anche a lei una certa eccitazione, che contrastava con il suo malumore. Sebbene continuasse a fare la sostenuta e si fosse accodata a coloro che scendevano senza salutare nessuno e senza aspettare che lei recuperasse la valigia, tuttavia continuava a voltarsi per non perderla di vista.

Una volta scese seguirono il flusso dei passeggeri che, lentissimi, si avviavano all'uscita. Argentina, che pure avrebbe potuto lasciarla indietro con facilità, l'aveva invece aspettata, dipingendosi sul volto tutta l'indifferenza di cui era capace. La fiumana muoveva in blocco in una sola direzione e a un certo punto prese una certa velocità. Loro due, poiché avanzavano troppo lentamente, dovettero farsi di lato per non essere travolte da chi, sapendo dove andare, tirava dritto.

La stazione Termini assomigliava alle altre stazioni che Arianna aveva visto, stesse superfici levigate e stessa luce artificiale, stessi chioschi e stesso andirivieni concitato, stessi viaggiatori dall'aria sperduta con il naso per aria. Quando il marciapiede fu più sgombro, Argentina riprese a camminare più veloce e Arianna la seguì trascinandosi dietro i bagagli.

Più avanti, dove il binario terminava e tutte le banchine confluivano in uno spiazzo più ampio, sotto un tabellone che annunciava gli arrivi e le partenze, Arianna scorse una ragazza minuta, con i capelli corti d'un rosso rubino, che teneva alto sopra alla testa un grande cartello ricavato da uno scatolone, la cui scritta era in parte coperta dalle teste che oscillavano nel mezzo. Accanto a lei un ragazzo magro e altissimo, con gli occhiali e una testa di ricci neri, l'aria vagamente familiare, che riprendeva tutto con una telecamera digitale, dopo essersi piegato un po' sulle ginocchia per immortalare la sua compagna che saltellava con il cartello in mano, glielo tolse, senza smettere di filmare, e finalmente il cartello svettò sopra ogni cosa. La scritta, in pennarello nero, diceva «Arianna».

Emozionata, Arianna accelerò il passo, scordandosi del peso che portava, superò Argentina e si diresse veloce verso di loro. Quando anche Giuliana la vide, si fissarono per qualche istante, poi l'amica le corse incontro con un gran sorriso.

«Arianna?» chiese e l'abbracciò ancora prima di udire la risposta.

Arianna lasciò cascare la valigia, che si rovesciò in terra, e restò immobile, trattenendo il fiato, le braccia lungo i fianchi e il cuore in tumulto. Era contenta di quell'abbraccio, ma allo stesso tempo se ne vergognava e sperava che finisse presto, soprattutto perché, sentendosi paralizzata, non riusciva a ricambiarlo e temeva che il suo atteggiamento potesse essere frainteso. La testa di Giuliana le arrivava alla spalla e nella foga della stretta, che durò qualche secondo, Arianna si ritrovò i suoi capelli sotto al naso. Ne vedeva la scriminatura dritta e pulita, dove un lieve accenno di ricrescita denunciava un castano scuro sotto al rosso artificiale, e ne percepiva l'odore fruttato, forse di ciliegia. Si ritrovò a pensare che sarebbe bastato alzare appena le mani, che adesso erano libere, e toccarle la schiena, anche senza stringere, un piccolo buffetto in cambio di quell'abbraccio appassionato, ma mentre era ancora lì che rimuginava, Giuliana la lasciò, e le sue mani restarono a mezz'aria. L'amica era sorridente e non sembrava essersi accorta del suo imbarazzo, né aver niente da ridire sulla freddezza della sua risposta. Anzi, sciolto l'abbraccio, Giuliana le prese le mani, e Arianna si vergognò di averle così fredde e sudaticce. L'amica guardò dietro di lei, verso Argentina, che le stava raggiungendo a piccoli passi rapidi.

«Ciao, io sono Giuliana», le urlò.

«E io sono Argentina.»

Arianna se ne restò muta, le mani in quelle dell'amica.

A qualche metro da loro si era fermato lo spilungone, che teneva il cartello sotto il braccio e gli occhi ancora puntati nel piccolo monitor della telecamera.

«Arianna, ciao!» disse come se parlasse in un videocitofono.

«Ciao», rispose lei guardando impacciata l'obiettivo. «Tu sei... sei Seba, vero?»

Le sembrava già di conoscere a memoria lo scampanellio di quei riccioli e il sorriso sottile sulla faccia appuntita, e quando aveva capito aveva accolto un tuffo al cuore con grande meraviglia. Era stupita che anche lui si trovasse lì, non se lo sarebbe mai aspettato. E non perché non sapesse che anche lui abitava a Roma, ma perché non aveva mai pensato che i suoi amici di rete potessero frequentarsi davvero, potessero trovarsi fisicamente nello stesso posto. Le venne in mente quello che le diceva suo padre, quando nelle sue ramanzine le chiedeva cosa ne era della sua «vita vera», e sentì nascere dentro un dolore strano, un sentimento di impotenza e di esclusione. Mentre lei pensava di far parte di un gruppo, accadevano cose dalle quali era completamente tagliata fuori e quello, che avrebbe dovuto essere il suo giorno, il giorno dell'incontro con la sua amica Jewel, era diventato una cosa più grande di lei, una situazione nella quale rischiava di essere messa da parte. Si disse che era esattamente il contrario, che Seba era lì per lei, come Giuliana, e che era meraviglioso che si fossero accordati per venire a prenderla insieme. Di certo avevano parlato di lei, e chissà cosa si erano detti, e in quei giorni l'avrebbero tenuta al centro dei loro pensieri. Il dolore si fece più piccolo, una sensazione quasi insignificante al fondo dello stomaco, però non se ne andò.

«Ma certo, mia cara! Finalmente ci si incontra, AriaLove», disse lui senza staccare lo sguardo dallo schermo e muovendo la telecamera per riprenderla da un'altra angolazione.

Arianna sussultò al pensiero del suo corpo che restava imprigionato in quelle immagini e sentì che si stava irrigidendo ancora di più. Strinse istintivamente la mano che Giuliana aveva lasciato nella sua e cercò di guardare altrove, come se potesse ingannare l'obiettivo, sfuggire alla sua presa. Qualunque cosa i suoi amici si fossero detti sul suo conto prima di quel momento, quelle immagini sarebbero rimaste a testimoniare della sua inettitudine, della sua pesantezza. Meglio sarebbe stato scomparire, tornare a essere AriaLove, nient'altro che un'ombra. Per fortuna Seba fece ruotare la telecamera fino a fare un primo piano di Argentina, che era mezza nascosta dietro di lei.

«E tu sei Argentina!» le disse.

Arianna trattenne il fiato, sbalordita dai modi diretti dell'amico e preoccupata per le possibili reazioni di Argentina, come se dopo l'esperienza del treno ormai si ritenesse responsabile del comportamento di tutti e la buona riuscita dell'incontro dipendesse da lei e dalla sua capacità di mescolare le persone, ma si rese conto ben presto che gli altri erano perfettamente in grado di badare a sé stessi e, anzi, si piacevano e si adoperavano per fare amicizia in fretta. Quando notò l'espressione gongolante di Argentina, felice della confidenza che le veniva accordata, se ne sentì allo stesso tempo sollevata e infastidita. Il malumore della vecchia sembrava volato via o, perlomeno, pareva che fosse riservato solo a lei.

«Esatto», rispose Argentina.

Il ragazzo, sbucando di lato con naso e occhiali, si presentò: «Io sono Seba».

«Tanto piacere, Seba. Che viene da Sebastiano, immagino», rispose lei, civettuola. «E dimmi, Seba, com'è il tuo... com'è che lo chiamate voialtri... il tuo soprannome? Com'è che ti chiamano in quel coso al quale state sempre tutti attaccati dal mattino alla sera?»

«Il mio nickname, vuoi dire. Io sono sempre Seba, dentro e fuori, per gli amici e anche per la mia mamma», le rispose lui divertito mentre girava tutto intorno a loro.

«E tu, Argentina», intervenne Giuliana «ce l'hai un nickname?»

Argentina rise di gusto. «No, mia cara. Anch'io sono Argentina, dentro e fuori.» Poi si rivolse ad Arianna, facendola sobbalzare. «Arianna, cara», le disse, «spero vorrai notare che sei rimasta l'unica a darmi del lei in questa bella compagnia.»

Arianna, un po' imbarazzata, provò a sorridere ma le lacrime le premevano sotto agli occhi e si sentì ancora più brutta e impacciata. Quando Seba, dopo averla scrutata in primo piano, mise via la telecamera, sollevò la valigia al suo posto e le fece l'occhiolino, sentì di essergli in qualche modo grata. Tutti insieme si avviarono verso l'uscita, e Arianna si accorse solo allora che Giuliana non le aveva ancora lasciato la mano.

Dopo che ebbe telefonato a sua madre, quel pomeriggio, si sentì più leggera. Confidarsi con suo padre sarebbe stato più facile, ma aveva deciso di andare alla radice del problema. Improvvisamente, superato l'impatto dell'incontro con i suoi amici, acquistata una certa confidenza, aveva sentito dentro una forza mai sperimentata prima e ora aveva la certezza di poterla dirigere verso qualunque impresa, come possedesse un buono da spendere a suo piacimento. Era una sensazione esattamente inversa alla fame che la prendeva di solito a tutte le ore del giorno: tanto si sentiva vuota, impotente e ansiosa di ingurgitare cibo quando aveva fame, quanto ora percepiva una pienezza, una sorta di energia che proveniva dai suoi organi interni e premeva per uscire fuori. Era un'energia in grado di cambiare il mondo, di mutare il corso degli eventi, la sentiva circolare nelle membra come un fluido.

Guardandosi intorno, nell'osteria vicino a piazza del Popolo dove Giuliana e Seba le avevano portate, aveva avuto l'impressione che sarebbe bastato alzare una mano per attirare a sé la brocca dell'acqua e la saliera, e questi pensieri le avevano messo addosso un'insolita allegria. Aveva mangiato con appetito i saltimbocca che Seba le aveva consigliato e aveva sentito sulla lingua il gusto del cibo, masticando a lungo prima di deglutire. Aveva parlato poco e ascoltato molto, e riso, riso in continuazione, perché lì la gente sembrava più simpatica, e Seba e Giuliana avevano scambiato qualche battuta anche con i vicini di tavolo, sebbene non li avessero mai visti prima. Tutti parevano condividere l'appartenenza al luogo nel quale si trovavano, come se andare a pranzare all'osteria significasse scegliere di partecipare a una sorta di rappresentazione pubblica, un gioco del quale conoscevano e accettavano le regole, le tovagliette di carta a quadretti bianchi e rossi e il menu scritto a mano sulla lavagna. Solo un ubriaco nell'angolo se ne stava chiuso nel suo mondo oscillando leggermente davanti al bicchiere vuoto. Il tempo era sembrato dilatarsi, come fossero passati giorni e settimane, e Arianna non era sicura se dipendesse dal suo nuovo stato d'animo o da quella città dal cielo così vasto e luminoso, dal volto aperto e sorridente in un dolce venerdì di primavera.

Dopo pranzo avevano passeggiato per Villa Borghese, con lentezza, seguendo i ritmi di Argentina, che chiedeva di sedersi spesso ma chiacchierava allegra e si guardava intorno estasiata. Giuliana e Seba sembravano pazzi di lei, che d'altra parte faceva di tutto per attirare la loro attenzione. Con Arianna continuava a mostrarsi scontrosa, ma lei non se ne aveva a male, e anzi si preoccupava per il suo mal di schiena, la osservava attentamente per cogliere i segnali del dolore che poteva scoppiare da un momento all'altro e vigilava sui passi delle sue gambe magre quando il terreno si faceva più sconnesso. Quando Argentina si era rabbuiata e, dopo un'accurata indagine di Arianna, aveva finalmente confessato il bisogno di coricarsi, erano risaliti in macchina e avevano raggiunto la casa di Giuliana, al di là del Tevere, in un quartiere elegante, dalle strade larghe e un po' anonime, che ricordava Milano.

Arianna aveva chiamato sua madre in ufficio con il telefono di Giuliana, lasciando spento il cellulare che, all'ultimo controllo, conteneva già un secondo messaggio di Monica. Silvia si era molto arrabbiata quando aveva capito che la stava chiamando da Roma, ma poi la voce aveva cominciato a tremarle. Improvvisamente Arianna si era resa conto che la mamma era preoccupata per lei, forse stava piangendo, e le erano venute in mente le parole di suo padre, quando le aveva detto che scappando era stata crudele. Si era sentita in colpa. Aveva cercato di rassicurarla, si era messa a piangere pure lei e, ubbidiente, anche se si era ripromessa di non farlo, le aveva dettato l'indirizzo di Giuliana, ma l'aveva pregata di non dire niente a Monica prima che Argentina le parlasse direttamente, quando si fosse svegliata; infine le aveva promesso che, nel caso Argentina si fosse ancora rifiutata, entro sera avrebbe chiamato Monica lei stessa.

Giuliana posò le tazze di tè sul tavolino e si accoccolò sul divano accanto a lei, abbracciandosi le ginocchia al petto. Con Seba si erano dati appuntamento per la sera e Argentina riposava nell'unica stanza da letto della casa, che Giuliana le aveva ceduto. La luce inondava il terrazzino ricavato sul tetto del palazzo e faceva brillare i tulipani nei vasi, il verde dell'alloro e del limone e l'azzurro del cielo. Non c'era nemmeno una nuvola e la profondità dell'orizzonte dava le vertigini.

«Sembra molto più grande il cielo, qui», disse Arianna.

«È vero. Vuoi che ci mettiamo fuori?»

«No, si sta bene dentro e attraverso la vetrata la tua terrazza è bellissima da osservare.»

«La casa è di mia zia. Mi chiede un affitto ridicolo, giusto per non farlo sembrare un regalo.»

Seguì un lungo silenzio, durante il quale Arianna sorseggiò il tè, ancora troppo caldo, e rifletté sul fatto che era una cosa che non si poteva fare da lontano, tacere e stare bene insieme.

«Hai vent'anni, vero?» le chiese Arianna tanto per dire qualcosa. «Che bello vivere già da sola!»

«Sì, anche se...» Giuliana scrollò le spalle e sembrò cambiare idea su ciò che stava per dire. «Niente. A volte è un po' faticoso.»

Arianna non insisté.

«È simpatico Seba», disse invece.

«Molto. È molto dolce, e generoso con gli amici.»

«Lo sapevo già, che era simpatico, ma vederlo è diverso. Voglio dire, ha anche un aspetto simpatico, che dai video che posta non viene fuori.»

«È proprio fico, vuoi dire.»

Arianna arrossì. «Be', se vogliamo metterla così.»

«Diciamo che è un fico simpatico... una specie abbastanza rara.»

Risero.

«Sì. Ma ha sempre la telecamera in mano?»

«Ormai è una fissa. Ha in mente qualcosa, credo si sia messo in testa di riprendere tutto, vuole dimostrare qualcosa a proposito della parzialità del punto di vista. Ma devi farti spiegare da lui. Io ho rinunciato a capire.»

«Vi conoscete da tanto?»

«Non saprei, non mi ricordo quando ci siamo conosciuti. Comunque ci frequentiamo da quando ci siamo rivisti a un flash mob l'anno scorso.»

Avevano parlato a lungo, prima, ed era stata proprio Giuliana a suggerirle di telefonare a casa. Si era fatta raccontare di nuovo dei tre che l'avevano inseguita e poi, con una certa fatica, le aveva confessato che anche a lei era accaduta una cosa simile in passato, ma che prima di trovare la forza di reagire c'erano voluti mesi e mesi, solo per riuscire a urlare che era arrabbiata. Un giorno suo fratello, che era molto più grande e faceva il poliziotto, l'aveva accompagnata in una discarica ed era rimasto a fumare seduto su una vecchia lavatrice, mentre lei spaccava con una mazza da baseball tutto quello che le capitava a tiro. Al ricordo si era commossa e

Arianna per cambiare discorso le aveva raccontato un po' di Massimo, col quale non faceva altro che litigare, e di Silvia e Cristian, che a volte sembravano così insicuri.

«A volte vorrei che fossero più... severi.»

«Guarda che i miei sono anziani e sono severissimi, e ti assicuro che non è bello. Mi piacerebbe avere dei genitori più giovani... Forse sarei rimasta a casa di più.»

«Anche i miei sono severi, ma al momento sbagliato. È come se non sapessero come si fa, e te lo dicono pure che non sanno che fare. Poi diventano severi all'improvviso. E allora non ci credi più, e diventano capaci di fare cose... di farti molto più male.»

«Già, portarti via il computer è stata una vera porcata.»

«Sì, ma non è solo quello. Sono le cose che dicono. Dove abbiamo sbagliato, ti dicono in lacrime, e tu ti chiedi cosa hai fatto di male, capisci che sei tu la cosa sbagliata della loro vita...»

«Ma no, dai, tu vai benissimo, è solo la loro insicurezza. Però capisco cosa dici, i miei non direbbero mai di essersi sbagliati, hanno sempre ragione, e questo ti fa un po' incazzare ma in un certo senso ti fa sentire a posto. Voglio dire che non ti fanno venire dei dubbi, e a un certo punto li puoi mandare a quel paese senza tante storie...»

«E se te ne vai, non ti ritrovi a piangere pensando quanto sei stata cattiva con tua madre...»

«Esatto... Ora non ricominciare, però!»

Due rondini sfrecciarono oltre alla vetrata e si rincorsero in rapide evoluzioni davanti a loro. Arianna uscì in terrazza di corsa, come volesse acchiapparle, e Giuliana le andò dietro, sorpresa. Si sorrisero, mentre Arianna si asciugava gli occhi nella manica, e tornarono a sedersi.

Dopo un lungo silenzio, durante il quale più volte i loro sguardi si incontrarono, Arianna riuscì a tornare sull'argomento che le premeva in gola. Sapere che Giuliana aveva vissuto un'esperienza simile alla sua le aveva infuso coraggio. Respirando profondamente, provò a dar forma a pensieri che non era riuscita ad articolare nemmeno fra sé e sé, perché la mettevano troppo a disagio. Giuliana, muovendosi leggermente sul divano come per assestarsi, aspettava con calma che riordinasse le idee e non le fece domande.

«Non sono ancora riuscita a scrivere niente riguardo a... riguardo a...»

«Non è facile...» mormorò Giuliana.

«Ci sono cose che non riesco...»

«Prima o poi ce la farai.»

«C'è una cosa alla quale non riesco a pensare senza star male...»

La cosa alla quale Arianna non riusciva a pensare senza star male era che, prima di reagire come aveva fatto, prima di gridare contro i suoi assalitori, aveva avuto paura di morire, paura che quei tre la uccidessero; e si era detta che il resto non le importava, che qualunque cosa le avessero fatto, l'importante era non morire; ricordava esattamente il momento in cui aveva formulato quel pensiero, che avrebbe fatto qualunque cosa purché non la uccidessero, e sentiva ancora riaffiorare la vergogna per averlo anche solo pensato, e le pareva di poter dire, sebbene a dirlo suonasse strano, che la rabbia che le era esplosa dentro era più rivolta contro una parte di sé che non contro gli aguzzini, e aveva a che fare con l'umiliazione di tutto questo, con la percezione di essere legata alla vita di quel corpo al punto da far passare in secondo piano ogni altra cosa, persino la propria dignità. Dopo aver detto queste cose tutte d'un fiato, senza prendere respiro, e averle ripetute più volte con parole diverse per accertarsi di aver buttato fuori proprio ciò che la angustiava da quel maledetto giorno, per assicurarsi che nessun residuo le fosse rimasto appiccicato, Arianna tacque. Passato qualche minuto, poiché Giuliana non aveva ancora aperto bocca e manifestato dissenso o comprensione, alzò gli occhi su di lei. L'amica era ancora rannicchiata nel suo angolo di divano, con la tazza in mano, e la fissava con un'espressione indecifrabile. Arianna ebbe paura, ma fu solo un attimo, poi gli occhi di Giuliana si riempirono di lacrime e lei seppe che aveva capito di cosa stava parlando.

«Non devi vergognarti di niente, tu», le disse Giuliana,

con la rabbia che montava nella voce. «Non farlo mai! Tu non hai nessuna colpa.»

«Lo so, lo so che non è colpa mia.»

«È un inganno, non lo capisci?» gridò alzandosi. «È proprio questa la cosa peggiore che ti fanno. Non sei tu che devi vergognarti di qualcosa! È una doppia violenza quella che subiamo. Da una parte l'aggressione e dall'altra il sospetto che ci sia qualcosa di sbagliato in noi, da sempre. È come se ci preparassero fin da piccole a subire e sentirci in colpa.» Giuliana si voltò verso la vetrata, ma Arianna si accorse ugualmente che si stava asciugando le lacrime. Quando riprese a parlare era più calma, la sua voce era meno stridula, e sembrava più grande dei vent'anni che aveva. «È giusto proteggere la propria vita. Nessuno ti può chiedere di scegliere tra la tua dignità e la tua vita. E non è il sesso il problema, mai. È la violenza, il problema. Il sopruso. Quello che ti è successo non ha niente a che fare con il sesso, ricordalo. È sopraffazione. È tortura. Tu non c'entri niente.»

Rimasero di nuovo in silenzio, finché il tè non diventò freddo. Il terrazzino era stato invaso dall'ombra, ma la luce riverberava sul tetto del palazzo di fronte creando uno strano effetto di giorno e notte, che ad Arianna ricordò il gioco con il mappamondo e la torcia che quando era piccola suo padre le aveva insegnato per spiegarle i movimenti della terra e del sole. Pensò al fratello di Giuliana che le era stato vicino, e a suo padre, che forse avrebbe fatto la stessa cosa se lei gliene avesse dato l'occasione. Ma poi le tornò alla mente la sera in cui i suoi genitori l'avevano obbligata ad accettare la loro offerta con il ricatto e come lui si era intrufolato di nascosto nella sua camera per staccare i cavi e portare via tutto ciò a cui lei era più legata, e le vennero i brividi. Il rifugio che fin da piccola aveva trovato fra le sue braccia non esisteva più. Ne restava il ricordo e la speranza che un giorno, senza sapere bene come né quando, forse l'avrebbe ritrovato da qualche parte.

Pazza e incosciente, le aveva detto sua figlia. Perché era dovuta partire alla chetichella, come una ladra, come se qualcuno volesse proibirle di tornare al suo paese? Chi le aveva mai impedito di andarci, diceva. Faceva presto lei a chiedere perché, a chiedere chi. Faceva presto! Mentre sedeva sul letto di una casa sconosciuta, con la testa che le girava e nell'altra stanza una ragazzetta che le faceva la guardia, quelle parole sembravano ripetersi all'infinito, pazza e incosciente, pazza e incosciente. Se si fosse sentita male che cosa avrebbe fatto? Avrebbe potuto fare affidamento su Arianna? E chi erano poi questi suoi amici? Begli amici, conosciuti solo poche ore prima! Questo a Monica non l'aveva detto, ma lei pareva saperlo, come se le avesse spiate, come se fosse al corrente di tutto. Aveva detto che non doveva fidarsi di Arianna, le aveva chiesto di chi fosse stata l'idea del viaggio, e se avessero ritirato dei soldi in banca, insomma le aveva messo l'agitazione.

Pazza e incosciente, pazza e incosciente. Era proprio così, ora che Argentina si trovava in mezzo al guado, né là al paese, dove era nata e dove le era venuta la malaugurata idea di tornare, né a Milano, dove aveva passato la sua vita e si era affezionata alle sue abitudini; si trovava in un posto che non aveva nulla a che fare con lei, una specie di fosso nel quale era caduta e dal quale aveva paura di non uscire mai più. La stanza era brutta, ostile, non sapeva neanche dove si trovasse, in che via di Roma, non sapeva nemmeno se era ancora a Roma o se l'avevano portata da un'altra parte. Avrebbe voluto essere a casa, nel suo letto, con i cuscini che le tenevano alta la testa e il materasso duro, perché questo era troppo morbido ed era bastato fare un pisolino per sentire le ossa andare in pezzi. Il mondo stava andando in pezzi. Si era fatto più buio e Argentina non sapeva più che giorno fosse, perché le mancavano i punti di riferimento.

Pazza e incosciente, pazza e incosciente. Ma che diavolerie vai a pensare! Un ricordo, forse un sogno. È sua cugina Filomena, giovane, che glielo dice: pazza e incosciente, che domani ti sposi, il corredo è già esposto da due giorni e sei ancora lì a pensare a un altro, e non puoi andare nei campi a cercarlo come se niente fosse, come se potesse dirti la parola che ti cambia la vita, e te la salva, o te la rovina, perché va bene l'amore, l'amore è importante, ma ci sono altre cose nella vita, e uno che ha studiato, uno che l'hanno preso alle officine su al Nord, lui sì che la vita può cambiartela davvero. Questo invece la vita te la perde, ti manda all'aria tutto, anzi, sei tu che mandi all'aria tutto, perché queste sono le tue fantasie, e lui, da parte sua, non ti ha detto neppure una parola. E non si tratta mica più di scegliere tra quello timido e pallido che s'osserva le scarpe quando passi e quello che ti guarda sfrontato come fossi da sempre destinata a lui, qui la questione si è fatta diversa, cara Argentina, e ora che i tuoi genitori t'hanno lasciato bisogna pensare a sistemarsi. Antonio s'è fatto in quattro per te, ti porterà via, e dopo tante disgrazie in famiglia finalmente la fortuna ti è piovuta dal cielo, e tu sei una pazza e incosciente che rischi di buttarla. Le dice proprio così, dietro alla porta, e la sua intenzione sarebbe di bisbigliare, ma invece urla perché è davvero arrabbiata, e meno male che le sue grida sono coperte dal fracasso che fanno i bambini per la strada, che suonano le pentole e i coperchi tutti in fila come se fossero una banda vera. E allora non andrà a cercarlo, Rocco, sarà ragionevole, rinuncerà a sapere. Non andrà. Starà ferma. Tornerà indietro? Ma si può tornare indietro? O resterà per sempre imprigionata in questo limbo, qui, nella sua camera da ragazza nubile, prima di sposarsi?

Ma dove si trovava? Chi era, quanti anni aveva? Era un sogno o un ricordo? Doveva essere un sogno, era imprigionata in quel limbo, ma questa non era la sua camera. Era a Roma ed era vecchia. Sapeva benissimo dove si trovava, non era pazza, e sapeva che la vita era prossima a lasciarla. Avrebbe potuto fermarsi lì, a Roma, non andare più avanti né indietro.

Era stato piacevole passeggiare per i giardini di Villa Borghese. Lei a Roma c'era già stata. Una volta Antonio l'aveva portata nella capitale, uno dei loro pochi viaggi, e lei era rimasta affascinata dalla vita placida dei tavolini all'aperto, dal Tevere pigro e sinuoso, dalla grandezza che riecheggiava a ogni scorcio. In quell'occasione non gli aveva nemmeno chiesto di allungare un pochino la strada per arrivare al paese, perché sapeva che lui avrebbe detto no.

E cosa sperava di fare, ora, andando laggiù, cosa voleva ottenere, cosa mai avrebbe potuto scoprire che non sapesse già: che le loro vite avevano preso un'altra piega, che ormai era tardi, che la vecchiaia non ti svela alcun senso, che aspetta aspetta non arriva niente, che era tutto già lì e se l'era lasciato scappare, che era nata nell'unico posto dove è possibile tornare? Oppure al contrario voleva andare al paese perché c'era qualcosa che non funzionava in quelle lettere, perché era certa che da qualche parte ci fosse un errore e nutriva la speranza di aver preso l'unica strada possibile, l'unica giusta, sperava di aprire finalmente gli occhi e liberarsi dai sogni che aveva fuggito per tutta la vita?

La scatola era sul letto accanto a lei ma non aveva il coraggio di aprirla. Avrebbe potuto scrivere a Rocco, da Roma, fargli sapere che era lì, alle porte del vecchio mondo, e in qualche modo annunciarsi, dargli la possibilità di arrendersi o fuggire, di ammettere che non era altro che un fantasma del passato, che era tutto un inganno e non era vero che lei avesse sbagliato la sua vita. Avrebbe potuto prolungare la sua visita a Roma, non pensare più a niente, Arianna ne sarebbe stata felice, si accorgeva di com'era rifiorita da quando erano arrivate e le dispiaceva un po' di averla trattata male. Le dispiaceva anche di essere stata sospettosa; i suoi amici erano brave persone, pure quel ragazzetto alto e riccioluto che faceva arrossire Arianna, e se le erano venuti dei dubbi era solo colpa di Monica. Avrebbe potuto fermarsi un po' a riflettere, lei ne avrebbe avuto veramente bisogno, era confusa, ma non c'era tempo, il tempo era proprio ciò che le mancava. E Monica di sicuro si era già messa in moto, efficiente com'era, e rischiava di arrivare al paese prima di lei e rovinarle tutto. E intanto la testa le girava, la schiena le faceva male e non c'era nessuno che si curasse di lei.

Dalla camera da letto arrivò all'improvviso un tonfo sordo. Arianna e Giuliana si guardarono allarmate, poi si alzarono insieme per andare a vedere. Giuliana davanti alla porta si fermò e lasciò passare Arianna.

Argentina era in piedi, appoggiata alla scrivania con l'aria smarrita. Aveva rifatto il letto e sulla coperta spiccava la scatola di latta a fiori.

«Sei caduta?» le chiese. E accorgendosi di averle dato del tu per la prima volta trattenne il respiro.

«No», rispose Argentina spaesata.

Arianna si chiese se l'avesse riconosciuta e per un momento fu tentata di dirle: sono io, ma si trattenne. Restarono una di fronte all'altra per qualche istante, poi gli occhi di Argentina riacquistarono vivacità e indicò un dizionario per terra. «È caduto quello.»

«Colpa mia, ho lasciato un gran disordine», disse Giuliana facendosi avanti.

Arianna si avvicinò e le porse il braccio per accompagnarla fuori dalla stanza mentre Giuliana si chinava a raccogliere il dizionario e impilava dei fogli sparsi sulla scrivania. Arianna fece accomodare Argentina sul divano.

«Vuoi del tè, Argentina?» chiese Giuliana raggiungendole e raccogliendo le tazze vuote per portarle nel lavello. «Noi l'abbiamo preso prima.»

«Magari sì, grazie», rispose Argentina riprendendo pian piano padronanza di sé.

Arianna la osservava ancora con una certa apprensione.

«Che hai da guardare?» l'apostrofò Argentina.

«Niente. Mi chiedevo solo se sta... se stai bene.»

Il tono impacciato di Arianna la addolcì un po', ma non aveva voglia di mostrarsi sentimentale. La caparbietà di quella ragazza la importunava, ora che invece di farsi gli affari suoi, come quando erano a casa, non faceva che preoccuparsi di lei. Aveva preso quel viaggio troppo a cuore.

«Certo che sto bene, ho anche dormito», le disse asciutta. Poi si rivolse a Giuliana che, seminascosta dal muretto che divideva l'angolo cottura dalla sala, scaldava il tè: «Quanto ho dormito, cara?».

Arianna tossicchiò. Giuliana aspettò a rispondere, porse la tazza ad Argentina, guardò l'una poi l'altra. Infine disse: «Avrai dormito due ore».

Ricaddero nel silenzio, interrotto solo da Argentina che sorbiva il tè bollente.

Infine Arianna si fece coraggio. «Senti, Argentina», disse, «ho trovato già due messaggi di Monica...»

«L'ho chiamata», la interruppe lei con impazienza.

Arianna se ne stupì. «Ah sì? E cosa...»

«Non mi va di parlarne.»

«Va bene, se non vuoi...»

«Non vuoi, non vuoi! Quello che vorrei è non aver fatto questa pazzia.»

«Vuoi dire che...»

«Lascia stare, non voglio dire niente.»

Arianna restò a bocca aperta. Non capiva che cosa stesse succedendo. Che fosse proprio lei il problema? Che Argentina si fosse pentita di essersi fatta accompagnare? Oppure era solo stanca ed era il momento di tirar fuori tutta l'energia di cui era capace per portare a compimento il progetto? Lei l'aveva vista, a casa, come s'era emozionata quando avevano guardato le immagini del paese e cercato l'indirizzo di Rocco; l'aveva vista con le lacrime agli occhi mentre la implorava di andare; l'aveva vista anche perdere la testa per quelle lettere, che adesso erano nell'altra stanza, appoggiate sul letto. Perché le aveva portate con sé se pensava che quella fosse una pazzia? Perché le aveva tirate fuori? Le aveva lette ancora? Era solo paura quella che la stava immobilizzando, che le impediva di fare l'ultimo passo proprio ora che si trovavano a poche ore da Grassano?

Giuliana riprese la tazza dalle mani della donna, la posò nel lavello e tornò a sedersi sul divano accanto a lei. Con voce squillante esclamò: «Stasera andiamo a mangiare fuori!».

«Non so...» disse Arianna.

«Siamo già d'accordo con Seba.»

«A proposito, dov'è quel simpatico ragazzo?» chiese Argentina.

«Aveva da fare, oggi pomeriggio. Deve finire di montare

un video. Ci raggiunge più tardi per andare a cena. Potremmo anche prenderci un aperitivo, uscire un po', vi fermate a Roma così poco!»

Argentina scosse la testa e sospirò. «Io non mi sento molto in forma, sono ancora un po' stanca. Ma potete uscire voi, non sarà un problema per qualche ora.» E poi aggiunse, posando una mano su quella di Giuliana: «Però mi piacerebbe fermarmi un po' a Roma».

Giuliana sorrise perplessa, guardò Arianna, ma non riuscendo a intercettarne gli occhi si strinse nelle spalle. «Be', parlatene. A me farebbe molto piacere. Dovreste parlarne voi due.»

«Io non credo sia una buona idea», disse Arianna. Passare un po' di tempo con Giuliana le sarebbe piaciuto, e anche conoscere meglio Seba, ma si sentiva a disagio, presa in mezzo a troppe emozioni, e aveva bisogno di dividerle, affrontarne una alla volta. Provava il desiderio di separare le persone, porsi da sola davanti a ciascuno, per ritrovare il suo ruolo, e nello stesso tempo si sentiva in colpa perché i suoi sentimenti le sembravano meschini.

«Penso che dovremmo continuare, arrivare là. Non era quello che volevi?» chiese ad Argentina con astio.

«Oh!» sbuffò Argentina. «Quello che volevo! Tutti che sanno quello che voglio, quello che è meglio per me! Sei tu che segui me, non il contrario.»

Arianna si alzò dal divano e andò in terrazza. Si guardò intorno, il cielo si stava scurendo, ma non troppo, prometteva una lunga serata luminosa. Respirò a fondo, mandò indietro le lacrime che rischiavano di strozzarle la voce, per rientrare e mostrarsi fredda, matura, ragionevole, ma ferma sulle proprie idee. Quando si sentì più calma tornò nella stanza.

«Hai ragione», convenne. «Sono qui per accompagnare te e faremo quello che vuoi tu. Comunque io credo che arrivate a questo punto dovremmo andare laggiù, dove ci sono i tuoi parenti che ci aspettano. Domani è sabato e Giuliana e Seba si sono offerti di accompagnarci in macchina. Lunedì lavorano e potrebbe diventare tutto più difficile...»

Giuliana aprì la bocca per dire qualcosa, ma Arianna glielo impedì con un'occhiata decisa.

«Per non parlare di Monica, che non so cosa ti abbia detto», sottolineò, «ma non se ne starà certo con le mani in mano. E lo dico contro i miei interessi, perché qui ci sono i miei amici», continuò poi scandendo bene le parole, perché temeva di suonare troppo dura, ma aveva voglia di puntualizzare. «E certamente io mi fermerei volentieri. Ma forse per loro sarei venuta da sola e ne avrei parlato con i miei genitori. Non mi sarei ficcata in questo pasticcio. E quanto a stasera, se non ti senti di andare a cena fuori, preferisco non uscire nemmeno io.»

Argentina, stupita da tanta eloquenza, l'aveva ascoltata senza ribattere. Solo alla fine, cercando di nascondere che le scappava da ridere, accennò una lieve irritazione con un gesto della mano, come se una mosca fastidiosa le ronzasse intorno. «E va bene, va bene. Partiamo domani! Ma non farla tanto lunga, adesso!»

5.

La serata era dolcissima e i tre amici, dopo cena, quando Argentina ebbe dato loro la buonanotte, continuarono a parlare in terrazza, finché Sebastiano non propose ad Arianna di uscire a bere qualcosa.

«Ha ragione», intervenne Giuliana. «Non puoi stare una serata sola a Roma e passarla in casa. Resterò io qui con Argentina.»

Arianna fece qualche resistenza, poi si lasciò convincere.

Da fuori il locale sembrava un normalissimo pub. L'ingresso si apriva su un marciapiede stretto e le macchine parcheggiate di fronte rendevano difficile il passaggio. Seba le disse che più tardi tutta la via lì davanti si sarebbe riempita di gente con i bicchieri in mano.

All'interno, superato il bancone, da una porta sul retro si usciva in un cortile, al centro del quale sorgeva un albero dalle foglie scure e carnose e i fiori bianchi profumatissimi.

«È una magnolia», le spiegò.

Intorno erano sistemati i tavolini, molti dei quali erano ancora vuoti, e rampicanti dai fiori viola pendevano da ogni parte, riempiendo l'aria di profumi e di ronzii. Arianna non aveva mai visto un angolo più bello.

«È un po' presto», si giustificò lui, «è meglio quando c'è gente.»

«A me piace così», disse Arianna.

Si sedettero e una ragazza venne subito a prendere le ordinazioni.

«Quando ho una giornata dura, una birra qui mi ripaga di ogni fatica.»

«Vieni spesso?»

«Sì.»
«È meraviglioso.»
Per qualche minuto Arianna si guardò intorno, poi smise di occuparsi di ciò che accadeva fuori dal cerchio magico che li avvolgeva. Era contenta di essere sola con lui. Era un momento perfetto e Seba ne faceva parte, come se esistessero al mondo solo loro due. Visti dall'esterno dovevano essere una coppia davvero singolare, lui alto e magro, lei grassa, lui così bello e a suo agio tra la gente, lei così brutta e goffa, ma non le importava. Seba guardava solo lei, parlava solo con lei, e questo era ciò che contava. Il giorno dopo l'avrebbe accompagnata un po' più in là nella sua avventura, poi non si sarebbero rivisti per molto tempo, forse addirittura non si sarebbero incontrati più.

Arianna respirò profondamente cercando di registrare tutte le sensazioni che si presentavano alla sua coscienza, di sentire il suo corpo vivere, con la consapevolezza che si preparava ad avere nostalgia. Un pensiero si stagliò come una scritta al neon davanti ai suoi occhi e faticò parecchio per nasconderlo alla vista della gente che aveva intorno e di Seba. Innamorarsi è prendere una decisione, si disse. La serata era meravigliosa e Seba era il ragazzo giusto nella situazione giusta. La dolcezza dei profumi e dell'aria tiepida si confondeva con quella del tono della sua voce e innamorarsi era una cosa che riguardava solo lei. Non era necessario che lui facesse o dicesse qualcosa di particolare, non c'era nulla da aspettarsi: bastava far parte di quel quadro, essere presente, e poi ricordarsi tutto. Era questo che si chiamava colpo di fulmine, ne era sicura, ed era un tipo di amore che le si addiceva, un amore che non pretendeva di essere ricambiato, perché era tutto suo. Seba non avrebbe più pensato a lei, mentre lei avrebbe pensato a lui molto spesso e questi sarebbero stati momenti da ricordare, le sarebbero tornate alla mente tutte le parole che lui le rivolgeva e anche il tono le sarebbe rimasto impresso, e quindi era necessario assaporare tutto, ogni suono, ogni profumo, ogni sensazione.

È il corpo che detiene il presente, si disse Arianna mentre

guardava Seba che parlava e lo trovava bellissimo. Non era sicura, come al solito, che fosse un pensiero suo, anzi, no, era certa di averlo letto da qualche parte, avrebbe potuto giurare che era un testo che aveva a che fare con il teatro, ne aveva letti parecchi prima di Natale, nel periodo in cui si era fissata con Pinter. Ma nello stesso tempo era sicura che il pensiero fosse suo, almeno adesso era suo, perché lo sentiva. È il corpo che detiene il presente, si ripeté. È il corpo con i suoi sensi e con la sua voce, e non le parole che dice, ma la voce in sé, perché ogni qual volta si mettono in gioco le parole e il sistema di simboli che esse comportano, e si aspira al significato, alla logica della non contraddizione, e si brama di mettere nero su bianco, allora ciò che si vuole è l'eterno, l'illusione dell'assoluto, che brucia l'istante; invece il corpo vivo ti riporta qui, è l'unica porta per il presente, e ti dice che ci sei, ti fa sentire la voce, come la voce che lei aveva sentito uscir fuori quella sera, quando aveva urlato, una voce forte sebbene tremante, ed era proprio la sua, forte e sua come il corpo che innegabilmente stasera possedeva.

«Non hai la telecamera con te stasera», gli disse.

«Sì che ce l'ho», rispose lui battendo con la mano sullo zainetto appeso alla sedia. «Solo che non l'ho tirata fuori.»

«Giuliana mi ha accennato a un tuo progetto...»

Lui si aggiustò il colletto della polo e rifletté a lungo prima di parlare. «Mi ero messo in testa di riprendere sempre tutto quello che vedevo, almeno qualche ora al giorno, secondo dei criteri oggettivi, ma sto lasciando perdere... Non riesco a chiarire quello che voglio fare. Concettualmente, intendo, capisci?»

«Ma tu lavori con i video?»

«Sì, faccio video di informazione per delle TV locali, in realtà sono quasi video pubblicitari... ma vorrei... fare qualcosa di mio...»

«Film? Cortometraggi?»

«Sì.»

«È fantastico.»

«Sì, solo che ho qualche problema... sai... con le parole.»

«Con le parole?»

«È difficile da spiegare. Finché giro va tutto bene, finché faccio le cose, poi quando devo dire... arriva sempre un momento in cui ti chiedi che cosa stai facendo e allora...»

«Capisco cosa vuoi dire. Ti capisco perché per me è sempre stato il contrario, in un certo senso.»

«Cioè?»

«In questi giorni, da quando sono partita, mi sta succedendo qualcosa di strano, è come se l'azione avesse preso il sopravvento... sento il mio corpo che vive... e mi sento strana, mi rendo conto che prima... mi sentivo viva solo scrivendo... alla tastiera, capisci?»

«Be', che dire, wow, è una cosa bella, no?»

«Sì, anche se non avrei mai pensato di poter associare qualcosa di bello al mio corpo, insomma mi vedi, come sono...»

«Come sei?»

«Dai, smettila! Sono grassa, sono...»

«Ma non sei... se fossi magra saresti diversa?»

Arianna tacque. Sapeva che c'era un inganno di fondo in ciò che Seba le stava dicendo; c'era una parte di verità, e una parte di bugia, un sottile velo di ipocrisia che ricopriva sempre questo genere di discorsi. Sì, avrebbe voluto dirgli, sarei diversa da come sono, e non so se mi piacerei di più o di meno, ma sarei indubbiamente diversa. Forse non tanto diversa, solo un po'. E forse mi piacerei un po' di più. Non tanto, solo un po'. Comunque gli era grata, perché in quel momento si sentiva importante, in un certo senso, e questo era tanto. Non era una cosa che aveva provato di frequente, nella vita. Decise di confidargli una parte dei propri pensieri di quel giorno, di dirgli qualcosa che a Giuliana non aveva ancora detto. Era come fare un piccolo dono alla loro amicizia, stringere una piccola alleanza che l'avrebbe resa più forte. Questo comportava raccontare i segreti di Argentina, ma ormai era talmente coinvolta che poteva ritenerli anche un po' suoi. Di nuovo si sentì stranamente in colpa. Ogni volta che si stringeva il rapporto con qualcuno, faccia a faccia, era come tradire tutti gli altri.

«Argentina va al paese per rivedere un uomo che amava

da giovane, prima di sposarsi. Ora si scrivono, ma non si sono mai più visti. Non è incredibilmente romantico?»

Seba strabuzzò gli occhi e un sorso di birra gli andò di traverso. «Wow», esclamò non appena finì di tossire.

Non aggiunse altro e Arianna ne fu leggermente delusa. Ma poiché aveva stabilito che quello era l'amore che voleva, ed era così perfetto, se ne dimenticò in fretta.

«Io me ne sento responsabile, capisci? È per questo che insisto per andare fino in fondo adesso. Altrimenti mi fermerei volentieri qui con voi. Ma temo che lei si faccia prendere dalla paura e che restiamo incastrate. I miei non se ne staranno buoni per tanto e sua figlia le correrà dietro...»

«Non sapeva della partenza, vero?»

«No. Non era certo obbligata a dirglielo. Ma preferirei che Argentina arrivasse presto dai suoi parenti. Ha una cugina a Grassano che l'aspetta. Se la figlia deve venire a fare una delle sue sfuriate, preferisco che Argentina sia a casa sua.»

«Certo», commentò Seba. «Wow», ripeté.

La telefonata di Giuliana arrivò quando i loro bicchieri erano ancora pieni per metà e le loro frasi ancora sospese, in cerca di un punto fermo al quale aggrapparsi.

Quando Seba rispose e disse: «No, non abbiamo sentito», Arianna prese subito il suo cellulare e vi trovò tre chiamate perse. Dalla faccia dell'amico capì subito che qualcosa non andava. Senza darle spiegazioni Seba si alzò, col telefono ancora all'orecchio, e le fece segno di seguirlo. Schizzarono via, zigzagarono tra le persone che con l'avanzare della serata si erano assiepate nello stretto corridoio che portava verso la sala principale, e poi ancora in mezzo alla gente che ciondolava in piedi fuori dal pub, col bicchiere in mano, accalcata in strada come gli invitati di un matrimonio sul sagrato della chiesa. Arianna gli andò dietro col batticuore, biascicò qualche scusa in risposta agli insulti di qualcuno che aveva travolto e raggiunse Seba nella viuzza dietro l'angolo.

«Arriviamo subito», lo sentì dire.

«Che succede? Argentina sta male?» gli gridò.

«No, no», la tranquillizzò l'amico. «Sta benissimo. Ma c'è un problema, dobbiamo tornare a casa.»

Gli corse dietro con il fiatone. «Mi vuoi dire...»

«Ci sono i carabinieri e Giuliana è parecchio agitata», le spiegò Seba da sopra la spalla.

«I carabinieri?»

Arianna allungò il passo e lo raggiunse per guardarlo in faccia. Seba fece spallucce, incredulo quanto lei. Si precipitarono in macchina.

«Ti ha detto se cercavano me?» chiese Arianna.

«Non mi ha detto niente. Cioè, non ho capito», disse Seba. «Dici che li hanno mandati i tuoi?» chiese preoccupato.

«Non lo so, non credo, ma... ultimamente mi sembra di non conoscerli più. Fanno cose strane, insomma forse sarebbero anche capaci di...» rispose Arianna mordendosi le labbra.

«Vuoi richiamarla?»

Arianna lasciò squillare il telefono a lungo, ma Giuliana non rispose.

Percorsero stradine talmente strette e intricate che si chiese se Seba sapesse davvero dove stava andando, poi riconobbe il ponte sul Tevere che avevano attraversato e l'ampio viale dove c'erano gli studi della RAI. Seba svoltò nella via di Giuliana, superò la macchina dei carabinieri lasciata in seconda fila e parcheggiò poco più avanti.

A casa trovarono Giuliana intenta a versare il caffè in due tazzine. Li accolse con ampi gesti delle mani e un'espressione stupita quanto la loro, e con la testa indicò la porta finestra. Sul terrazzino c'erano Argentina, con una giacca della tuta con tanto di cappuccio sulle spalle, e due uomini in divisa impegnati a spiegarle, contraddicendosi l'un l'altro, da che parte si trovavano i monumenti della città e a cosa potevano corrispondere alcune luci che si vedevano in lontananza. Arianna si fece avanti e li salutò, mentre Seba, dopo aver dato una sbirciata fuori, andò a sedersi in un angolo. Il trio rientrò in casa ancora discutendo animatamente. Argentina rideva disinvolta e sembrava essere del tutto a suo agio. Presentò gli uomini ad Arianna come fossero due vecchie conoscenze e questi, con molta gentilezza, le chiesero di poter guardare la sua carta d'identità. Arianna andò a prenderla senza osare chiedere nulla, con il cuore che le batteva forte. Ma i due diedero solo un'occhiata veloce e gliela restituirono.

«Lei è un po' distante da casa, signorina», le dissero.

«Sì, ma i miei genitori lo sanno», balbettò lei.

I due non fecero commenti.

«L'hanno affidata a me», intervenne sicura Argentina, «anche se devo ammettere che è più lei che aiuta me del contrario. Vi ho già spiegato la situazione... Domani sarò al mio paese natale per una breve vacanza e questo è tutto.»

Da dietro le sue spalle Giuliana lanciò un'occhiata ad Arianna e se la rise.

«Sì», confermò il più alto dei due. «È solo che la versione di sua figlia era molto diversa e noi abbiamo dovuto controllare.»

«Mia figlia è molto noiosa. Mi dispiace che abbia creato questo malinteso... Non so proprio cos'abbia nella testa. Dev'essere l'età.»

Gli uomini risero e mossero qualche passo verso la porta. Seguendoli Argentina ebbe un leggero sbandamento e Arianna la sostenne.

«È sicura di sentirsi bene?» chiese uno dei due uomini.

«Ho molto mal di schiena, giovanotto. È per quello che mi avete trovata a letto invece che in giro a visitare la vostra bella città di sera. Ma non ho mai sentito che servissero i carabinieri per il mal di schiena, o sbaglio?»

«No, ha proprio ragione. E ci scusi ancora.»

«La lasciamo tornare al suo riposo.»

I due si scambiarono un'occhiata e poi si congedarono.

«Ragazzi simpaticissimi», disse Argentina quando ebbero richiuso la porta e si furono seduti tutti sul divano.

«Dovevate essere qui», aggiunse Giuliana. «Dovevate vedere come se li è rigirati!»

«Cara, ma cosa dici!» protestò Argentina. «Non ho fatto altro che metterli davanti all'assurdità della situazione. Mandarmi i carabinieri! Mi sentirà quella! Per ora si è presa la sua strigliata. Le hanno telefonato qui davanti a me...»

«Quindi i miei non c'entrano...» commentò Arianna.

«Le hanno solo dato l'indirizzo.»

«Ma forse non immaginavano...»

«No di certo.»

Restarono zitti a lungo, ancora eccitati e scossi.

Poi Giuliana ridacchiò.

«Mi sono presa una bella paura...» disse. «Però davvero dovevate vederla... Che donna!»

Seba si alzò sbadigliando. «Io devo proprio andare a casa», disse.

«Domani passi a prenderci con la tua macchina?» gli chiese Giuliana.

Il suo tono era allegro, ma Arianna ebbe l'impressione che alle orecchie di Seba suonasse come un ordine sgradito. Lo vide fare una smorfia. Si chiese cosa c'era tra i due e si rese conto ancora una volta con sconforto che non sapeva quasi niente di loro.

Seba fece spallucce. «A che ora volete partire?» Sembrava irritato.

Ci fu un lungo silenzio. Tutti guardarono Argentina.

«Argentina?» chiese Arianna dopo un po'. E con un fil di voce suggerì: «Sarebbe meglio partire presto, no?».

«Credo anch'io», intervenne Giuliana. Poi balzò in piedi. «Su, gente, sarà un bellissimo viaggio.»

«Allora che cosa vuoi fare?» insisté Arianna.

«Che cosa vuoi che faccia? Andrò a dormire», le rispose. «Se partiamo presto, ho bisogno di una bella notte di sonno.»

6.

Fin dalle prime ore del giorno era caduta sulla città una pioggerellina fine grazie alla quale, ora che il sole splendeva, l'aria sembrava ancora più trasparente. Arianna si era svegliata con il buio e non si era addormentata più. Accanto a lei, nel divano letto, Giuliana non si era mossa finché la sveglia non aveva suonato.

La sera prima si erano addormentate tardissimo. Superato l'imbarazzo di mostrarsi in mutande e condividere quello spazio così intimo, Arianna si era sentita via via più a suo agio. Aveva raccontato anche a Giuliana di Rocco e delle lettere, e insieme avevano fantasticato su quell'incontro e poi sul loro futuro, come se tra le due cose ci fosse un legame. Delle sensazioni provate quella sera, però, quando si era trovata sola con Seba, Arianna non aveva fatto parola. Ancora una volta aveva avuto l'impressione che l'amicizia fosse un labirinto difficile da attraversare, nel quale era facile perdere sé stessi.

Si prepararono senza fare troppo rumore, per lasciare che Argentina riposasse fino all'ultimo; tuttavia, quando Arianna entrò in camera per chiamarla, la trovò pronta, seduta sul letto. Non si era messa la dentiera e sembrava più piccola, più accartocciata. Aveva un'espressione assente che faceva paura. La scortarono con l'ombrello fino alla macchina di Seba, che aspettava di sotto con la radio accesa. La pioggia era impalpabile, ma la vecchia aveva un aspetto talmente fragile che sembrava poter crollare sotto il peso di una goccia. Si rincantucciò sul sedile posteriore e, quando Giuliana insisté per sedersi dietro accanto a lei, Arianna non fece storie e prese posto davanti.

Giuliana, appesa ai due poggiatesta, spuntava in mezzo a loro e osservava attenta ogni movimento del ragazzo.

«Navigatore impostato. Partenza: ore otto», annunciò con la sua vocina squillante quando Seba avviò la macchina. «Arrivo previsto a Grassano: ore dodici.»

«Speriamo di non incontrare traffico sul raccordo», commentò lui.

Era molto serio, quasi preoccupato. Salutandole non aveva nemmeno sorriso. Ma forse era solo stanco per la levataccia, si disse Arianna. Di certo, il suo umore contrastava con l'allegria dell'amica, che dietro a loro continuava a cinguettare, suonando un po' forzata.

Quando entrarono in autostrada Giuliana tacque e nessuno disse niente per un bel tratto di strada. Ad Arianna sembrava di vedere i pensieri di ciascuno aleggiare nell'abitacolo e scontrarsi come su una pista del luna park. Le sarebbe piaciuto riuscire a creare un'atmosfera di complicità, sentirsene al centro. C'era qualcosa in sospeso tra Seba e Giuliana, qualcosa che si erano detti e lei non sapeva, e si chiedeva se avessero avuto occasione di parlarsi dalla sera prima. L'idea che potessero stare insieme le procurava un certo disagio, e si sentiva una sciocca a non averlo chiesto a Giuliana in modo diretto. Cercò di scacciare i pensieri molesti, e si disse che l'aria pesante che si respirava non poteva che dipendere dal silenzio inquietante di Argentina.

Era stata tentata di chiederle di nuovo se per caso non volesse tornare indietro, se non ci avesse ripensato. In fondo non sarebbe stato difficile, bastava risalire in treno e in poche ore sarebbero scese a Milano. Ma non l'aveva fatto, perché aveva paura che Argentina le dicesse di sì. Ora, sentendosi profondamente egoista, confusa dall'indifferenza della donna che non mostrava più alcun entusiasmo, cercava di convincersi che la sua volontà di andare avanti sarebbe bastata per tutte e due, avrebbe trascinato in salvo la loro avventura, lontano dalle macchinazioni di Monica e dalle preoccupazioni dei suoi genitori, e avrebbe ridato un senso alla loro storia.

Fecero sosta subito dopo Caserta, a San Nicola, senza aver

incontrato troppo traffico. Giuliana, dietro, sembrava essersi assopita e Seba, concentrato alla guida, quasi non le aveva rivolto la parola. Solo la radio aveva alleviato in parte la monotonia del viaggio. Argentina si rifiutò di scendere dalla macchina e i tre ragazzi, senza insistere oltre, si allontanarono a turno.

Quando si ritrovarono sole per un momento, in piedi nel parcheggio, Arianna confessò a Giuliana di essere preoccupata.

«La vedo strana. Era così felice di partire, adesso mi sembra che abbia cambiato idea.»

«Hai provato a chiederglielo?»

«No. Da ieri non abbiamo più parlato. Ho paura di quello che potrebbe dirmi. Non so se ho fatto bene ad accompagnarla in questo viaggio...»

«Non vorrai tirarti indietro proprio adesso?»

«No, ma il fatto dei carabinieri, e questo suo atteggiamento... Mi chiedo che cos'ha...»

«Avrà un po' paura. Pensa se tu dovessi rivedere dopo tanto tempo...» Giuliana tacque e le lanciò un'occhiata complice. Poi riprese: «A Grassano, comunque, ci sono i suoi parenti, no?».

«Sì, è vero», sospirò Arianna quasi aggrappandosi a quella certezza. «Non vedo l'ora di arrivare là.»

«Ora tu devi portarla da loro, come avevate programmato. Il resto verrà da sé...»

Al ritorno di Seba, con la cartina aperta sul cofano della macchina controllarono la strada da seguire per evitare Salerno e mantenersi lontano dalla costa, stabilirono di fermarsi a mangiare prima di Eboli e ripartirono.

Quando videro il Vesuvio che si innalzava incappucciato dalle nuvole in mezzo alla piana, i tre ragazzi si erano ormai dimenticati di Argentina. Giuliana spuntava di nuovo in mezzo ai poggiatesta e Seba si era fatto un po' più loquace. A turno raccontarono ad Arianna delle gite scolastiche fatte da quelle parti e si stupirono che lei non fosse mai andata a sud di Firenze prima d'allora. Osservarono il paesaggio e parlarono delle meraviglie di quei luoghi, finché gli interminabili lavori stradali e le case scalcinate che si intravedevano qua e là non li indussero a tacere.

Si fermarono a mangiare in una pizzeria anonima lungo la strada. Seba dimostrò un enorme appetito, divorando tutto ciò che loro lasciavano nei piatti, mentre Argentina diede un debole segno della sua presenza solo al momento di pagare, quando ricordò ad Arianna di usare i soldi che le aveva dato e ai ragazzi sembrò di cogliere nei suoi occhi un minuscolo bagliore di gratitudine. Poi tornò a richiudersi nel suo mutismo e la strada ripartì in mezzo al verde e al vuoto. Di punto in bianco, una serie di gallerie e l'innalzarsi di piccole alture a destra e sinistra annunciarono che stavano per entrare in un mondo diverso.

Mentre si addentravano nelle sue terre, Argentina aveva cominciato a muoversi nervosamente sul sedile di dietro. Il sole ormai alto li aveva indotti ad aprire i finestrini e la nuova atmosfera, la musica in sottofondo, gli odori che arrivavano dalla campagna avevano solleticato nella compagnia una certa voglia di ridere e di cantare. I tre ragazzi si ritrovarono a urlare a squarciagola, in coro o a turno, tra grida di giubilo e reciproci applausi, seguendo i pezzi che passavano alla radio o dando sfogo a ricordi d'infanzia, che si facevano ancora più esaltanti quando si scoprivano condivisi.

All'improvviso Arianna, voltandosi per vedere Giuliana che a occhi chiusi stava cercando di ricordare la sigla di un vecchio cartone animato, si accorse che Argentina era diventata pallidissima, quasi verde. Si toccava la gola con affanno e provava a dire qualcosa.

«Argentina!» urlò. «Ti senti male?»

Giuliana si zittì, Seba cercò di capire cosa stesse succedendo guardando nello specchietto retrovisore e sbandò, facendole spaventare ancora di più.

«Vai piano!»

«Fermati!»

«Ora non posso!»

«Spegni quella maledetta radio», gridò Giuliana.

Argentina si era accasciata fra le sue braccia e boccheggiava. Dalla sua gola uscivano rantoli e gemiti e ogni volta che rialzava la faccia, come in cerca di aria, la sua espressione terrorizzata riempiva d'angoscia i ragazzi, che non sapevano più che cosa chiederle né che cosa fare. Arianna era voltata all'indietro e aggrappata alla testiera del seggiolino si sporgeva verso Argentina sentendosi impotente.

«Seba, Seba, fermati, Cristo!» disse Giuliana.

«Aspetta, laggiù», disse lui rallentando.

«Non so se fermarsi è la cosa migliore», mormorò disperata Arianna.

«Sì, sì, dobbiamo farla scendere», disse Giuliana.

«Argentina, cosa ti senti?»

«Ti viene da vomitare?»

Finalmente la macchina si fermò sul ciglio della strada poco più avanti.

Arianna si precipitò fuori ad aprire la portiera. La fece scendere e per un istante sembrò che la donna respirasse meglio, ma dopo due passi chiese di sedersi di nuovo.

«Cos'hai? Cosa ti senti?»

Argentina scosse la testa mormorando: «Non lo so».

Poi chiuse gli occhi e provò ad articolare altre parole difficili da capire.

«Devi vomitare?»

«No, no...»

Arianna avvicinò l'orecchio alla sua bocca.

«Ho il cuore che batte forte... non riesco a respirare...»

«Oddio, oddio», disse Arianna sentendosi quasi mancare.

«Un ospedale», disse Seba, «dobbiamo trovare un pronto soccorso.»

«Oddio, il cuore, il cuore... un ospedale!»

«Siamo quasi a Potenza, ci sarà un ospedale a Potenza!»

Ripartirono a tutta birra, Arianna dietro con Argentina e Giuliana davanti, il cellulare in mano, il navigatore acceso, alla ricerca dell'ospedale più vicino.

«Devi uscire a Potenza Ovest», disse Giuliana.

«Lo vedo», rispose lui.

«Non è lontano.»

«Calma, calma.»

Usciti dalla statale, rallentata l'andatura, Giuliana sporse la testa dal finestrino abbassato, come se così potesse vedere meglio dove andavano. Di tanto in tanto dava degli ordini a Sebastiano e a un semaforo gli chiese di affiancarsi a un'altra macchina per poter chiedere indicazioni.

«La strada è questa», sbottò Seba irritato.

«Ma se si sbaglia? Chiediamo a qualcuno!»

«Così perdiamo solo tempo!»

Dietro, Arianna stringeva le spalle di Argentina e la sentiva respirare affannosamente. Per un po' le aveva ripetuto parole rassicuranti, poi aveva smesso e ora se ne stava paralizzata, pregando che i due davanti smettessero di discutere e l'ospedale comparisse il prima possibile. Le sembrava che la macchina andasse avanti a scatti e vedeva il braccio di Seba cambiare le marce in modo sempre più nervoso, quasi con rabbia. Alzando lo sguardo allo specchietto le parve di scorgere dietro gli occhiali dell'amico un'espressione sfuggente, che le fece male. I capelli le svolazzavano in modo fastidioso nell'aria troppo forte che le arrivava in faccia, ma Arianna non aveva la forza per dire a Giuliana di alzare il vetro. Si sentì sola, estranea in mezzo a tutto, e pensò a come sarebbe stato bello potersi nascondere in un angolo e piangere, essere piccola e lasciare che fossero gli altri a occuparsi di ogni cosa, mettere la testa sotto la coperta e restare a dormire, nella sua camera, lontano da ogni preoccupazione, da ogni responsabilità.

Se fosse successo qualcosa ad Argentina non se lo sarebbe mai perdonato. Sarebbe stato chiaro a tutti che la colpa era sua, di lei che aveva agito seguendo una sua strana volontà portatrice di disastro e sventura, lei che quando si muoveva faceva danni e formulava desideri ingombranti, pensieri totalmente inopportuni, lei il cui spirito mal si adattava alla vita reale. Monica l'avrebbe accusata, i suoi genitori commiserata e poi punita, i suoi amici sarebbero fuggiti, avrebbero negato di conoscerla davvero. E Argentina? Si sentì ancora più in colpa per non aver pensato in primo luogo a lei e pregò che non le accadesse niente di brutto. Forse Argentina sarebbe stata l'unica a capirla e perdonarla.

Impiegarono più tempo a trovare l'ingresso del pronto

soccorso di quello che ci avevano messo a trovare l'ospedale, ma finalmente riuscirono a portare dentro Argentina, che fu sistemata su una barella e inghiottita dietro a una porta mentre Arianna spiegava in modo convulso a un'infermiera quello che era successo.

Nella sala d'attesa Giuliana si sedette, mentre Arianna, inebetita e sconvolta, continuava ad andare avanti e indietro.

«Ci vorrà un po' prima che ci dicano qualcosa», le disse Giuliana.

Arianna si fermò e annuì. Poi riprese a camminare su e giù.

«Faresti meglio a sederti.»

«Non ce la faccio.»

«Vuoi andare fuori a cercare Seba? Guardi dove ha parcheggiato, gli dici che è entrata...»

«No, no, devo stare qui.»

«Ci sto io, ti chiamo appena ci cercano.»

Arianna, sempre più confusa, a malapena la ascoltava. Le sembrava di sentire ancora il fastidioso battibecco che aveva accompagnato la loro corsa e si sentiva oppressa dagli stessi pensieri cupi di poco prima. Per liberarsene cominciò a contare i passi, cinque avanti fino al corridoio e cinque indietro, incurante degli sguardi che le piovevano addosso dai pazienti in attesa di essere chiamati e dai loro accompagnatori. Lentamente si calmò e si rese conto dell'inutilità di ciò che stava facendo. Si sedette accanto a Giuliana e si lasciò prendere la mano. Solo in quel momento capì di non essere sola e si rese conto che i suoi amici avevano fatto ogni cosa per aiutare lei, mentre lei si era lasciata andare all'inazione, e si stava commiserando.

Doveva passare all'azione. Fare qualcosa di sensato e di utile.

«Hai ragione tu», le disse. «Esco a cercare Seba. E intanto chiamo Monica.»

Giuliana annuì. «Sì, credo che sia necessario.»

«Sì», ripeté per farsi coraggio. «Se viene qualcuno...»

«Non preoccuparti, ci penso io.»

Fuori dalla porta principale, Seba se ne stava seduto su un muretto e quando la vide balzò in piedi e le andò incontro.

«L'hanno portata subito a fare un elettrocardiogramma. Non ci hanno ancora detto niente.»

Lui annuì, le mani in tasca. Sbuffò rumorosamente, come per scaricare l'aria trattenuta di una lunga apnea. Insieme si diressero verso il muretto e Arianna vi si sedette.

«Devo telefonare a sua figlia», mormorò.

Seba, ancora in piedi, girellò due o tre volte in tondo, quasi cercasse la direzione giusta nella quale fuggire, poi all'improvviso si sedette accanto a lei e le mise un braccio sulle spalle.

Arianna percepì il tocco leggero e non osò levare lo sguardo dal cellulare. Con le mani che le tremavano, cercò il numero nella rubrica ma non chiamò subito. Doveva assaporare quel momento. Aveva paura e la paura era diventata sorprendentemente bella perché aveva quel braccio sulle spalle. Non era più paura vera, era una paura da raccontare, un sentimento di quelli che si provano leggendo, coinvolgenti ma non terrificanti, sempre velati dal piacere di esserci e non esserci allo stesso tempo, quel piacere che trasforma il dolore in eroismo e la passione in nostalgia.

Fu investita dalla voce di Monica, che inveì subito contro di lei prima ancora che potesse dire il suo nome. Arianna ascoltò senza interrompere, quasi sollevata che fosse rimandato il momento in cui avrebbe dovuto dirle che Argentina si era sentita male. Poi, dopo un po', le urla di Monica andarono abbassandosi di tono, le frasi si fecero più distanti l'una dall'altra finché Arianna non trovò un interstizio nel quale infilarsi.

«Siamo al pronto soccorso», disse.

«Cosa?» gridò Monica.

«Siamo al pronto...»

«Ho capito!» la interruppe l'altra con ira. «Ma dimmi cos'ha! Cos'è successo?»

«Niente...»

«Come niente! Stupida ragazzina! Dimmi subito...»

«Non respirava bene... Ora le stanno facendo degli esami. Non mi hanno ancora detto niente...»

Monica riprese a urlare, a tratti minacciando di fargliela pagare, a tratti rinfacciando a sé stessa la propria stupidità. Arianna non disse più niente, nemmeno quando le annunciò che era licenziata e le ordinò di non muoversi da lì, e si limitò a restare in ascolto, insieme a Seba che aveva avvicinato la testa alla sua e commentava con le espressioni della faccia le urla che uscivano dal cellulare per farla sorridere.

Quando Monica interruppe la comunicazione, Arianna chiamò subito suo padre, gli raccontò brevemente cos'era successo, gli promise di stare calma come lui le chiedeva, gli fece promettere che avrebbe riferito alla mamma che le dispiaceva e che le voleva bene e gli disse che l'avrebbe richiamato più tardi e poi, lasciandosi andare all'abbraccio di Seba, scoppiò in lacrime.

Argentina riaprì gli occhi. Era stesa su una barella in un corridoio e intorno non c'era anima viva. Era completamente vestita e un lenzuolo la copriva appena. Una luce giallognola e uniforme riempiva lo spazio, ma non si riusciva a capire da dove provenisse. Girò la testa da una parte e dall'altra: intorno poteva vedere solo superfici biancastre e tutto era sottosopra.

Dove si trovava? Per un momento non fu sicura di sapere chi era, quale fosse il suo nome. Evitò di chiederselo, di soffermarsi su questo piccolo vuoto, come chi ha smarrito un pensiero fatto poco prima e cerca di concentrarsi su altro per farlo affiorare. Passò a considerare il suo corpo, si guardò le mani ed ebbe un sussulto. Qualcosa cominciò a venire a galla dalla sua coscienza, elementi sparsi e confusi. Sentiva i piedi pesanti, le gambe stanche, quasi dovessero sostenere blocchi di cemento, anche se era distesa. Cos'era quel luogo dove si trovava? Un'idea familiare si fece strada fino alla sua bocca e piano si trovò a mormorare qualcosa. Sto per morire, si disse. L'unica cosa che so, che mi ricordo, è che devo morire. Fu presa da una grande paura, sentì il cuore che batteva più forte.

Tuttavia c'era qualcosa che non quadrava, perché a parte la pesantezza dei piedi, che la tiravano giù, non aveva dolori da nessuna parte e non fosse stato per il disorientamento, avrebbe detto di stare bene. Forse sono già morta, si disse. E il pensiero le infuse una strana pace, la paura la abbandonò, il cuore riprese a battere normalmente. Si preparò ad aspettare. Chiuse gli occhi.

All'improvviso fu colta da un altro pensiero, scostò di poco il lenzuolo e con un grande sforzo allungò una gamba di lato: indossava le scarpe. Ecco cos'era quel peso sotto al lenzuolo. A quel punto, anche se non sapeva bene perché, ne fu certa: se aveva le scarpe, non poteva essere morta. E d'altra parte il suo cuore batteva, e a tendere l'orecchio si potevano udire dei rumori provenire da oltre le pareti. Riprese a guardarsi intorno con più attenzione, poi provò a tirarsi su e riuscì a sedersi sul lettino.

Si trovava in un corridoio molto lungo, che in fondo aveva una grande porta a vetri opaca, oltre la quale non si scorgeva del movimento. La luce elettrica proveniva dalle lampade attaccate al soffitto e, poiché non c'era alcuna finestra, non si riusciva a stabilire se fosse giorno. Più avanti, lungo il muro, si apriva la porta di una stanza, dentro alla quale non si riusciva a vedere niente. Lentamente i ricordi di sé tornavano alla mente, e seppe che si trovava in ospedale perché si era sentita male. Proprio in quel momento, la porta a vetri si aprì e una sagoma scura apparve sulla soglia. Era una figura grossa, amichevole e Argentina la riconobbe, non tutta insieme, ma a pezzi, come quando si fanno tante piccole scoperte una dietro all'altra, e ogni pezzo di memoria era buono e le riportava indietro, come in uno strascico, la sua vita.

«Arianna!» esclamò sollevata, quando anche il nome della ragazza le giunse alle labbra.

Arianna fece gli ultimi passi di corsa e le si fermò accanto. Le prese la mano. «Argentina! Ti hanno parcheggiato qui, in un corridoio!»

La ragazza si guardava intorno con una buffa espressione,

un misto di indignazione e sollievo. Aveva gli occhi rossi, cerchiati da pesanti borse violacee. Sembrava che non dormisse da una settimana. Ad Argentina venne in mente la loro partenza da Roma, la macchina sulla quale avevano viaggiato, che puzzava di umido, e l'amica di Arianna, con il faccino appuntito da volpe e gli occhietti vivaci.

«Scusa se ci ho messo tanto, ma non capivo cosa dovevo fare, ti trattano come se dovessi sapere già tutto... e sembra che si nascondano quando gli devi parlare», si sfogò Arianna, poi la guardò e si interruppe. «Ma tu come ti senti?»

«Bene. Credo di aver dormito.»

«Con te hanno già parlato?»

Argentina fece segno di no.

«I medici dicono che non hai niente e non ti possono trattenere.»

«Infatti, sto bene, voglio andarmene.»

«Dicono che non c'è motivo di ricoverarti. L'elettrocardiogramma è perfetto e non hanno trovato niente... Dicono che forse sei stanca o hai avuto un attacco d'ansia.»

Argentina annuì. Ricordava la sensazione che aveva provato, come stesse per morire, e per contrasto sentì da ogni osso e muscolo del proprio corpo che era passata, che stava bene. Bisognerebbe ricordarselo sempre, com'è stare bene, si disse. Bisognerebbe proprio ricordarselo sempre.

«Cosa vuoi fare?» le chiese Arianna.

Argentina, spaesata, scosse la testa. «Voglio uscire di qua.»

«Certo, credo proprio che possiamo andarcene. Forse devi parlare con qualcuno. Ma sembravano ansiosi di mandarti via, continuavano a ripetere che...»

Ad Argentina non importava niente di quello che avevano detto i medici. Avrebbe voluto sapere che ora era, le sarebbe piaciuto che la vita riprendesse a scorrere da sola come aveva sempre fatto, senza dover prendere decisioni fuori dalla norma, perché la sua volontà si era arenata su quel lettino e, sebbene le fosse tornato alla mente il fatto che erano partite da Milano, e poi da Roma, non sapeva più a che punto si trovassero, e non sentiva più alcun desiderio di andare avanti né di tornare indietro. Se ne restò in silenzio, seduta, a capo chino, le mani in grembo. Avrebbe voluto che fosse qualcun altro a scegliere per lei, a dirle cosa doveva fare, e potersi occupare solo di cose banali, come mangiare, dormire, respirare, cose che in quel momento sentiva di poter fare bene. Si guardò intorno, vide uscire dalla porta un uomo e una donna in camice, vide Arianna che cercava di richiamare la loro attenzione e poi si metteva alle loro calcagna e si sentì indifferente a tutto, come se in fondo fosse morta davvero. Ma non era come essere morta, piuttosto doveva essere entrata in una nuova fase della vita, forse davvero l'ultima, in cui non c'è più nessuna azione da compiere, alcuna direzione da prendere, ma c'è solo da aspettare, sentire il proprio corpo, percepire che sta bene, se si è fortunati, oppure percepire che sta male, ma senza più angoscia. Come se i giochi fossero ormai fatti e non restasse che tirare le somme.

Arianna tornò da lei. Friggeva. Allargava le braccia e passava da un piede all'altro, nervosa.

«Nessuno che sa niente!» esclamò.

Tempo prima l'avrebbe definita inetta, incapace, ma adesso non ne era più tanto sicura, pensava Argentina sbirciandone il volto di sottecchi. Era cresciuta all'improvviso, o forse era solo venuta fuori dal suo nascondiglio e ora sembrava in grado di fare cose che prima non avrebbe nemmeno immaginato. Le dispiaceva averla trattata male, durante quel viaggio. Prima o poi avrebbe dovuto dirglielo. Adesso lei avrebbe desiderato che questa nuova Arianna prendesse tutte le decisioni, le dicesse cosa fare. Se l'avesse portata indietro di peso lei non avrebbe avuto niente da ridire. Anzi, sarebbe stata contenta. I motivi che l'avevano spinta a partire le sembravano così lontani, così inafferrabili. Sentì il disagio che montava, come un'ondata, e colta da un timore improvviso e sconosciuto chiuse la porta a quelle sensazioni. Non doveva pensare alle lettere, non ora, non era il momento, non ne aveva le forze, aveva solo bisogno di aiuto. Le mancava il tempo, ormai, per sistemare tutto. Arianna disse qualcosa che non capì, forse aveva solo chiamato il suo nome. Le prestò attenzione. La ragazza era sulle spine. Ma osservandola meglio Argentina capì con piacere che non era in attesa di ordini, di indicazioni, ma invece aveva qualcosa da dirle, magari una proposta da farle. Si sarebbe lasciata convincere facilmente. Le sorrise incoraggiante.

«Senti, Argentina», cominciò Arianna. «Io ho dovuto chiamare Monica.»

Argentina fu sorpresa, non tanto dal fatto che Arianna avesse telefonato a sua figlia, il che era giusto ed era anche una cosa che avrebbe reso più semplice la soluzione a tutti i suoi problemi, ma dal nome stesso della figlia, Monica, anzi, dalla sua stessa esistenza. Non che non sapesse più di avere una figlia, lo sapeva benissimo e appena aveva sentito quel suono aveva capito subito di chi si parlasse, ma di tutti i ricordi che mano a mano aveva recuperato quello era rimasto, come dire, sopito, nascosto in fondo a qualche antro. Povera Monica, che si dava tanto da fare per lei. Forse si era dimenticata di lei perché era una cosa talmente certa, si disse, che non c'era bisogno di ricordarla; o forse perché la fase estrema in cui sentiva di essere penetrata, come dietro a una spessa tenda scura, riguardava solo lei, la sua persona, il suo ultimo tratto di strada e nessuno poteva accedervi.

Si ricordò improvvisamente che Arianna era sulle spine, e probabilmente pensava di averle dato un dispiacere chiamando Monica. Le sorrise di nuovo per rassicurarla.

«Cerca di capire», si giustificò Arianna che in quel momento non la stava guardando. «Ero spaventata... e poi lei ci ha già mandato i carabinieri e se ti fosse successo qualcosa...»

«Hai fatto bene.»

Arianna alzò gli occhi colmi di stupore. «Davvero?»

«Sì, sì, hai fatto benissimo.»

Restarono in silenzio qualche minuto. Dopo un po' Arianna cominciò a sospirare, sembrava impaziente.

«Allora. Adesso ti dimettono. Credo proprio che potremmo già andar via, che non ci sia bisogno d'altro.»

Argentina annuì, sollevata. Arianna aspettò qualche secondo, poi continuò: «Monica ha detto di aspettarla qui. Le ho già detto che stai bene. Dovresti richiamarla anche tu. Ora andiamo da Giuliana e Seba e decidiamo che cosa fare.

Forse dovremmo lasciarli ripartire e cercarci un albergo, io e te, qui a Potenza».

Argentina trasalì. Allora erano a Potenza. Vicinissimi a casa. Davvero vicini.

Si avviarono verso la porta a vetri, che si apriva su una sala d'attesa spoglia. Da due grandi finestre Argentina vide che il giorno splendeva ancora in tutta la sua pienezza. Fuori si intravedevano una strada stretta, la base di una gru e dei grossi blocchi di cemento. Argentina si sedette mentre aspettava che Arianna parlasse con un'infermiera. Una vocina acuta, leggermente fastidiosa, la chiamò e voltandosi Argentina scorse gli amici di Arianna che si avvicinavano.

«Stai bene?» chiese Giuliana.

«Sì, adesso sì. Poveri ragazzi, vi ho creato tanti problemi», disse Argentina portandosi una mano sugli occhi.

«No, no, cosa dici», la rassicurò con gentilezza la ragazza. «Io e Seba siamo andati a mangiare. Abbiamo preso qualcosa anche per voi. Hai fame?»

«No, ti ringrazio. Non ho fame.»

«Allora si riparte? Ci hanno dato l'okay?»

«Non mi trattengono.»

Seba si era di nuovo allontanato e ora se ne stava nei pressi della porta. Non appena Giuliana gli fece un cenno uscì, come se non avesse aspettato altro.

«Lui preferisce aspettare fuori. Odia gli ospedali.»

Quando uscirono lo trovarono poco più in là, seduto nella macchina parcheggiata in doppia fila, con la portiera aperta.

«Allora, che si fa?»

«Monica ha detto che non dobbiamo muoverci», disse Arianna.

«Dall'ospedale?» chiese Seba preoccupato.

«Non so. No. Da Potenza, credo.»

«E che ci facciamo a Potenza? Tanto vale ormai portare Argentina al suo paese», intervenne Giuliana. «Là ci sono i suoi parenti, no?»

«Qui dove potremmo andare?»

Guardarono tutti Argentina, che sembrava molto impegnata a pulirsi le unghie l'una con l'altra e non pareva badare ai loro discorsi.

«Se sua figlia arriva domani, e la trova qui, la riporterà subito indietro. Non la porterà certo al paese. E avrete fatto tanta strada per niente», disse Giuliana.

«In mezz'ora ci siamo. Grassano è proprio qui, ormai», aggiunse Seba.

Argentina sentì una stretta al cuore. La meta del viaggio era lì, a portata di mano. Come avrebbe voluto che Arianna dicesse: fermiamoci, non andiamo oltre, abbiamo già combinato troppi guai! Come avrebbe voluto che Monica arrivasse subito, quella sera stessa, obbligandola a tornare indietro!

E in fondo adesso sarebbe bastata una parola per mettere fine a quella pazzia. Ma non riuscì a dirla. Se così deve essere, pensò invece, se è destino che si vada fino in fondo, se dopo tutto il suo tribolare le toccava affrontare ancora questa prova, incontrare Rocco, guardarlo negli occhi e chiedere al suo cuore se davvero era stato tutto sbagliato, la sua vita un unico grande errore, allora l'avrebbe affrontata. Chi era lei per sottrarsi al giudizio? Ma chi avrebbe dovuto giudicare della sua vita e di quello che era stato? Davvero era tanto ingenua da pensare che gli occhi di un uomo, di un vecchio, come era vecchia lei, potessero contenere la risposta? Non si rendeva conto che le lettere non erano state altro che un piacevole inganno, la ricerca di un altrove che aveva reso i momenti di noia più pieni, come i ricordi struggenti dei loro sguardi avevano reso migliore la monotonia della vita quotidiana ma non avrebbero mai potuto prenderne il posto, perché la magia stava tutta lì, nell'impossibilità che l'amore si avverasse, nel desiderio di ciò che non si può avere, l'immortalità, l'eterno, una seconda vita?

Ora Argentina ne era certa, l'aveva capito. Non era stato tutto sbagliato. E il suo petto era invaso da un nuovo senso di pace. Qualunque cosa fosse successa, avrebbe saputo sostenere lo sguardo, superare la prova. E le lettere? Le avrebbe bruciate, a Milano o al paese, le lettere dovevano bruciare e volare via lasciandole i suoi ricordi. Il desiderio sarebbe tornato a essere infinito, privo di oggetto, e così si sarebbe preparata a salutare tutti e tutto, a fare l'ultimo salto nel vuoto, che era sempre più vicino.

Ma se così doveva essere, non era forse meglio lasciar perdere il viaggio, fermarsi? Un luogo non valeva l'altro? Le sarebbe piaciuto rivedere i suoi posti, le case, la chiesa madre, il cimitero, le frane, lo scalo, il fiume con le pozze buone per pescare, i sentieri, le fosse, le capre. Ma non ci sarebbero più state le donne che avanzavano accanto agli asini, con le ceste piene di acini dopo la vendemmia, e le api che pungevano le dita, e i canti e la fatica e le risate, e i maccheroni mangiati da tutti sulla coperta stesa sull'erba, sua nonna, la sua saggezza, i suoi vestiti neri. Le sarebbe piaciuto risentire i profumi, ma anche di quelli aveva memoria, un ricordo così penetrante che a chiudere gli occhi li sentiva davvero, persino a Milano, persino qui, fuori da un ospedale, ma chissà come sarebbe stato annusarli di nuovo, sapere che erano reali, chissà se avrebbero dato gioia al cuore. Non era sicura che il suo naso funzionasse ancora come un tempo, perché adesso era capace di bruciare il caffè nel pentolino e non accorgersi di niente, e forse sarebbe stato meglio tenersi i profumi della memoria, che percepiva distintamente, e non farsi deludere dalla pochezza della realtà. Com'era stata piena la sua realtà di tutti i giorni, se ci pensava bene. Era andata via da lì, come volevano andare via tutti, portandosi dietro ciò che c'era di più bello. Aveva mantenuto vividi i suoi sogni. E adesso che cosa ne sarebbe stato? Quale miracolo poteva salvarli? Ci sarebbe voluta una parola decisa, ma la voce non le usciva. Ci sarebbe voluta una frana, un terremoto, che inghiottisse tutto e lo conservasse per sempre. Ci sarebbe voluto un colpo di genio del destino che portasse via Rocco, che lo rimettesse al suo posto, tra i suoi ricordi più belli, dove doveva stare.

«Allora?» fu la voce stridula di Giuliana a interrompere i suoi pensieri. «Rifletti, Arianna, là ci sono anche i suoi parenti. Vi aspettano per oggi, no?»

Arianna, sulle spine, si rivolse ancora a lei.

Argentina la guardò negli occhi.

«Facciamo come vuoi tu», disse la vecchia.

La ragazza smise di saltellare da un piede all'altro. Si fermò. Il suo viso si distese.

«Va bene», rispose. Aveva deciso. «Allora andiamo, prima che sia troppo tardi.»

In mezzo al cicaleccio dei tre giovani, che sembravano essersi tolti un peso, Argentina ricadde nel suo mutismo.

7.

La statale si snodava attraverso campi verdi e gialli. Il sole splendeva ancora alla loro destra. Sebastiano guidava piano, guardandosi intorno, mentre Arianna consultava la mappa e cercava di capire a che punto si trovassero e Giuliana, spuntando dalla sua spalla, l'aiutava.

«Dovremmo trovarci vicini a questo incrocio, oramai», disse Arianna.

«Esatto», confermò Sebastiano, che seguiva le indicazioni del navigatore.

«Ecco un cartello! Per Grassano, a destra», disse Giuliana.

«Dovrebbe essere a sinistra», obiettò Arianna facendo ruotare la cartina tra le mani.

Il navigatore segnalò la svolta a destra.

«C'è uno svincolo», le spiegò Seba ridendo.

La strada, ora più stretta, puntava verso delle alture dritte e bianche come faraglioni, piatte in cima, e vi si incuneava salendo con dolcezza. La vegetazione si fece più fitta, gli olivi sul ciglio mandavano riflessi d'argento e la campagna si alternava a lunghe pareti sabbiose, come se il terreno fosse stato sconnesso in tanti livelli. La strada ne seguiva i capricci e di tanto in tanto, a lato, si vedeva un cancello, oltre al quale non si riusciva a scorgere nessuna abitazione. La conversazione dei tre ragazzi si era fatta più rada, attenti com'erano a non mancare l'ultima deviazione per il paese.

Dopo che l'ebbero imboccata, all'improvviso, passati due tornanti che aggiravano piccole ondulazioni, videro spuntare il paese, lungo disteso su un'altura di fronte a loro, e il silenzio in macchina si fece così forte che tutti e tre all'unisono si ricordarono di Argentina, che se ne stava zitta con gli occhi sgranati, una mano appoggiata al finestrino. La strada avanzava a saliscendi e a tratti il paese spariva inghiottito dal cielo immenso e poi riappariva, come per magia, bianco e disteso al sole sull'altura verdeggiante in cima e paglierina in basso. In certi punti l'incanto era rotto da un camion o una scavatrice immobili nella terra argillosa, o da un cubo di cemento che appariva sul ciglio e poi si perdeva indietro. Ma quando Grassano sembrava tornare a portata di mano, come stesa ad asciugare lassù, era impossibile non farsi rapire, e quando poi si inabissava di nuovo veniva da chiedersi se il prossimo tornante non li avrebbe portati dritti al cielo.

Quando sulle ultime curve fecero la loro comparsa le prime case, alcune bianche, altre di cemento grezzo, ricominciarono piano piano a parlare. Giuliana chiese ad Argentina se riconosceva i luoghi, ma lei non rispose, finché non le sembrò di vedere qualcosa di noto.

«Lì c'è il cimitero», esclamò all'improvviso. «Ma era più lontano...»

«La strada è recente. Il paese si sarà allargato», le venne incontro Arianna.

Seba arrestò la macchina in un piccolo parcheggio che sembrava una terrazza affacciata sulle colline, nei pressi della strada del cimitero.

Scesero e, tutti in fila, si voltarono a osservare la muraglia di case, alcune mai terminate, altre già diroccate, che facevano da cintura al paese. A tratti, incastonate in mezzo ai cubi di mattoni, facevano capolino piccole costruzioni di pietra dall'aria antica, con l'uscio a volta, una finestrella e il camino sul tetto tondo.

Arianna aveva già tirato fuori dallo zaino il foglio sul quale aveva stampato la mappa e prese a studiarla. Avanzando lentamente lungo le case scorsero una straduzza che si inerpicava verso il centro. Lei fece segno di imboccarla e gli altri, a piccoli passi, studiando le espressioni di Argentina che si muoveva come un bambino in un castello stregato, obbedirono.

Più salivano più il paese mostrava le sue bellezze. C'erano case dalla forma irregolare strette in mezzo ai tornanti, tetti e balconcini che si inseguivano come fossero cresciuti l'uno sull'altro per la gioia dei gatti, archi e finestre di ogni misura e cascate di rampicanti che scendevano qua e là.

Arrivati a un crocicchio si arrestarono.

Seba sembrava nervoso, annoiato, mentre Giuliana sorrideva e osservava ogni angolino con curiosità.

«Dovremmo essere qui», disse Arianna a Giuliana. «E i parenti di Argentina dovrebbero stare da questa parte, se ho capito bene.»

«Il posto è piccolo.»

«Dovrebbe essere vicino.»

Insieme si volsero verso Argentina che ora se ne stava con il naso per aria e la bocca aperta.

Due uomini, uno dei quali aveva dei baffi prodigiosi che lo facevano assomigliare ad Asterix, li scrutavano parlottando in piedi sulla soglia di un negozio di tabacchi, con le mani dietro la schiena.

«Argentina, dove dobbiamo andare esattamente?»

Argentina posò lo sguardo perso su Arianna.

Giuliana le venne in aiuto.

«Non sarà facile riconoscere i posti da qui. Forse dovremmo inoltrarci in paese ancora un po', raggiungere il centro.»

«Là c'è un campanile», disse Sebastiano.

Raggiunsero una chiesetta bianca affacciata su una minuscola piazza e circondata da alberelli in fiore.

«Qui dice che è la Madonna della Neve», disse Arianna.

Argentina la guardò senza capire. Poi si sedette sul muretto che circondava il sagrato e si coprì la bocca con una mano. Con le lacrime agli occhi annuì.

«Allora, dove sta tua cugina Filomena?»

«Eh?»

«Filomena, non si chiama così tua cugina? O mi sbaglio?...» Arianna perse un po' della sua sicurezza. C'era qualcosa di strano nell'espressione di Argentina, qualcosa di incomprensibile, come se fosse stupita e nello stesso tempo profondamente dispiaciuta.

«Mia cugina Filomena...» mormorò.

Il tono vago della risposta, quasi interrogativo, non piacque ad Arianna che cominciava ad agitarsi. Sbuffò, battendosi le mani sulle cosce. Giuliana le toccò il braccio, per invitarla alla pazienza.

«Argentina, va tutto bene?» chiese Giuliana alla vecchia.

«Io...» mormorò Argentina.

«Non ti ricordi dove sta tua cugina? Vuoi richiamarla?»

«Io... no... non lo so. Io...»

«Scusa?»

«Non la sento da tanto tempo.»

Arianna le si piazzò davanti. «Cosa vuol dire che non la senti da tanto tempo?»

Seba si allontanò tirando calci a un sassolino, le mani in tasca.

Giuliana si tenne un po' in disparte.

«Non le hai telefonato?» chiese incredula.

«No.»

«Ma mi avevi detto...» disse cercando di trattenere la voce.

«Non mi andava di chiamare... Mi vergognavo...»

Questa volta Arianna urlò: «Vuoi dire che nessuno ci sta aspettando? Che nessuno sa che saresti venuta fin qui? Ma come...».

«Pensavo che una volta arrivati qui...»

«Una volta arrivati qui, cosa?»

«Non pensavo che tutto fosse cambiato così tanto...»

«E adesso che cosa facciamo? Dove andiamo?» gridò Arianna.

«Calmati», intervenne Giuliana. «Calmati.» Tutto d'un tratto sembrò avere un'idea. «Aspettatemi qui un momento», disse allontanandosi.

Imboccò a passo svelto una salita lasciandoli ad aspettare, Argentina seduta sul muretto a testa bassa, Seba seduto più in là, Arianna in piedi, le braccia conserte, la disperazione dipinta sul volto. Era arrabbiata, non poteva credere che Argentina le avesse mentito. Era come se stesse sabotando il loro viaggio. Sembrava una persona completamente diversa da quella che le aveva chiesto con le lacrime agli occhi di portarla lì, a casa sua; sembrava che si fosse arresa.

Argentina se ne stava seduta sul muretto e si guardava intorno. C'erano troppe cose, oggetti, colori, dettagli, fuori di lei, mentre dentro non c'era nulla, solo il vuoto. Si era immaginata quel momento in modo molto diverso, o forse non se l'era immaginato affatto e aveva solo ripescato sensazioni di un tempo. Non sarebbero tornate più. Ciò che aveva intorno non le suscitava niente, né memoria né emozioni. Tutto era diverso. Cercò di capire che cosa era cambiato. Il paesaggio, mentre salivano in macchina, aveva qualcosa di familiare, ma poi aveva perso il contatto. Di certo era cambiata lei, e forse era già abbastanza. In quel posto, che era al centro dei suoi ricordi, pareva che i ricordi non affiorassero più.

Giuliana fu di ritorno dopo una mezz'ora. La sua camminata si era fatta baldanzosa e sbracciava felice per attirare la loro attenzione.

La seguivano due donne, una più anziana, i capelli corti grigi e la vita larga circondata da un grembiule da cucina, ai piedi delle ciabatte di gomma, e l'altra più giovane, una camicia a quadretti e una lunga coda di cavallo nera che oscillava a ogni passo degli stivali. Si avvicinarono ad Argentina e la scrutarono per qualche secondo, la mano sotto al mento, con aria da intenditrici.

Fu la più anziana a parlare. Si rivolse a Giuliana e alla donna con la coda, come se gli altri non esistessero.

«È lei?»

Giuliana annuì.

«Argentina Montemurro... La cugina di chi, mi hai detto?»

«Filomena...»

Giuliana si sedette accanto ad Argentina e la esortò a specificare.

«Filomena Coviello», concluse lei come una scolaretta interrogata.

«Oh», disse la giovane.

«Oh», disse la vecchia scuotendo la testa. Si portò le due mani sulle guance. «Siete la cugina di Filomena Coviello?» gridò. Le fece un gran sorriso e poi una carezza. «... E siete partita tanti anni fa!»

«Sono andata via nel '53», disse Argentina drizzando la testa orgogliosa.

«Nel '53!» esclamò l'altra. «Io sono del '53!» puntualizzò commossa.

Si asciugò una lacrima nel grembiule e prese le mani di Argentina, che si era alzata.

«Io sono Santoro Maria e questa è mia figlia Gemma.»

I loro nomi non sembrarono dire molto ad Argentina, che comunque sorrise compiaciuta.

La più giovane fece una piccola riverenza e mostrò una fila di denti bianchissimi che la fecero sembrare più bella.

«Avrete conosciuto i nonni!» suggerì.

«Mia madre era De Martino Angela e mio padre Santoro Francesco.»

«Non mi pare...» mormorò Argentina incerta.

«Li avrete conosciuti senz'altro...»

Cominciarono a nominare persone, soprattutto donne, e a fare collegamenti e ricordare aneddoti. La più giovane azzardava delle ipotesi, sosteneva che Argentina dovesse conoscere questo e quello, o essere imparentata con il tale e il tal altro, ma la madre la interrompeva sempre e le spiegava perché le cose non potevano stare come diceva lei. Di tanto in tanto dicevano qualcosa che ad Argentina ricordava qualcos'altro e allora, sebbene i dettagli non sembrassero coincidere, si sorridevano e si stringevano le mani. C'erano alcuni nomi di vecchi parroci che parevano avere un significato per tutte e tre ed episodi della guerra che anche le due donne, che all'epoca non erano ancora nate, ricordavano come fosse ieri. E poi c'erano eventi tanto importanti e famosi che persino Arianna ne aveva sentito parlare. Ricordarono la banda caduta nel fosso al ritorno da una festa e tanta gente emigrata, che non era la stessa gente per l'una e per l'altra, ma era stata la stessa storia per tutti quanti.

A un certo punto il discorso tornò sulla cugina Filomena e Maria sospirò.

«Ma Filomena è mancata», disse. «Non l'avete saputo?»

«Eh no... non l'ho saputo. Non eravamo più in contatto», spiegò Argentina.

«Sono due anni», disse Gemma.

«Tre», la corresse la madre.

Ricominciarono a discutere, cercando di far combaciare i ricordi con avvenimenti di data certa, ciascuna per dimostrare che aveva ragione. Alla fine sembrarono trovare un accordo su un tempo di due anni. Quasi tre.

Argentina accolse la notizia con distacco, come se la donna di cui si stava parlando non fosse la stessa persona cui lei aveva voluto bene tanti anni prima. Pensare a Filomena morta era più o meno come pensare a Filomena invecchiata, cambiata, trasformata: una Filomena di cui restava nient'altro che il nome. Ne fu più colpita Arianna, che insieme a Giuliana seguiva il dialogo in disparte e cominciava a chiedersi che cosa avrebbero fatto da sole, tanto lontano da casa, quando gli amici se ne fossero andati.

«Ma c'è Giuseppe, suo figlio!» disse Maria per rimediare alla cattiva notizia che le era toccato di portare.

«Lo conoscete Giuseppe?» chiese Gemma.

«No», disse Argentina.

«Giuseppe! È il figlio di Filomena!»

Da una stradina laterale fecero capolino i due uomini che Arianna, arrivando, aveva visto davanti al negozio di tabacchi. Non appena si accorse di loro, Maria li chiamò.

«Ma lo sapete chi è questa?» gridò.

I due uomini restarono fermi, forse indecisi se impicciarsi in quella faccenda di donne, le braccia dietro la schiena, il mento sollevato, in attesa di spiegazioni.

«È la cugina di Filomena Coviello. È andata via, a Milano, tanto tempo fa...»

«Nel '53», suggerì Argentina piano.

«Nel '53!»

L'uomo coi baffi si avvicinò lentamente, seguito dall'altro. «Ma Filomena è morta», disse quando fu vicino.

«C'è Giuseppe», disse Gemma.

«Ora è a Potenza, a lavorare», disse l'uomo.

«Fa la scuola guida», spiegò Maria ad Argentina.

Una donna che stava stendendo a un balcone, nell'udire

Maria che gridava, si era interrotta per ascoltare e ora li osservava appoggiata alla ringhiera.

«Lei Giuseppe non lo conosce», disse Gemma.

«È nato almeno dieci anni dopo», commentò l'uomo come se fosse ovvio e la donna avesse appena detto un'enorme sciocchezza.

«Bisogna portarla da Rosina!» urlò la donna al balcone.

Tutti si voltarono.

«Da Rosina!» esclamò Maria come se avesse appena avuto un'illuminazione.

«Da Rosina, bisogna portarla», ripeté la donna al balcone per rivendicare l'idea.

«Lei si ricorderà senz'altro. Ha una memoria! Una testa!» aggiunse Maria.

«Ma se si dimentica che ha già comprato il pane e lo ricompra», disse l'uomo ridendo.

«Che dici!» lo rimproverò Maria. «Si dimentica le cose di oggi, ma per le cose d'una volta...»

«Aspettatemi che scendo», urlò la donna del balcone sparendo dentro casa.

Partirono in processione, Maria e la donna del balcone davanti, in mezzo Argentina come se fosse la statua del santo, dietro Gemma, e poi Arianna e Giuliana, che era l'unica alla quale le donne del luogo si rivolgessero, riconoscendo in lei la portavoce del gruppo. Un po' discosti venivano gli uomini, ai quali se ne era aggiunto un terzo, e, molto staccato, Sebastiano, che se ne restava alla giusta distanza per non far parte della sfilata e tuttavia tenerla d'occhio. Andavano in salita, verso il centro del paese. Intorno correvano quattro o cinque bambini, spuntati da chissà dove, che quando videro aprirsi le prime porte lungo la strada corsero in avanti gridando: «È tornata, è tornata!».

La gente attratta dal rumore si faceva sulla soglia curiosa, o si affacciava ai balconcini e la processione andava avanti sempre più impettita e numerosa.

Giunta sotto una casa bianca dall'aspetto vetusto, Maria si piantò bene in mezzo alla stradina, a una certa distanza dalla porta, alzò lo sguardo verso una finestrella aperta e urlò:

«Rosiiina!». Dopo quattro o cinque urli, che fecero affacciare parecchie persone, finalmente Rosina venne al davanzale. Era una vecchina dalla carnagione scura e i capelli bianchissimi, un po' gobba, tutta vestita di nero. Gettò un'occhiata all'assembramento che si era formato sotto la sua finestra, ascoltò le spiegazioni della donna col grembiule, le fece segno che non sentiva, tutti si misero a dire «shh! shh!» d'intorno, creando ancora più confusione, finché Rosina scosse la testa spazientita e sparì di nuovo dentro casa.

Dopo un tempo che ad Arianna sembrò lunghissimo, la porta si aprì, la vecchina guardò di nuovo tutti, e all'improvviso si trovò faccia a faccia con Argentina, che qualcuno aveva spinto con delicatezza in mezzo al semicerchio che s'era formato. Una vicina portò due sedie di vimini e le sistemò nel piccolo spiazzo in piano, davanti alla tenda che riparava l'uscio ancora aperto. «Ma fatele entrare», suggerì qualcuno. Un brusio si levò tutt'intorno, dalle persone che volevano vedere. «No, no!» dissero.

Maria si fece avanti. «Questa è la cugina di Filomena Coviello», urlò a Rosa. «Ve la ricordate?»

«Filomena!» disse la vecchina.

«Ve la ricordate?»

«Sì! Filomena...»

«No, non Filomena, lei! Ve la ricordate, lei? Argentina Montemurro, si chiama. È figlia di Caterina, nipote di Maria.»

«Filomena è morta», disse la vecchina.

Argentina annuì con aria grave.

«Ma lei ve la ricordate? Argentina! È la cugina di Filomena.»

La vecchina fece di sì con la testa e sorrise e anche Argentina sorrise.

Ci fu un generale mormorio di approvazione, anche se ad Arianna sembrava che le due non si fossero riconosciute affatto. Comunque tutti sembravano molto soddisfatti, compresa Argentina.

«È andata via tanti anni fa», urlò Maria a Rosina che la guardava con gli occhi stretti.

«Nel '53», confermò Argentina.

Rosina la guardò e annuì. Sorrise di nuovo.

«È tornata, è tornata», mormorò la gente.

«È tornata», confermò Rosa. Poi si incupì. «Filomena è morta», disse.

«C'è suo figlio, Giuseppe», disse Maria.

«Ha sposato Caterina», si intromise la donna del balcone.

«Sì, ma lei non la conosce, Caterina, sono sposini freschi freschi.»

«Anche se Giuseppe ha cinquant'anni», disse uno.

«Chi ci pensava più che si sposava!» disse un altro.

Argentina si guardava intorno senza capire.

«Bisogna portarla da Giuseppe», disse Maria.

«Giuseppe ora non c'è», disse una voce maschile.

«Ma c'è Caterina», ribatté Maria.

«Caterina sarà contenta», affermò Rosa.

«Non era più tornata», disse Maria. «Dopo tutti questi anni!»

«Bisognerebbe festeggiare.»

Qualcuno applaudì.

«Ci vorrebbe la banda.»

«Bisogna parlare con il sindaco.»

«Ma ora vi fermate, vero?» chiese una donna.

Si fece silenzio. Tutti si guardarono intorno, in attesa. Argentina, che non aveva riconosciuto nessuno, nemmeno quella vecchia, ed era tanto stanca da desiderare soltanto di spegnersi, cercò Arianna con gli occhi. Arianna le fece cenno di sì con la testa, cenno che lei ripeté a beneficio di tutti. Partì un grande applauso.

«Andiamo», disse Gemma. «Andiamo a casa di Caterina, allora!»

Le due vecchine si alzarono, le sedie furono accostate alla parete e la processione riprese il suo cammino, con una formazione un po' diversa, ma molta più gente al seguito. Argentina e Rosa erano in testa, Maria e la vicina di Rosa venivano subito dietro e i ragazzini correvano felici in avanti. Mentre camminava, Arianna si voltò per cercare Seba e lo vide in fondo alla via, appoggiato a un muro, l'aria distratta. Diede di gomito a Giuliana, che però era molto coinvolta dalla manifestazione d'accoglienza del paese e stava raccontando a qualcuno come erano arrivati fin lì, e per tutta risposta la tirò per una manica.

Caterina era già stata avvisata e li aspettava sulla soglia, emozionata. Era una donna sui quarant'anni, non molto alta ma così magra da sembrare slanciata, scura di capelli e tutta vestita di bianco. Quando Maria si fece avanti e le confermò che Argentina era la cugina di Filomena, sua suocera, tornata in paese dopo un'assenza così lunga, fece tanto d'occhi e le vennero le lacrime. Le mani giunte al petto si aprirono e abbracciò Argentina come una mamma ritrovata, commossa come fosse sua parente di sangue.

«La povera Filomena», disse. «Giuseppe non aveva più nessuno, da quando è mancata la povera Filomena.»

In quel momento sembrò ad Arianna che anche Argentina si fosse commossa un po', forse perché aveva finalmente realizzato che Filomena, la cugina che doveva ritrovare, non c'era più o forse per il calore di quell'accoglienza.

Sciolto l'abbraccio, Maria presentò Giuliana, che presentò Arianna, e a quel punto Argentina prese la parola e raccontò della ragazza, che le era più cara di una nipote, e disse dei suoi amici di Roma che le avevano tanto aiutate e aggiunse di avere una figlia, Monica, e dopo altre dimostrazioni generali di giubilo, la processione si sciolse e gli ospiti furono ammessi in casa insieme a una selezionata rappresentanza di donne del paese.

Arianna raccontò del loro viaggio, del malore che aveva colto Argentina lungo la strada e di Monica che era molto arrabbiata e sarebbe arrivata l'indomani e tutti ascoltarono partecipi. Caterina propose di far chiamare Monica da Giuseppe, non appena fosse tornato, per tranquillizzarla e dirle che Argentina si trovava finalmente a casa. A queste parole i presenti si commossero ancora e risero quando sentirono Giuliana che si soffiava sonoramente il naso. Poi fu deciso che gli ospiti dovevano rifocillarsi e riposarsi e le donne se ne andarono.

«La casa è grande», disse Caterina prendendo Argentina per mano. «C'è una stanza per te. Ci stava Filomena.»

«Sei davvero gentile», rispose Argentina. «Io però non vorrei disturbare...»

«Disturbare? Non dirlo nemmeno! Giuseppe sarà al settimo cielo. Abbiamo sentito parlare di te, Filomena parlava spesso della sua cugina che se n'era andata...»

Argentina non riuscì a rispondere per il groppo che le si era formato in gola e seguì docile Caterina. Allora erano rimaste legate, in qualche modo, grazie a Filomena che raccontava di lei. Lei, invece, non solo non aveva mai portato Monica al paese, ma nemmeno le aveva mai raccontato dei suoi parenti.

«Ma bagaglio, non ne ha?» chiese Caterina ad Arianna che le accompagnava.

«Ha una valigia. È ancora in macchina.»

«Vado a prenderla io», si offrì Giuliana. «Intanto cerco Seba...»

«Arianna può stare qui, ti mettiamo in salotto, mentre a voi due, ragazzi, vi troviamo subito una sistemazione. Per mia sorella non sarà un problema. Ha due figlie grandi che sono via, all'università, in questo periodo.»

Giuliana la ringraziò e uscì, mentre Caterina cominciava a preparare la cena, aiutata da Arianna.

Dopo un'ora arrivò anche Giuseppe. Sapeva già tutto, perché era stato fermato davanti al bar, ed entrò eccitatissimo e trafelato. Caterina gli impedì di andare subito da Argentina, che si era ritirata da poco, e allora lui riversò tutta la sua gioia su Arianna stringendole le mani e facendole un sacco di complimenti. Era più basso di sua moglie e muscoloso, tanto da sembrare quadrato, i pochi capelli rasati intorno alla testa e gli occhi da bambino. Arianna ricambiò la stretta e le belle parole e si scoprì felice come non si sentiva da tempo. Pensò ai suoi genitori e le venne voglia di richiamarli subito.

«Bisogna telefonare alla figlia», disse Caterina a suo marito.

«Lei non è venuta?»

«Credo stia arrivando. Ma non era d'accordo con questo viaggio... penso ci sia qualche dissapore...»

«Ah», disse lui scacciando con una mano quella che riteneva una sciocca preoccupazione, «la chiamo io. In fondo siamo cugini, no? Domani si fa festa!»

Quando uscì dalla stanza Caterina sorrise ad Arianna.

«Lui e la famiglia!» le disse sospirando. «Non c'è niente come la famiglia per Giuseppe...» E alzando la voce per farsi sentire aggiunse: «Non disturbarla adesso! Lascia che scenda per cena!».

8.

Argentina fu svegliata dal canto del gallo e dalla fame. Si era addormentata come un sasso e non aveva sognato, ma non aveva alcun dubbio su dove si trovasse in quel momento. Fuori dalla finestrella della camera si scorgevano i tetti di Grassano e in lontananza i prati viola. Non albeggiava ancora e regnava il silenzio, rotto solo dai primi cinguettii degli uccelli. Rabbrividendo per il freddo, si aggiustò i vestiti che aveva ancora indosso, infilò dei calzettoni che qualcuno le aveva appoggiato su una sedia e scese di sotto. Una porta accostata cedette alla sua mano cigolando. Nel soggiorno semibuio vide una massa scura e sentì il respiro profondo di Arianna. Se ne uscì in punta di piedi e tentò le altre porte, trovando prima il bagno e poi la cucina.

La cucina era linda, una gran quantità di piatti lavati riposavano ad asciugare su un canovaccio, a testimonianza della cena per la quale non l'avevano svegliata. Osservò gli oggetti, uno a uno, il tagliere, la zuccheriera, la bottiglia dell'olio, li toccò alla ricerca di un'aria di famiglia e le parve di sentire qualcosa, di percepire un calore buono. Un rumore la fece voltare. Caterina, in vestaglia, le sorrideva dalla porta.

«Mattiniera?»

«Ho dormito tanto.»

«E non hai cenato, avrai molta fame...»

«Guardavo le tue cose. Hai una bella cucina. Mi piacerebbe poter rivedere ancora una volta la cucina di mia nonna, poter ricordare...»

«Allora ti faccio vedere questo. Guarda», disse Caterina, emozionata, inginocchiandosi e aprendo un'anta. «Questa cuccuma apparteneva a Filomena, e anche la pignatta là sotto, sono di Ferrandina. Io non le uso, mi sembrano troppo belle, e le tengo qui.»

Argentina prese la cuccuma nelle mani secche, l'accarezzò, la rigirò.

«Sì, ne avevamo anche noi di simili...»

Non le sembrava vero di essere lì, ne era felice, ma allo stesso tempo non provava la forte emozione che si sarebbe aspettata. Era una felicità di superficie, mentre c'era un pensiero, sotto sotto, che continuava a distrarla, qualcosa che spingeva per venire a galla, incagliato tra i sassi sul fondo. Non aveva ancora chiesto di Rocco, non aveva osato. La scatola con le lettere era di sopra, ben nascosta nella valigia che Arianna le aveva fatto trovare in camera, appoggiata su un comò, all'altezza giusta per non farle piegare la schiena. A Roma l'aveva tirata fuori per osservarla, lì non riusciva nemmeno a pensarci e rovistando tra i vestiti aveva fatto finta di non vederla. Prima o poi il momento sarebbe arrivato da solo.

Già al risveglio Arianna sentì la casa che odorava di soffritto e ragù e saltò giù dal divano letto con un enorme appetito. Trovò Caterina intenta a sbattere le uova in una grande ciotola, canticchiando; di tanto in tanto alzava il coperchio di una casseruola sul fuoco, gettava un'occhiata, rimestava rapidamente con un cucchiaio di legno e regolava la fiamma. Avanzando oltre la soglia della cucina vide anche Argentina, seduta al tavolo, che tagliava a rondelle una gran quantità di zucchine.

La accolsero festose.

«Ecco la nostra ragazza!» disse Caterina indicandole un lato del tavolo che era ancora apparecchiato per la colazione.

Su una tovaglietta americana decorata con frutta e fiori troneggiava un cestino con un croissant e fette di pane di diversi tipi, circondato da vasetti di marmellata fatta in casa, una brocca di succo di frutta, una bottiglia di latte, e poi un piatto, una tazza, un bicchiere, ogni tipo di posata, tutto pronto per una colazione sontuosa.

«Non sapevo cosa avreste gradito, ma stamattina tutti ci hanno portato qualcosa.»

«Grazie», balbettò Arianna sbalordita da tanta abbondanza.

Caterina rise alla vista della sua faccia.

«Qui la domenica è sempre festa, e oggi è festa doppia», disse. «Stiamo facendo il sugo per i maccheroni e prepariamo già le frittate. I peperoni li friggo all'ultimo, ché sono buoni belli caldi. Ti piacciono i peperoni?»

«Sì, li adoro. Ma tutto questo... per noi?» commentò Arianna.

Le due donne si guardarono e sorrisero, e Arianna notò che si era creata una bella intesa fra di loro; capì che avevano parlato di lei e invece di sentirsi imbarazzata ebbe la sensazione di trovarsi in famiglia. Si sedette e contenta si servì, con grande soddisfazione sua e delle sue benefattrici. Da quando erano partite non aveva più visto Argentina così in forma. Era bellissima, si era pettinata con cura e la sua pelle sembrava addirittura luminosa. Finito di tagliare la verdura si pulì le mani in un canovaccio e si alzò stendendo per bene la gonna che era rimasta spiegazzata.

«Arianna», disse Caterina distogliendola dall'ammirazione di quel prodigio, «accompagneresti tu Argentina alla messa?»

«Vorrei proprio andarci», disse Argentina e guardandola intensamente aggiunse: «Mi farebbe molto piacere se mi accompagnassi tu».

«Io stamattina ho troppo da fare», continuò Caterina. «Vi voglio tutti a pranzo da me, verrà mia sorella, con i due figli più piccoli, i tuoi amici, che a proposito dormono ancora...»

«Si sono stancati molto, ieri», disse Arianna.

«E tua figlia?» chiese Caterina ad Argentina. «L'hai sentita anche tu, tua figlia? Giuseppe non mi ha detto niente. Io cucino e non so mai niente. Sai a che ora arriva?»

«Nel pomeriggio», rispose lei.

«Allora per pranzo non devo contarla...» commentò Caterina mentre rovesciava le zucchine in una grossa padella.

Arianna e Argentina entrarono in chiesa a messa già iniziata. Non era la chiesa del giorno prima ma un'altra, più in alto e più importante, che Argentina chiamava la chiesa madre. Non c'era molta gente, erano soprattutto donne, e alcune panche erano vuote. Occuparono un posto in fondo cercando di non dare nell'occhio ma, nonostante i loro sforzi e la posizione defilata, Arianna ebbe per tutto il tempo l'impressione di essere osservata e additata. Salutarono Gemma e Maria da lontano e anche qualche altra faccia che ricordavano dal giorno prima, ma nessuno si avvicinò per parlare con loro. Arianna, che non ricordava di aver mai partecipato a una messa se si escludeva il funerale del nonno paterno, si distrasse subito e non seguì la cerimonia se non durante i canti, che le parvero piuttosto belli. Invece si guardò intorno, approfittando del fatto che non appena puntava gli occhi su qualcuno quello assumeva un'aria indifferente e faceva finta di niente, e cominciò a fantasticare su chi potesse essere l'autore delle lettere d'amore. Si sentiva come un antropologo in mezzo a una popolazione esotica, durante un rito pittoresco. Li fissò a lungo e ripercorse più volte tutte le file, ma nessuno corrispondeva al ritratto che si era immaginata, e comunque gli uomini anziani scarseggiavano. Anche Argentina sembrava più interessata alle facce che la circondavano che alla funzione in sé. Prima che il prete congedasse i fedeli, Argentina le toccò il braccio e indietreggiando fino al portale uscirono sulla piazza, dove qualcuno sostava a capannelli e chiacchierava.

«Pensi che fosse qui a messa?» chiese Arianna.

Non fu necessario specificare di chi stesse parlando.

«Non lo so. Non so nemmeno se l'avrei riconosciuto...» rispose Argentina.

«La casa dovrebbe essere da quella parte», disse Arianna tirando fuori dalla tasca la mappa spiegazzata.

La gente cominciava a uscire, qualcuno si fermava a parlare, altri si dirigevano lentamente verso casa. Argentina lasciò sfilare le persone, osservandole e lasciandosi guardare, salutando di tanto in tanto con cenni del capo chi sorrideva o manteneva lo sguardo fisso, come una regina a un ricevimento di palazzo. Poi si avviarono anche loro, con l'aria di chi passeggia senza meta.

«L'indirizzo è questo», disse Arianna a un certo punto fermandosi davanti a una casa giallognola di due piani, con la facciata leggermente scrostata e una macchina parcheggiata davanti.

Argentina cercò il nome della via sulla lastra di marmo, controllò il numero civico.

«Sembra proprio di sì», confermò sospirando. «Che cosa facciamo?»

«Suoniamo», suggerì Arianna stringendosi nelle spalle. «Che cosa mai potrà succedere?»

«Che ore sono?»

«Mezzogiorno.»

«È un'ora antipatica per suonare alla gente...»

«Non abbiamo molte altre possibilità.»

Argentina era pallida. Arianna le si avvicinò e le prese la mano.

La strinse.

Argentina la guardò.

«Allora d'accordo», disse.

Suonarono. Attesero qualche minuto. Dall'interno non giungeva alcun rumore. Poi una finestra si aprì al primo piano e una donna uscì sul balcone.

«Sì?» disse osservandole sospettosa.

Non era né giovane né vecchia, era vestita in modo dimesso e aveva in mano un piumino per spolverare.

Fu Arianna a parlare.

«Buongiorno signora. Scusi il disturbo. Cerchiamo Rocco Pace. Abita qui?»

«Sì», disse la donna. «Ma dovete suonare l'altro citofono. La targhetta è sbiadita... Comunque ora ci penso io. Non so se Rocco è in casa, ma di certo c'è la signora. Ve la chiamo. Aspettate un momento.»

Arianna e Argentina si scambiarono un'occhiata d'intesa. Attesero ancora, poi finalmente la porta si aprì e si trovarono davanti una signora elegante, con i capelli di un bianco splendente acconciati dietro la nuca e un delicato accenno di trucco sul viso segnato dalle rughe. Era molto bella e, sebbene i suoi occhi rivelassero un certo stupore, il suo sorriso appariva cordiale.

«Buongiorno», disse.

«Buongiorno», rispose questa volta Argentina. «Mi chiamo Argentina Montemurro. Sono tornata a Grassano dopo una lunga assenza e... Sto cercando Rocco Pace...»

«Rocco, sì, Adelina me l'ha detto. Ma prego, entrate, che maleducata che sono. È già stato avvisato e tra poco... venite, prego venite.»

Fece loro strada lungo una scala stretta e poi, attraverso una porta che era rimasta aperta al primo piano, le condusse in un ampio salone, con finestre da entrambi i lati.

«Ho sentito parlare di lei, ne parlano tutti da ieri, mi scusi se le sembro maleducata», continuò. «Io sono Angela Pace, vivo a Grassano da cinquant'anni, ormai, ma sono di Ferrandina...»

Da un angolo partiva una scala di legno e sullo stesso lato c'era una porta chiusa. La casa, che era molto calda e accogliente, nel complesso sembrava molto più moderna rispetto alla facciata. Ad Arianna fece l'impressione di un tesoro nascosto, perché guardando il palazzo da fuori non si sarebbe mai detto che potesse contenere una dimora tanto elegante. La padrona di casa le fece accomodare su un divano e si sedette di fronte a loro.

«Posso offrirvi qualcosa?»

«No, grazie», rispose Argentina. «Veramente noi... io... mi devo scusare con lei per questa improvvisata. Arrivare qui senza nemmeno avvisare...»

«Sì, ma siete state ampiamente annunciate», disse la padrona di casa sorridendo. Poi si sentì in dovere di giustificarsi. «Vede, ho incontrato Gemma stamattina e lo sta raccontando a tutti e, insomma, è una cosa così bella che tutti in paese ne parlano... Mi dispiace molto per sua cugina Filomena, non la conoscevo molto bene, ma...»

Arianna se ne stava seduta sul divano cercando di non affondare, ma era una dura battaglia, perché i cuscini erano molto soffici e avvolgenti e, benché lei cercasse di mantenersi sul bordo, non era facile non scivolare all'indietro. Le due donne parlavano e parlavano e lei seguiva con attenzione ogni loro parola.

«Questa è Arianna, che mi accompagna e per me è come una nipote», la presentò Argentina.

La signora fece un cenno del capo.

Arianna sorrise educatamente.

«Lei probabilmente ha conosciuto mio marito in passato...» disse poi la padrona di casa, ma all'improvviso fu interrotta da un rumore di passi sulle scale e tutte e tre si voltarono simultaneamente in quella direzione.

«Rocco!» esclamò allora con una leggera nota di rimprovero nella voce. «Le signore sono qui per te! Le fai aspettare!»

Arianna guardò lui, poi la donna che aveva parlato, poi di nuovo lui. Non poteva credere ai suoi occhi. Non ebbe il coraggio di guardare in faccia Argentina che, seduta di fianco a lei, non aveva fiatato. Percepiva tuttavia la presenza del suo corpo caldo come se il sangue le fosse andato in ebollizione, come se uno strano tremore si fosse impossessato di lei. Ci doveva essere un errore. Da qualche parte nell'universo c'era stato senz'altro un errore.

Davanti a lei stava un ragazzino che avrà avuto sì e no dodici anni, con i pantaloni corti grigi col risvolto e le gambe talmente magre che le ginocchia erano più larghe dei polpacci. I calzini blu si afflosciavano un po' alle caviglie e le scarpe di cuoio sembravano troppo grandi e vecchie per lui, come se la famiglia avesse conservato le cose di un bambino dell'inizio del secolo scorso prevedendo che un giorno sarebbe nato di nuovo un fanciullo di quello stampo. Sarebbe stato benissimo in una foto d'altri tempi, con quei capelli neri dai ricci impomatati e la riga tirata che gli faceva la fronte alta, le grandi orecchie a sventola e una leggera ombra di peluria sopra il labbro. Una camicia azzurrina e un gilet blu di cotone completavano il quadretto.

«...ha forse conosciuto mio marito», stava continuando la padrona di casa rivolta ad Argentina, «che era il nonno di Rocco e dal quale appunto il ragazzo ha preso il nome.»

Argentina tossì più volte. «Ecco, sì, credo di sì.»

Il ragazzo se ne stava impalato sull'attenti, pallidissimo, e guardava Argentina con aria terrorizzata. Non sembrava badare ad Arianna che, da parte sua, non riusciva a staccargli gli occhi di dosso e cercava di collegare gli indizi in suo possesso per risolvere quello che le sembrava un vero e proprio mistero. Non riusciva davvero a capire. Dopo aver sentito la voce di Argentina si decise a voltarsi verso di lei. Era leggermente impallidita, ma manteneva un certo contegno. Sorrideva ora alla padrona di casa, ora a Rocco, e quando guardava lui lo faceva con una certa intenzione, difficile da decifrare.

«Sì, credo di aver conosciuto suo marito in gioventù...» disse Argentina con cautela, come per cercare di farsi dire qualcosa di più.

«Purtroppo il mio caro marito ci ha lasciato qualche anno fa. Sono ormai quattro anni che è mancato», disse la signora abbassando lo sguardo.

«Mi dispiace molto», affermò Argentina.

La donna fece il solito cenno aristocratico del capo. «Rocco era molto legato al nonno. Ma vieni avanti, caro. La signora Argentina è venuta qui per conoscerti.»

Rocco fece due passi, come un soldatino.

«Suppongo abbia ricevuto qualche sua lettera», disse la nonna.

Argentina annuì e rivolse uno sguardo al ragazzo.

Improvvisamente Arianna capì. Ma per qualche istante si rifiutò di crederci. E si rifiutò di credere che Argentina avesse capito e se ne stesse così tranquilla. Ma era tutto vero. Ne ebbe conferma quando vide la sua dentiera brillare in un grande sorriso.

Rocco si portò il pugno alla bocca per coprirla garbatamente mentre tossicchiava, poi fece sentire la sua voce buffamente profonda e compita.

«Sì, mi pregio di avere tra i miei corrispondenti la signora Argentina», disse.

Avanzò ancora verso di loro.

Era un burattino, si disse Arianna. Pinocchio.

Poi il ragazzo prese educatamente la mano che Argentina gli porgeva e simulò un rapido baciamano.

«E questa mia giovane amica si chiama Arianna.»

Arianna cercò di non scoppiare a ridere quando l'omino ripeté la stessa cosa con lei. Si voltò allibita verso Argentina, che a questo punto aveva ritrovato il suo bel colorito e si stava chiaramente divertendo un mondo.

«Rocco ha moltissimi corrispondenti in tutta Italia», spiegò la nonna. «Ma anche in Germania e in Australia. Sono soprattutto persone che hanno lasciato Grassano, lucani sparsi per il mondo che vogliono mantenere un contatto, un legame. Gli scrivono per avere notizie, ragguagli, e lui raccoglie testimonianze, storie di vite... da grande farà lo storico», concluse seria.

«Encomiabile, davvero encomiabile», commentò Argentina.

«È una passione nata dopo che il nonno gli ha lasciato la sua biblioteca, vero caro?»

«Sì, nonna. Proprio così.»

«Devo ammettere che non mi aspettavo che fossi così giovane, mio caro Rocco», disse Argentina. «Posso chiederti quanti anni hai?»

«Quattordici, quasi. Da compiere», rispose lui arrossendo. «A settembre comincerò il liceo a Potenza.»

«Interessante. Avrai sicuramente un grande successo.»

«La ringrazio.»

Una volta stabilito che Argentina non l'avrebbe denunciato, Rocco si rilassò e cominciò a guardarsi intorno, finché i suoi occhi non incrociarono quelli di Arianna. La ragazza cercò in tutti i modi di fargli capire che sapeva tutto, e che non solo sapeva, ma disapprovava profondamente, sia il suo comportamento sia quello di Argentina, che era stata fin troppo gentile con lui. E mentre pensava queste cose si disse che forse la vecchia aveva in mente qualcosa, qualche sottile vendetta da consumare più avanti. Era difatti impensabile che lo sbugiardasse apertamente davanti alla signora, esponendosi al ridicolo con le sue stesse mani. Nel successivo sguardo che gli lanciò, ci mise tutto questo, corrugando la fronte e unendo le sopracciglia in un'espressione che voleva essere diabolica, e all'occhiataccia aggiunse anche un sorrisetto cattivo.

Rocco incassò leggermente la testa tra le spalle, segno che aveva recepito il messaggio, da ragazzo intellettualmente dotato qual era, e poi le sorrise timidamente anche lui. In quel momento Arianna realizzò che avrebbe anche potuto picchiarlo, non appena si fossero trovati soli.

«Desidera che le mostri la biblioteca?» chiese a un certo punto Rocco con spavalderia.

Era chiaro che non vedeva l'ora di liberarsi della nonna, per evitare la possibilità che ad Argentina scappasse detto qualcosa sulla natura della loro corrispondenza segreta.

«Mi piacerebbe molto, mio giovane amico», rispose Argentina, che aveva capito.

La padrona di casa si alzò, felice anche lei di mettere fine a quella visita e si scusò se non poteva accompagnarli ma, disse, doveva ormai occuparsi del pranzo. Le invitò a fermarsi e Argentina con gentilezza rifiutò, e così si salutarono.

Rocco porse il braccio alla donna e le fece cenno che dovevano salire la scala e i due si avviarono in silenzio. Arianna incredula li guardò muovere i primi passi a braccetto, la vecchia principessa capricciosa e il piccolo burattino saccente, poi li seguì.

Spuntarono in un altro salottino, più piccolo di quello sottostante, e attraverso una porta entrarono in uno studio completamente tappezzato da scaffali di libreria, a ogni altezza, anche sopra le porte e le finestre. Erano perlopiù volumi scuri, rilegati, dall'aspetto antico, ma nei ripiani più bassi c'erano anche mensole ricoperte dai dorsi colorati di libri moderni. Arianna restò per un momento senza parole. Con il collo piegato all'indietro fece vagare lo sguardo dappertutto e si godette la vista. Non il più piccolo angolino di muro era stato lasciato libero. Nel mezzo della stanza troneggiava un tavolo di legno, con qualche volume appoggiato sopra. A capotavola c'era una sedia e un po' più in là, vicino alla finestra in modo da prenderne la luce, una vecchia poltrona.

«Quella era di mio nonno», disse Rocco. «Io preferisco leggere seduto al tavolo», aggiunse.

Arianna lo squadrò dall'alto in basso con sussiego, per fargli capire che era troppo piccolo perché le sue abitudini potessero interessare a qualcuno, e scosse la testa.

Argentina si era avvicinata alla poltrona, le aveva dedicato un rapido sguardo, poi era tornata a osservare Rocco.

«E allora, dimmi, questa adesso è la tua biblioteca?»

«Esatto. Il nonno l'ha lasciata espressamente a me. Al papà non piaceva leggere...»

«Tuo papà non c'è più?» chiese Argentina.

«No, purtroppo no. E neanche la mamma», disse Rocco. «Vivo con la nonna.»

Argentina lo guardò ancora un po', poi abbassò lo sguardo e non gli chiese più niente. Guardò Arianna, che aveva incrociato le braccia e si osservava le scarpe, imbarazzata.

«Ora credo proprio che dovremmo andare», disse Argentina a sorpresa. «I miei cugini ci aspettano per pranzo. Ma noi dovremo rivederci per fare due chiacchiere, da soli», gli disse con un tono che non lasciava adito a repliche.

Arianna arrossì sentendosi di troppo.

Anche lui arrossì. «Certo, signora, lo desidero anch'io», balbettò.

«Ma non ci davamo del tu quando eravamo giovani? Dovremmo riprendere le nostre vecchie abitudini.»

Le guance del ragazzo si fecero di fuoco. «Come comanda.»

Una volta scesi di sotto, salutata di nuovo la padrona di casa, mentre Argentina si avviava già oltre la porta, Arianna si voltò indietro a guardare Rocco ancora una volta e, con sua grande sorpresa, il farabutto le rispose con una linguaccia.

Fu un pranzo allegro e rumoroso. C'era così tanta gente intorno a quella tavola che Arianna aveva l'impressione che a turno qualcuno dovesse stare sempre in piedi, e d'altra parte c'erano sempre persone che andavano e venivano dalla cucina con piatti di portata e caraffe d'acqua e di vino. Caterina aveva cucinato cose semplici ma gustosissime e la cucina si era riempita di altre casseruole e contenitori di stagnola man mano che gli ospiti erano arrivati.

Argentina, seduta tra suo cugino e la signora Rosa, sembrava felice come una bambina. Arianna la sentiva parlare e, sebbene non capisse cosa diceva, era certa che raccontasse storie di lei e Filomena, di quando erano bambine, e della loro nonna che adoravano. Giuseppe la ascoltava contento e a sua volta parlava e le riempiva il bicchiere e di tanto in tanto proponeva un brindisi o l'abbracciava commosso. All'altro capo del tavolo, Caterina e sua sorella Teresa, sempre in piedi, facevano a gara per riempire i piatti dei ragazzi, che mangiavano a quattro palmenti e commentavano ogni boccone con versi di soddisfazione. Dopo il caffè qualcuno rimase seduto a bere un bicchierino di liquore, molti si alzarono e la confusione si fece ancora più grande. Arianna raggiunse in cucina Giuliana, che stava aiutando Caterina e Teresa con i piatti.

«Posso darvi una mano anch'io?»

«No!» strillò Caterina. «Anzi», disse togliendo allegra un piatto dalle mani di Giuliana, «portati via anche lei.»

E così le due amiche si ritrovarono fuori.

«Ma Seba dov'è?» chiese Arianna.

«Si è dileguato. Troppa gente. Credo sia andato alla macchina a portare le sue cose. Non vede l'ora di partire.»

«Mi dispiace, non sono stata molto con voi, avrei voluto...»

«Ma scherzi? Hai fatto benissimo ad aiutare Argentina. Sei qui per questo. Pazzesca la cosa che mi hai raccontato. Avrei voluto esserci.»

«Pazzesco, davvero.»

«Ma hai visto com'è contenta?»

«Sì, è incredibile.»

«E tu, cosa fai adesso?»

«Dovrebbe arrivare anche mio padre, oggi.»

«Mi spiace lasciarti proprio ora.»

«Domani devi lavorare?»

«Sì, purtroppo. Potresti ripassare da Roma.»

«Al ritorno non credo, sarò con mio padre. Ma tornerò senz'altro... prestissimo.»

«Ti aspettiamo.»

«Tornerò di sicuro.»

Si abbracciarono, poi Arianna andò a cercare Sebastiano.

Lo vide che chiudeva la macchina e si fermò ad aspettarlo, ma lui, che non se n'era accorto, invece di tornare verso il paese si avviò nella direzione opposta, verso il cimitero. Arianna lo seguì. La strada si faceva più stretta, un viottolo in mezzo all'erba, e dopo aver costeggiato per un po' il muro del cimitero arrivava a un cancelletto.

Seba stava per spingere il cancello quando sentì i passi di Arianna sul ghiaino e si voltò.

Aveva la telecamera in mano.

«Volevo dare un'occhiata», disse.

«Vengo anch'io», replicò lei.

Camminarono per qualche minuto in silenzio osservando le lapidi e le croci, leggendo i nomi e le date.

«Ci saranno dei parenti di Argentina», disse Arianna.

Seba non rispose.

«Lo sai che Carlo Levi veniva qui a dipingere?» le disse dopo un po'.

«Sì, ho letto il libro, dopo che Argentina me ne ha parlato.»

«Si metteva all'ombra di una fossa.»

«L'avranno preso per pazzo.»

«Non credo. Nei paesi i cimiteri sono così accoglienti...»

«Sono luoghi di pace.»

Passeggiarono ancora tra le lapidi e i cipressi, l'unico rumore quello delle loro scarpe. Di tanto in tanto si scambiavano un sorriso. Seba fece qualche ripresa, poi abbassò la telecamera.

«Guarda», le disse, «ti faccio vedere una cosa.»

Schiacciò un tasto e quando il video partì le mise sotto il naso il piccolo schermo. Era la registrazione del momento in cui erano arrivate a Roma, la prima volta che si erano visti. Arianna avanzava veloce con la grossa valigia in mano e all'improvviso si vedeva Giuliana di schiena che le andava incontro e quasi le saltava addosso.

«No», gridò Arianna ridendo e coprendo le immagini con una mano, «non voglio vedermi, che schifo!»

«Perché? È bellissimo il vostro abbraccio...»
«Sono enorme!»
«Sei fissata con questa cosa!»
«Sono brutta, che ci posso fare?»
Seba alzò gli occhi al cielo e fece per dire qualcosa ma Arianna lo interruppe e gli mise l'indice sulla bocca.
«Non dire niente, per favore, non dire niente.»
Risero. La mano di Arianna si spostò a fargli una carezza sulla guancia mentre si guardavano negli occhi.
«Ora partirete.»
«Sì. Ma ci vedremo ancora.»
«Chissà.»
«Posso almeno dirti che hai gli occhi belli?» sussurrò lui.
Arianna sentì la gola che le si chiudeva ed ebbe voglia di fuggire. Invece annuì seria, si avvicinò e lo baciò lievemente sulla bocca. Lui abbassò gli occhi e lei restò a guardarlo qualche secondo, sentendosi all'improvviso stranamente forte e sicura di sé, nonostante le gambe le tremassero; poi si voltò e si allontanò, girandosi di tanto in tanto per salutarlo con la mano, finché non oltrepassò il cancello.

Superato il muretto restò ferma qualche istante, come avesse perso tutte le energie. Le gambe le tremavano ancora e le sembrava impossibile aver fatto quello che aveva fatto. Si mosse barcollando al pensiero che Seba forse stava tornando indietro; si sarebbe vergognata se l'avesse trovata in quello stato. Sentiva uno struggimento, tra il dolore e la felicità che, pensava, le sarebbe potuto bastare per tutta la vita. Fece addirittura un pezzo di strada di corsa, si fermò per il fiatone, si voltò indietro. Come le sarebbe piaciuto che Seba la inseguisse di corsa per stringerla, per dirle che la amava. Era una cosa impossibile, non sarebbe accaduta mai, ma lei poteva sempre sognarlo, ne aveva il diritto, e nessuno avrebbe potuto portarglielo via.

Raggiunse la porta di casa di Teresa, dove Giuliana aveva dormito e aveva ancora la sua borsa, e suonò, ma nessuno rispose. Proseguì finché non vide fuori dalla casa di Caterina un capannello di persone, mezzo dentro e mezzo fuori. C'era anche Argentina e in mezzo c'era Giuliana, che salutava, ringraziava e baciava tutti.

«Eccoti!» le disse Giuliana vedendola, «non ti trovavo più! E Seba?»

«Credo sia ancora alla macchina», disse Arianna arrossendo.

Le sembrava di avere gli occhi di tutti puntati addosso e di essere viola come una melanzana. Abbracciò Giuliana, la baciò sulle guance e questa volta si rese conto con stupore che le veniva naturale, come se il suo corpo si fosse ammorbidito.

Quando il gruppo si mosse per accompagnare Giuliana alla macchina, lo seguì. Seba era lì. Arianna se ne restò in disparte mentre tutti gli altri si salutavano ancora. Infine i suoi amici partirono e lei guardò la macchina allontanarsi e continuò a fare ciao con la mano finché non la vide sparire oltre la curva della strada provinciale. Il gruppo si incamminò di nuovo verso il paese, ma al primo incrocio Arianna prese una strada diversa e, le mani in tasca, si addentrò per stradine che non aveva ancora conosciuto.

9.

«Sai, caro, io ho una certa età», disse Argentina toccandosi appena i capelli acconciati, «e una reputazione, se capisci cosa intendo.» Lo fissò. «Dopo quello che ci siamo scritti, credo sinceramente che dovrai sposarmi per davvero. Al raggiungimento della maggiore età, naturalmente.»

Dopo aver pronunciato queste parole, Argentina sospirò e poi scoppiò in una sonora risata. Il suo corpo, disabituato all'allegria, fu sconquassato da una lunga serie di sussulti, finché il riso non degenerò in tosse e pian piano si calmò. La donna si asciugò le lacrime con le mani secche.

«Ah, dovevi vedere la tua faccia!»

Solo allora Rocco riprese a respirare e si lasciò andare a una breve risata nervosa. «Macché, l'avevo capito che scherzavi.» Con gesti cerimoniosi e impacciati, tirò fuori un fazzoletto bianco piegato e stirato e glielo porse.

«La galanteria non ti manca», disse lei prendendolo.

Si tamponò gli occhi e si guardò intorno. Anche lei aveva giocato per quelle vie e in quei prati, proprio come lui.

«E dimmi, che cosa fa un giovane gentiluomo come te in quella grande casa tutto il giorno?»

«Be', passo la mattina a scuola. Poi quando sono a casa leggo molto. Una volta giocavo con Marcello, il figlio del contadino. È di famiglia, eravamo come fratelli, ma ora... non so, non andiamo più d'accordo. Lui vuole lavorare, studiare non gli interessa e facciamo fatica a stare insieme. Io passeggio. Mi piace star da solo...»

«E scrivi tante lettere.»

«Oh, sì.»

«E hai molte corrispondenti, se posso permettermi?»

«Sì, molte. Molti a dire la verità. Ci sono maschi e femmine. C'è una famiglia che vive in Germania e vuole avere notizie... Lui fa il gelataio. A volte mi scrive il marito, a volte la moglie. Poi c'è il signor Luccoli che è emigrato in Canada molti anni fa. C'è Sofia, di Roma, l'ho conosciuta al mare. E poi c'era Eleonora, una mia compagna delle elementari che è andata a vivere a Torino, ma non mi scrive più. Ma a nessuno scrivo lettere come le tue...»

«Questo mi rincuora molto.»

«E c'è il signor Marino che è emigrato a Monaco di Baviera. Lui ha un ristorante. Vuole che gli scriva tutto quello che succede qui. Gli mando anche dei ritagli di giornale e lo tengo informato. Credo che soffra di nostalgia.»

«Eh, sì, è facile», disse Argentina. «Quando si parte...»

Restarono in silenzio, seduti sulla panchina.

«C'era già il vecchio olivo spezzato, quando sei partita?»

«Un olivo spezzato? Non saprei, olivi ce ne sono sempre stati molti.»

«Questo si è diviso in due, forse per un fulmine, e ha fatto due alberi.»

«Credo di no.»

«Ma è molto vecchio...»

«Anch'io sono molto vecchia, mio caro...»

«Ma cosa dici! Non volevo dire questo...»

«Lo so, lo so. Ma è la verità.»

Argentina sentiva le palpebre che si facevano sempre più pesanti e percepiva nel suo giovane amico la voglia di muoversi. «Temo di non poterti seguire. Mi farai vedere l'albero un'altra volta. Sono molto stanca e devo chiederti di lasciarmi sola. Vorrei riposare un po' e questa panchina è perfetta, con questa bella vista e il silenzio che c'è qui.»

Dove la strada digradava verso il prato, nella direzione opposta a quella da cui erano giunti a Grassano, un muro fungeva da parapetto e oltre si stendeva un paesaggio infinito. Si vedevano campi quadrettati, gialli e verdi, e in lontananza delle alture azzurrine che si confondevano con le nuvole e il cielo. Sulla sinistra spuntava una torretta.

Arianna notò una figurina smilza, che camminava poco davanti a lei, con un bastone in mano, e a tratti picchiava contro il muro creando piccoli crolli di terra e polvere. A un certo punto si inginocchiò per osservare qualcosa, infilò il bastone in un buco tra le pietre e si sporse avanti per vedere meglio, e così Arianna ne riconobbe il profilo, la grossa montatura degli occhiali, la fronte rotonda, i capelli impomatati, la bocca carnosa. Allungò il passo per raggiungerlo e in un baleno la sua ombra gli fu addosso.

Rocco sollevò la testa ed ebbe un sussulto.

«Ciao», sibilò lei cercando di assumere un tono minaccioso.

Rocco, ripresosi dallo spavento, si alzò. Tentava di dissimulare con l'espressione grave e il portamento la sua faccia da bambino, ma nonostante gli sforzi continuava a essere più basso di lei.

«Ti ho fatto paura?» chiese compiaciuta.

«No. Hai solo fatto scappare la lucertola», rispose lui scrollando le spalle.

Riprese a camminare e picchiare con il bastone e Arianna gli stette al fianco. Raggiunsero la curva senza dire una parola, poi dove il muretto finiva Rocco si sedette e Arianna gli si piazzò davanti a gambe divaricate e braccia conserte.

«Ma che ti è saltato in mente di fare una cosa del genere?» gli disse.

Lui continuò a giocherellare con il bastone senza rispondere, finché Arianna non glielo strappò di mano e lo scagliò di sotto, oltre il muretto.

«Ma sei scema? Lì passa la strada!»

Insieme si sporsero a guardare di sotto. Non c'era nessuno. Il bastone era già rimbalzato via, senza fare danni.

«Non si tirano i bastoni.»

«E che ne so, io.» Arianna rise. Sentì che la rabbia che le era montata addosso era sbollita, lanciata via insieme a quello stupido ramo. «Allora?»

«Cosa vuoi?»

«Le lettere! Come ti sei permesso di farti passare per tuo nonno?»

Rocco abbassò il capo di scatto, come se fino a quel momento non fosse stato certo che Arianna sapesse, poi alzò gli occhioni verso di lei con aria colpevole. «Ma tu sei sua nipote?»

«No.»

«E perché ti interessa tanto, allora?»

«Ma sentilo, questo! Trova ancora da ridire. A me! Non cambiare discorso. Mi vuoi rispondere?»

Rocco attraversò la strada e sul ciglio raccolse un altro bastone, più grosso del primo, e cominciò a batterlo sull'asfalto come per saggiarlo. Poi tornò da lei. Riprese a tormentare il muretto.

Una macchina salì verso di loro, la guardarono affrontare la curva e poi allontanarsi verso il paese.

«Volevo essere gentile. Farle piacere.»

Di fronte a una verità tanto semplice Arianna non seppe cosa replicare. Ma ormai lui si era aperto come una fontana e aveva voglia di raccontarle tutto. Sospirò, sbuffò e si tolse gli occhiali. Arianna temette che potesse mettersi a piangere come un bimbetto. Ma non lo fece. Era solo costernato. Con gli occhiali in mano sembrava un avvocato che si preparasse a fare un'arringa disperata. Quando lui si calmò e si sedette sul muretto, lo imitò.

«Il postino mi ha portato una lettera, credendo che fosse per me. Di Rocco Pace ci sono solo io, adesso, e di lettere ne ricevo tante.» Posò il bastone e si sfregò le mani. «Sono rimasto allibito. Non che ci capissi molto, ma ho capito subito che era indirizzata a mio nonno. Ho deciso di non farci niente. L'ho nascosta. Poi ne è arrivata un'altra...»

Arianna prese il bastone e Rocco si interruppe guardandola allarmato. Lei lo posò e lui, sollevato, riprese a parlare.

«Anche lì non ho fatto niente. Poi alla terza... Mi dispiaceva che nessuno le rispondesse, sembrava così triste! E poi mi sono limitato a raccontarle cosa succedeva in paese, come faccio con gli altri...»

Arianna gli lanciò un'occhiata obliqua, che piano piano si allargò in un sorriso di scherno.

Rocco trasalì. «Le hai lette?»

Arianna annuì e ammiccò.

Scoppiarono a ridere.

«Che vergogna!»

«Carine, però...»

«Come facevo a immaginare che venisse fin qui per conoscermi?»

«Veramente, lei pensava di conoscerti già...»

Risero ancora.

Poi Rocco diventò improvvisamente serio. «Se l'è presa tanto?»

«No, per niente, mi pare. Non ne abbiamo parlato. Ci stanno tutti addosso, felici che sia tornata. Non capisco perché l'abbia presa così bene. Io ti avrei strozzato.»

«Ma tu non c'entri. E poi non ho ancora capito chi sei.»

«Sono una sua amica.»

«Siete una strana coppia davvero.»

«Senti chi parla!» sbottò lei. «Sarete una bella coppia voi due!»

Risero fino a farsi venire mal di pancia e Rocco si tolse di nuovo gli occhiali per asciugarsi le lacrime con il lembo della camicia. Sulla pancia magrissima spuntò un piccolo ombelico a forma di tortellino.

«Io ora devo andare a casa», disse lui improvvisamente.

Le raccontò che doveva per forza rientrare per fare merenda, perché sua nonna aveva stabilito che era troppo magro e aveva approntato un piano per farlo ingrassare. Era supportata dal parere del pediatra, che tuttavia secondo lui si piegava troppo facilmente a ogni suo volere.

«Hai ancora il pediatra!» lo schernì lei.

«Ancora per poco!»

«Con le lettere che scrivi, dovrebbero mandarti dallo psichiatra.»

Oltre ai pasti canonici era obbligato a consumare una serie di spuntini, dei quali la merenda pomeridiana era il più consistente, e la nonna controllava che mangiasse sempre tutto fino all'ultima briciola.

«E comunque, qualunque cosa mangi non ingrasso di un grammo.»

«Beato te!»

«Perché?»

«Come perché? Non mi vedi?» disse Arianna balzando in piedi. «Io ingrasso solo a guardarlo, il cibo!»

«Ah.»

Rocco si allontanò di un passo e la squadrò perplesso da capo a piedi.

«Mi piacerebbe avere un bell'ombelico come il tuo», disse lei. «Il mio è affossato in questo grosso rotolo.»

«Fa' vedere!»

«Ehi! Non si chiedono queste cose a una ragazza!»

«Scusa, non mi ero accorto che eri... cioè non ci pensavo... che eri una ragazza.»

Arianna gli corse dietro, Rocco scappò, ma subito si fece raggiungere e ridendo lei gli diede uno spintone che quasi lo fece cadere in terra. Poi ripresero a camminare verso il paese.

«Mi accompagni a fare merenda?»

Arianna declinò l'invito. «Non posso guardarti che ti ingozzi come un maiale, ingrasserei al posto tuo... e poi mi staranno cercando.»

«Ci rivediamo?»

«Non lo so. Oggi dovrebbe arrivare mio padre.»

«Ah.»

«Comunque, se parto passo a salutarti.»

Si separarono nel punto in cui si erano incontrati e Arianna si affrettò verso la casa di Caterina. Arrivata in cima al paese, nei pressi della chiesa, attraverso il giro tortuoso che aveva percorso all'andata, prese la via che portava alle case e vide due sagome stagliarsi in fondo alla strada, in basso, due ombre alte e sottili, inconfondibili, che avanzavano con passo incerto, quasi danzante.

«Mamma! Papà!» urlò.

I due si arrestarono.

Cristian alzò un braccio in segno di saluto.

Fu un attimo e Arianna, senza pensarci due volte, si gettò a precipizio giù dalla discesa. Le gambe mulinavano da sole senza che lei dovesse imprimere loro alcuna forza ed era il suo stesso peso a trascinarla. Man mano che prendeva velocità si rendeva conto che alla fine avrebbe dovuto frenare in qualche modo e che non sarebbe stato facile. Ebbe paura di inciampare, di fare un disastro, e mentre si avvicinava riuscì a leggere la stessa paura negli occhi di sua madre, ora che le figure scure avevano preso colore e poteva distinguerle chiaramente.

Silvia si fece di lato, mise le mani davanti alla bocca, per scongiurare il danno, ma suo padre, invece, all'improvviso si parò in mezzo alla strada e allargò le braccia, con una specie di sorriso terrorizzato sulla faccia. Arianna gli piombò addosso come un meteorite, l'impatto fu violento, lui l'abbracciò, fu costretto a indietreggiare, ma resse il colpo.

«Papà!»

«Arianna!»

Si avvicinò anche la madre e si unì all'abbraccio. Arianna sentì la sua carezza sulla testa.

Quando la ragazza ebbe ripreso fiato, si staccarono e si guardarono in faccia.

«Ma in che guaio ti sei...» attaccò sua madre, ma un'occhiata del marito bloccò la ramanzina sul nascere.

«Siete venuti!» disse Arianna.

«Certo che siamo venuti.»

«Siamo venuti a prenderti...» disse sua madre un po' incerta, un po' spaventata, come fosse una domanda, una preghiera che le rivolgeva.

Arianna annuì. «E Argentina?»

«È arrivata anche Monica. Non l'hai vista?»

«No. Mi sono tenuta alla larga. Avevo paura di incontrarla.»

«Era arrabbiata, ma le ho promesso di sistemarti io...» disse sua madre.

Arianna la guardò a bocca aperta ma Silvia sorrise. «Comunque adesso avrà altro per la testa. Quando siamo usciti, stava parlando con Argentina.»

Arianna, le mani nelle tasche della tuta, saltellò da un piede all'altro. «Avete visto che bello qui?»

«Sì, è molto bello», disse suo padre. «Facci vedere qualcosa.»

«Avete già conosciuto Caterina e Giuseppe? Sono simpatici, vero? Vi hanno già trovato un posto per dormire...» Arianna colse uno sguardo tra i suoi e si interruppe. «Non vorrete partire subito subito?»

«Subito subito, no», disse sua madre. «Però...»

«Siamo stati in macchina tutto il giorno...» disse Cristian. «E per domani ci siamo presi un giorno di ferie.»

«Potremmo partire domani», propose Arianna.

I suoi si guardarono.

«Vediamo», disse Silvia.

«Vediamo», ripeté Cristian, prendendole tutte e due sotto braccio.

10.

«Sono in cucina», bisbigliò Caterina ad Arianna, aprendole la porta. Con la testa le fece cenno di entrare.

«Ma non voglio disturbarle.»

«No, no, hanno già parlato. Ora se ne stanno lì zitte. Fai bene ad andare. Ad Argentina farà piacere.»

Arianna entrò. Si era svegliata presto, quella mattina, aveva fatto colazione e adesso in quella casa ritrovava già i profumi del pranzo, l'odore del sugo, dell'agnello, del vino cotto.

I suoi genitori erano ancora a casa di Teresa, dove tutti e tre avevano passato la notte.

«Partiamo stamattina.»

«Lo so», disse Caterina. «Dai, ora vai di là. Non farmi piangere.»

Aprì la porta della cucina e le vide.

Monica e Argentina erano sedute al tavolo, in silenzio, una da una parte e una dall'altra, le mani in vista, Monica sul tavolo, Argentina abbandonate in grembo. Monica era pallida, aveva gli occhi gonfi, forse era la stanchezza, forse aveva pianto. Stringeva un fazzoletto in mano e la giacca scura del tailleur le dava una triste aria da lutto. Anche la pettinatura sembrava meno gonfia del solito. Argentina invece aveva il volto rilassato, sereno.

Arianna capì subito che gliel'aveva detto, e l'aveva spuntata. Probabilmente avevano discusso, Monica aveva provato a protestare, ma non c'era stato niente da fare. Lo vedeva da come Argentina sorrideva, la dentiera al suo posto, le spalle dritte, l'acconciatura perfetta.

«Buongiorno», disse Arianna. «Disturbo?»

«Ciao», disse Monica, come svegliandosi da un lungo sonno.

Non si erano ancora incontrate, Arianna l'aveva evitata per tutta la sera precedente. Ma Monica non sembrava arrabbiata con lei. Si alzò e uscì dalla cucina senza dire altro.

«Vieni», la invitò Argentina, «vieni. Abbiamo finito.»

«Noi siamo in partenza...» disse Arianna cercando di sembrare allegra, ma in quel momento sentì che le lacrime salivano su come un fiume in piena e ne fu travolta. L'inondazione fu tanto violenta che le scappò da ridere, perché proprio non riusciva a fermarsi, e i singulti del riso e del pianto si confusero in un'unica serie di singhiozzi.

«Ma che fai!» Argentina si alzò, prese della carta da cucina da una credenza e gliela porse.

Arianna si soffiò il naso rumorosamente e vide Argentina che si asciugava una lacrima fugace.

«Non devi piangere», le disse la vecchia. «Ci rivedremo presto.»

Arianna la guardò con aria interrogativa.

«Verrai a trovarmi, no?»

«Oh, certo, certo», si affrettò a rispondere.

Si abbracciarono. Arianna strinse quel corpo sottile tra le sue braccia e lo sentì forte, percepì la presa delle mani dietro alla schiena e ne fu rassicurata. Quando si separarono, Argentina le fece segno di andar via in fretta e Arianna l'accontentò. Solo sulla porta si voltò ancora e le fece ciao con le dita.

Dietro la porta la aspettava Caterina, con un pacco in mano. «Questo è per il viaggio, così, se avete voglia di mangiare qualcosina...»

«Grazie, ma non dovevi... ti sei messa a lavorare per noi...» disse Arianna prendendo tra le mani il sacco di plastica, che emanava calore ed effluvi squisiti attraverso i vari strati di carta da pane che avvolgevano chissà quali delizie.

«Non potete partire senza niente da mangiare! E per andare a Milano, poi! Quando le rimangi queste cose buone?»

«Questo è vero», convenne Arianna. «Grazie.» La baciò sulle guance. «Grazie di tutto.»

«E non preoccuparti per lei. Starà benissimo, qui.»
«Lo so.»

L'ultimo saluto fu per Rocco.
«Lei resta», gli disse.
Lui annuì serio.
«La lascio in buone mani.»
Si baciarono sulle guance, imbarazzati, come due vecchi compagni di scuola che non sanno più quale sia il grado di confidenza che si possono permettere.
Arianna raggiunse i suoi genitori e insieme andarono verso la macchina.
Sentì che Rocco la chiamava e si voltò.
«Ti scrivo!» le urlò.
«Aspetto!» disse lei.
E si chiese che cosa potessero pensare i suoi del rossore che aveva sentito salire al volto.

Argentina era tornata alla panchina di corso Umberto dove il giorno prima si era data appuntamento con Rocco. Era un bel posticino per fermarsi, con una splendida vista. La pietra era un po' fredda sotto le gambe, ma questa volta era stata previdente e aveva chiesto un cuscino a Caterina.
Quello era il suo posto, ora. La sua panchina. Il suo paese. Non era stata una decisione difficile da prendere, semplicemente non c'erano altre possibilità. Giuseppe e Caterina non avevano dovuto insistere molto per convincerla. Era la cosa giusta da fare. Fermati un po', le avevano detto. Mi fermo un po', aveva pensato. Che cosa potesse significare «un po'» nella sua vita era complicato da esprimere, molto più rassicurante era concentrarsi sull'idea del fermarsi.
Aveva scritto a Rocco sperando che fosse ancora vivo e suo nipote le aveva risposto per farla contenta. Quando se l'era visto comparire davanti, come un uccellino spiumato, ci aveva messo qualche secondo a capire, ma nemmeno per un istante si era sentita raggirata. Era sollievo quello che aveva

provato, e gratitudine, e un incredibile senso di pace. In fondo nessuno era mai stato con lei più sincero e amabile di così. Con la sua gentilezza l'aveva riportata a casa.

Quando aveva comunicato a sua figlia la decisione di fermarsi al paese, Monica aveva pianto, si era sentita abbandonata, e questo le aveva fatto male. Al telefono era sembrata furiosa, ma non appena si erano viste, a casa di Caterina, la rabbia si era sciolta in lacrime. Si era preoccupata davvero, e ora che l'aveva raggiunta le era toccato assorbire la sua decisione di non ripartire con lei. Ma se ne sarebbe fatta una ragione. Era grande e avrebbe capito che l'ultimo sentiero si imbocca da soli, a costo di sembrare egoisti. Povera Monica. Con lei aveva sbagliato tante cose, e forse non c'era rimedio. Ma aveva pur sempre tanto da raccontarle, se Monica avesse voluto. In quello spazio aperto, dove niente si intrometteva tra il cielo e la terra, i ricordi cominciavano di nuovo a zampillare, come sorgenti d'acqua fresca.

Se le avessero detto che quella panchina si trovava al centro dell'universo, non si sarebbe stupita. Il cielo e il verde si stendevano in tutte le direzioni, a perdita d'occhio, verso l'infinito. Argentina si riempì le pupille di quei colori e serrò le palpebre. Che silenzio, che pace.

Che silenzio. Che pace. Il tempo si allarga come l'orizzonte e Argentina aspetta, aspetta, ma non succede niente. Forse è arrivata la fine del mondo, sarebbe bello se la fine del mondo fosse questa quiete, questa assenza di dolore, questa calma. Apre gli occhi e tutto è immobile, come prima. Li richiude. Il tempo continua a non passare. Improvvisamente le sembra di sentire una voce in lontananza, ha un accento familiare, un po' brusco, per natura, anche se vuole essere dolce.

Che fai, non dormi? Le sussurra. Ancora non sogni? Dormi, dormi, che altrimenti non puoi sognare. *Famm' la ninn' e famm' la nonn'*, canta, *la vera mamma tua iè la Madonn'. Ninno o, ninno o. Famm' la ninn' e famm' la nonn', fatt' vinì subb't lu sonn'...*

La nonna le ha messo il miele sulle labbra col dito, per farle fare i sogni più dolci. La lingua lo cerca, piano, per non farsi vedere, che è meglio far finta di dormire già. Poi qualcosa si muove, qualcosa sul suo volto, leggero, fa il solletico, scende verso la sua bocca, forse è la formica che ha trovato la via del miele. La nonna non c'è più, altrimenti se ne accorgerebbe. Argentina allunga di nuovo la lingua per sentire il dolce, ecco che arriva anche la formichina, e invece viene sorpresa dal gusto salato di una lacrima che è rotolata giù. Seduta sulla panchina, alza la mano dal grembo, asciuga la lacrima e piano piano si addormenta davvero, ma la mano resta lì, sulla bocca, casomai i suoi sogni fossero tanto belli da farla sorridere.

Ieri, al rosario, mi sono tenuta un po' in disparte. Ho pianto molto. È stato Rocco ad accompagnarmi a casa dei parenti di Argentina. Mi hanno accolto con il solito calore. Caterina mi ha abbracciato forte, Giuseppe mi ha stretto le mani tra le sue, commosso. C'era molta gente, ha partecipato tutto il paese.

Ho visto Monica, vestita di nero, chiaramente a disagio in mezzo a quei cugini che non ha mai frequentato. Non mi ha salutato. Credo non mi abbia mai perdonato, anche se sono passati due anni, o forse, come dice Rocco, che è saggio, non mi ha riconosciuto. Non lo so, ho i capelli più scuri e sono diversa, ma per quanto sia dimagrita sono sempre piuttosto ingombrante.

Pazienza. Alla fine, la cosa importante è che sono riuscita a vedere Argentina, superando la paura. Caterina ha insistito tanto fino a convincermi. Poi te ne pentiresti, mi ha detto, credimi, io ne ho già passate di cose come questa. Avevo paura che mi facesse impressione, non avevo mai visto un morto e non volevo che la prima fosse proprio lei. Volevo ricordarmela com'era quando l'avevo incontrata l'ultima volta, che rideva. Comunque ho deciso di fidarmi, e ho fatto bene. Argentina era immobile, serena, come quando si perdeva nei suoi pensieri. E ora me la ricorderò così, persa nei suoi pensieri per sempre.

Dopo il rosario siamo andati a casa di Rocco. Mi ha portato in camera sua e mi ha mostrato la scatola. Era là, con tutte le lettere dentro. Sapevamo cosa fare, Argentina se l'era fatto promettere. Ci siamo allontanati lungo la provinciale, verso il fondovalle. Ci siamo addentrati in un campo incolto, lontano dagli alberi, e Rocco mi ha mostrato come si preparano le pietre per un fuoco. Si è acceso una sigaretta e poi con l'accendino abbiamo bruciato le prime, le abbiamo guardate crepitare, accartocciarsi e infine le abbiamo gettate tutte nel falò.

«Guarda nel fumo, lo vedi, che sorge e s'innalza?»

«Che cosa?» gli ho chiesto.

«Il genio, il genio della pura bellezza.»

«Tu sei matto», gli ho detto. Ma avrei voluto dirgli: sei tu, sei tu il genio della pura bellezza.

«Ti ricordi la poesia?»

«Come dimenticarla.»

Argentina gli aveva parlato di una poesia di Puškin, che aveva ascoltato insieme a suo nonno il giorno che se n'era innamorata, e lui s'era dannato per capire quale fosse, per trovarla. Gliene aveva spedito una, bellissima, ma non era quella giusta.

Alla fine abbiamo sparpagliato le ceneri con un bastone, le abbiamo coperte bene con la terra e calpestate fino ad assicurarci che fosse tutto spento. Poi ce ne siamo tornati al paese, facendo un giro lunghissimo che conosceva lui. È diventato più alto di me, Rocco, e parlare con lui mi fa stare davvero bene. Ha voluto che tenessi io la scatola. Per le mie lettere d'amore, ha detto ridendo.

Le uniche lettere che possiedo sono le sue, e non parlano d'amore. Storie d'amore ne ho avuta una, con Seba, l'anno scorso, e lettere non me ne ha lasciate. Solo molta delusione e qualche chilo in meno. L'ho lasciato io, dopo sei mesi, dopo averlo aspettato tanto. Ma mi sono resa conto che volevo qualcosa di più, che volevo una realtà che assomigliasse di più alla mia immaginazione. Anche se la grandezza dei miei desideri a volte mi fa paura, non voglio accontentarmi. Il futuro è uno spazio vuoto e immenso, il cielo della notte è pieno di stelle che devono ancora cadere.

Ma sto divagando, come sempre.

Oggi, al funerale, ho provato una grande tristezza, ma lentamente, quando siamo usciti dalla chiesa e ci siamo diretti verso il cimitero, l'ho sentita trasformarsi in un sentimento pieno, ricco, come fosse l'altra faccia della felicità.

Mi guardo intorno e tutto mi sembra essere di una straordinaria bellezza. Mi sento bene e sono contenta che ci sia Rocco, perché a lui posso confessarlo sapendo che capirà esattamente di cosa sto parlando. Lui mi guarda e sorride, abbassando la fronte per non farsi vedere.

A un certo punto, al cimitero, quando la gente si ferma, sparpagliandosi fra i vialetti di ghiaia, lui mi fa un cenno e capisco che è arrivato il momento. Si fa avanti, si porta nei pressi del loculo che aspetta la bara ed estrae il libro da sotto il cappotto. Lo apre tenendolo con una sola mano, e con l'altra protegge la bocca mentre arrossisce e si schiarisce la voce. Chi gli sta intorno lo guarda con curiosità, poi la voce corre e la gente smette di parlare e gli si fa intorno. Il prete, forse abituato alle sue stramberie, forse avvisato, lo lascia fare e allora tutti restano in ascolto. Prima di iniziare a leggere, Rocco mi scocca un'occhiata maliziosa.

«*Egli è morto, come il piacere, / come un gaio sogno d'amore*», declama, ma deve fermarsi: è emozionato o forse gli scappa da ridere, in ogni caso deve trattenersi, non può ridere adesso, perché, diamine, è pur sempre un funerale. Cerco di non guardarlo. Cerco di immaginarmi quando ne hanno parlato, lui e Argentina, il momento in cui si sono messi d'accordo e di chi sia stata l'idea, e se ne hanno riso insieme.

Eccola, la poesia di Puškin, quella giusta. Non l'ho mai letta, né sentita. Ma l'hanno trovata, alla fine.

Mortale, è l'immagine della tua vita:
carpisci la fugace gioia;
prenditi il piacere, il piacere;
versa più spesso la coppa;
struggiti per l'irruente passione,
e sospira davanti al vino!

Il prete sembra interdetto, ma non interviene, non dirà niente. Qualcuno mormora. Ci sono i familiari di Argentina a capo chino. La nonna di Rocco scuote la testa. Monica, un po' in disparte, sbircia il cellulare.

Ormai Rocco ha finito. Ci scambiamo un'occhiata. E in quello sguardo c'è tutto. Mi vengono alla mente le parole di Argentina, quando mi diceva, è tra gli occhi e ciò che guardano che si annida la bellezza.

Vorrei che Argentina ci vedesse ora.

Non mi sono mai sentita così bella.

RINGRAZIAMENTI

La scrittura è un'avventura solitaria, ma pubblicare un libro è un lavoro di squadra. Vorrei ringraziare tutto il meraviglioso staff di Garzanti, e in particolare Elisabetta Migliavada, direttore della narrativa, per il suo entusiasmo e la sua professionalità. Grazie inoltre a Maria Cristina Guerra, agente e amica, e Serena Battista di Thèsis Contents. Grazie ad Andrea Campora, perché senza di lui non combinerei nulla.

Infine, per i ricordi di Argentina devo molto a un libro, che mi ha guidato a Grassano nel tempo e nello spazio: *Grassano, ieri* di Domenico Bolettieri, Edizioni Il Campano.

Questo romanzo è dedicato a Kathrin e a tutte le mie amiche.

Dove è nata l'ispirazione per scrivere Ogni giorno come fossi bambina?

Faccio molta fatica a collegare i miei romanzi a fatti e persone della vita reale, perché per scrivere storie prendo spunto dal mondo immaginario nel quale mi trovo immersa da sempre, fin da quand'ero bambina, come fosse una stanza segreta in soffitta piena di cose fantastiche. Certo, probabilmente tutto ciò che arriva in soffitta è passato prima dalla mia vita, ma spesso non me ne sono accorta. E allora apro i bauli e scopro oggetti e personaggi, luoghi e storie che mi sembrano saltati fuori da chissà dove.

Ecco, a pensarci bene, Argentina assomiglia un pochino (solo un pochino) a mia nonna, che amava raccontare aneddoti della sua gioventù e quando parlava di quel periodo della sua vita si illuminava tutta, si ricordava della propria bellezza e sfoderava un certo caratterino impertinente. E Arianna, che vuole scrivere e legge tantissimo, mi ricorda qualcuno... Io alla sua età mi sentivo a disagio, proprio come lei, ma per motivi molto diversi. Insomma, è troppo difficile capire come nascono le mie storie: le trovo qui, nella mia soffitta, e poi le sviluppo, le intreccio, le lascio andare e le riprendo.

Ho cominciato a immaginare e costruire storie da piccolissima, la sera, prima di addormentarmi, per vincere la paura del buio. Le vedevo chiaramente, come fossero film, e le ripetevo all'infinito, le stesse scene, sempre più precise ed emozionanti, e poi nel tempo le variavo e le sviluppavo, soprattutto nei dialoghi. All'epoca non avevo bisogno di scrivere: le sapevo a memoria. Di giorno, poi, tenevo dei diari, nei quali scrivevo poco, e leggevo tanto, di tutto. Finché un giorno, da adulta, mi sono sentita pronta e ho iniziato a scrivere. La stanza è sempre lì, anche se non è più segreta, perché ho capito che è bello condividere i suoi doni con gli altri.

Uno dei significati del libro è che non è mai troppo tardi per sentirsi vivi. Argentina nonostante l'età non vuole smettere di provare emozioni e Arianna sta imparando a gestirle. Il romanzo insegna che a volte basta lasciarsi andare, abbattere le barriere, rischiare. Crede sia possibile?

Non solo credo sia possibile, credo sia indispensabile per dare un senso alla vita. Arianna sta diventando una donna adulta e nella nostra società crescere significa, tra le altre cose, imparare a gestire le emozioni. Diventando grandi costruiamo barriere che ci aiutano a definire la nostra identità, apprendiamo i linguaggi, le convenzioni e le regole che ci aiutano a muoverci nel mondo in mezzo agli altri senza creare continui conflitti e stabilendo il nostro spazio vitale. Tuttavia, mentre impariamo a comportarci nel modo giusto, nello stesso tempo perdiamo qualcosa, cioè quella spontaneità che avevamo da bambini, quella istintiva aderenza alla verità delle nostre emozioni che ci faceva essere sinceri a qualunque costo. Lasciarsi andare significa proprio recuperare quell'originaria purezza, tornare a essere, per un istante, trasparenti e riuscire a mostrarsi agli altri per come siamo davvero. Argentina ha vissuto tutta la vita secondo le regole e per il bene della sua famiglia ha accettato di buon grado di mettere da parte le proprie emozioni. A un certo punto si rende conto di avere la grande occasione di fare qualcosa di buono per sé: non può più far male a nessuno mostrando i propri sentimenti, mentre di certo può fare molto per la propria felicità. Arianna sembra caduta dal cielo proprio per aiutarla. Le due donne capiscono ben presto che possono aprirsi l'una con l'altra, e in questo modo sostenersi a vicenda mentre si aprono al mondo. È un rischio, perché aprendosi agli altri si diventa fragili come lo sono i bambini. Ma è un rischio che vale la pena di correre.

Arianna è una ragazzina insicura che non riesce a trovare un dialogo con i suoi genitori o con i suoi compagni. Grazie ad Argentina scopre che la bellezza e la fiducia in sé stessi derivano da cose più profonde, non solo dall'apparenza. Lei crede sia davvero così?

Non credo che si tratti di una differenza tra superficie e profondità, o della contrapposizione tra apparenza e realtà. Parliamo di bellezza esteriore e di bellezza interiore, come se la persona potesse dividersi in due... Pensiamo alla situazione assurda in cui si trovano le ragazze che partecipano a un concorso di bellezza: da una parte c'è un modello al quale devono corrispondere, con tanto di misure perfette, come se fossero nient'altro che oggetti; dall'altra qualcuno protesta (le ragazze non sono oggetti, sanno anche parlare!) e allora bisogna mostrare alla giuria che effettivamente, sì, sanno anche parlare e, incredibile, qualcuna sembra persino intelligente. A quel punto la frittata è fatta, il senso del ridicolo si è smarrito. La bellezza non è legata solo alla vista, ma a tutti i sensi, e non solo ai cinque che impariamo a scuola, ma alla sensibilità nel suo complesso che è molto più vasta. Gli adolescenti come Arianna, irretiti dalla pubblicità che li vuole plasmare come consumatori, inseguono modelli di bellezza fisica irraggiungibili e insensati; chi cerca di fermare questa tendenza spesso nega l'importanza della bellezza fisica e quindi del corpo, facendo danni ancora peggiori. Arianna troverà fiducia in sé stessa e scoprirà la bellezza quando abbatterà le barriere tra sé e gli altri e si accorgerà finalmente di essere una persona, con tutte le sue contraddizioni e complessità.

Per Arianna i libri sono come un rifugio da un mondo che sembra non capirla. Secondo lei i libri hanno questo potere?

I libri hanno un enorme potere, non solo come rifugio dal mondo ma anche come moltiplicatori della realtà. Nella lettura ci possiamo ritirare quando abbiamo bisogno di staccarci per qualche ora dalla frenesia della vita, oppure possiamo nasconderci, come fa Arianna quando tutto intorno a lei sembra farsi difficile; nello stesso tempo, però, quando riemergiamo dal mondo interiore che la lettura ci aiuta a costruire siamo più forti, abbiamo più mezzi per capire e per agire. Quel rifugio che i libri ci offrono, caldo e rassicurante, è anche lo spazio dove possiamo fare manovra quando dobbiamo muoverci nel mondo. Più grande e curato è quello spazio, più facile sarà vivere insieme agli altri. Nonostante tutti i discorsi che si fanno sull'importanza della lettura, esiste ancora un forte pregiudizio nei confronti di chi legge tanto, come se si trattasse di potenziali emarginati, gente con la testa fra le nuvole. Conosco genitori che si preoccupano perché il figlio piccolo ha sempre il naso tra le pagine di un libro e preferisce leggere che andare a giocare a pallone! E abbiamo tutti presente, perché l'abbiamo vista in qualche film (o... trovata in un libro), l'immagine del ragazzino che legge di nascosto con la pila sotto le coperte. In realtà, nutrirsi di narrazioni è importantissimo per imparare a leggere anche ciò che ci succede e, perché no, a prendere in mano, con un po' di immaginazione, il racconto del nostro tempo e della nostra vita.

Argentina si è trovata ancora giovanissima a fare una scelta sofferta. Una scelta tra la sicurezza e un sentimento impossibile, e da lì tutta la sua vita ha percorso una strada invece di un'altra. Le decisioni che si prendono e le esperienze che si fanno influenzano così tanto il futuro?

Credo di sì. Penso che anche le piccole decisioni, anche quando non ci facciamo attenzione, influenzino il futuro e non solo il nostro ma quello degli altri. È un pensiero che può fare paura, ma che ci dovrebbe spingere ad agire con responsabilità. Non dobbiamo sentirci bloccati, perché anche evitare di agire provoca delle conseguenze, e non è nemmeno il caso di farci prendere dall'ansia cercando di calcolare sempre nei minimi dettagli quali saranno gli effetti delle nostre azioni. Tuttavia, fare le cose con un po' di responsabilità non sarebbe una cattiva idea. Credo che la difficoltà maggiore consista nel realizzare che siamo responsabili verso il mondo e gli altri, ma anche nei confronti di noi stessi e della nostra felicità. Spesso le due cose entrano in conflitto e non è facile capire quale sia la cosa giusta da fare. Essere liberi può essere davvero complicato.

Il personaggio di Rocco e l'incontro con Argentina sono legati alle parole di una poesia di Puškin. È uno dei suoi poeti preferiti?

Amo molto la poesia e ci sono versi che hanno assunto un'importanza particolare in certi momenti della mia vita. Tra questi c'è la poesia che apre questo romanzo, che ha per me un grandissimo valore, anche se forse non metterei Puškin tra i miei poeti preferiti in assoluto (citerei piuttosto, una su tutti, Wisława Szymborska). Ma non è un caso che Puškin sia il poeta che ha tanto spazio nelle lettere di Argentina. Mentre scrivevo *Ogni giorno come fossi bambina*, infatti, mi è successa una cosa molto bella che ha un po' cambiato la mia vita.

Tra le mie letture ci sono sempre stati anche testi teatrali, fin dai tempi della scuola. Ma il teatro mi annoiava, forse perché avevo visto le cose sbagliate o frequentato i posti sbagliati. Un giorno sono andata a vedere uno spettacolo a Milano, *L'idiota* di Corrado Accordino, ispirato al grande romanzo di Dostoevskij, e improvvisamente ho avuto una specie di illuminazione. Oltre alla lettura, c'era un altro luogo fantastico dove nutrire la mia immaginazione: il teatro! Un luogo dove altre persone provavano insieme a me le stesse intense emozioni, e per di più dove attori, autori e pubblico potevano incontrarsi e parlare, tenendo vive quelle stesse sensazioni. Come avevo fatto a perdermi tanta magia fino a quel momento? Rileggendo *L'idiota* di Dostoevskij sull'onda dell'entusiasmo per lo spettacolo, poi, vi ho trovato citati i versi di Puškin che parlavano proprio di quel sentimento di rinascita e di voglia di assoluto che stavo provando io in quel periodo e che rivivevo attraverso la protagonista del romanzo che stavo scrivendo. E così all'improvviso sono stata certa che per Argentina e Rocco non poteva esserci poeta migliore di Puškin per condividere le loro emozioni.

Argentina sente ancora forte il ricordo delle sue origini, del paese in cui è cresciuta, delle atmosfere che hanno accompagnato i suoi anni più spensierati. Lei crede che sia importante da dove si proviene?

I luoghi della nostra infanzia e le nostre origini ci accompagnano sempre, dovunque andiamo, anche quando cerchiamo di prendere le distanze dal nostro passato. Gli odori, la luce, i suoni, i paesaggi si imprimono in noi come marchi, formano la nostra identità. Questo non significa che non possiamo cambiare, diventare altro, vivere altrove, imparare cose nuove, nuove lingue e affezionarci ad altri posti. Anzi. Ma non possiamo rinnegare ciò che siamo. Io sono nata in Liguria, a Savona, e lì ho vissuto tutta l'infanzia e l'adolescenza. La vita adulta, invece, me la sono costruita altrove, a Monza e Milano, in un ambiente completamente diverso sebbene piuttosto vicino. Il distacco dai miei luoghi d'origine mi è servito moltissimo per poterli apprezzare meglio e per poter capire meglio me stessa. Andare via da un posto per iniziare una nuova vita da un'altra parte è un'esperienza importante per la crescita. È come cercare di assumere un altro punto di vista, mettersi nei panni degli altri, guardarsi da fuori, stare sul limite per capire il dentro e il fuori delle cose.

Le due protagoniste partono insieme per un viaggio che sarà molto più che un semplice spostamento da un luogo a un altro. Sarà motivo di crescita per entrambe. Che significato ha per lei viaggiare?

Con il viaggio ho un rapporto molto strano. Adoro l'idea del viaggio, ma ogni volta che parto mi sembra di inseguire qualcosa che non posso raggiungere, come se volessi acchiappare l'orizzonte, e resto quasi sempre insoddisfatta. Il viaggio è la forma fisica e palpabile del desiderio. Alla fine voglio tornare a casa e sono sempre felicissima di ritrovare le mie cose, i miei libri, le mie stanze, le mie piccole abitudini. La parte del viaggio che mi piace di più è la preparazione: guardare le mappe, sognare i posti, cercare informazioni, leggere, immaginare percorsi e itinerari... Poi però sono una pessima viaggiatrice, mai rilassata, sempre in ansia. Mio marito si è quasi rassegnato all'idea che fare una vacanza con me sia quasi impossibile. In realtà, per me viaggio e vacanza (nel senso di riposo, svago, stacco dal lavoro) non sono la stessa cosa. Forse a causa del lavoro che faccio, vivo il viaggio come un momento intenso, che non mi allontana dalle cose di tutti i giorni ma mi ci porta proprio nel mezzo e mi coinvolge totalmente. Dovrei viaggiare da sola. Ma ho paura di lasciarmi prendere dalla mia voglia di andare e temo che se partissi, potrei non riuscire più a tornare indietro.

Lei ha scritto testi per la televisione e per il teatro. In cosa questi linguaggi sono diversi da quello dei romanzi?

Televisione, teatro e romanzo hanno linguaggi molto diversi, ma anche molto diverso è stato il mio approccio nei confronti di ciascuno di essi. Ho lavorato in televisione quando ero giovanissima: scrivevo un programma di medicina e salute con un gruppo di autori. Per me, che amavo la narrativa e volevo fare la scrittrice, quel lavoro era ciò che di più lontano si potesse immaginare dalla scrittura. Quanto mi sbagliavo! Come in tutte le cose, adesso, con il senno di poi, rivivrei l'esperienza in modo molto diverso. Grazie a colleghi più esperti, gente che il linguaggio televisivo lo conosceva, ho imparato a semplificare (che non è banalizzare), a porre le domande giuste, a sbrigarmi, a concludere e rendere il massimo nel poco tempo a disposizione.

Quando ho cominciato a scrivere racconti, e poi romanzi, ho trovato la mia dimensione. Il tempo della narrazione scorre piano e lascia al linguaggio la possibilità di emergere, di farsi sentire, di costruire il mondo di parole che vive nella testa dell'autore e preme per venir fuori. Scrivere un romanzo è come liberare qualcosa di sé dal profondo, pur guidandolo con tecnica e consapevolezza.

Per il teatro il discorso è ancora diverso. Il teatro è fatto da altri: persone che ammiro moltissimo, che sanno far vivere le parole attraverso il corpo e la voce e sanno creare una magia che mi riporta a quando ero bambina e restavo a bocca aperta davanti agli acrobati, agli illusionisti, ai meravigliosi spettacoli della natura. Io adoro trovarmi tra il pubblico e in teatro quello è il mio posto. Ma di recente ho avuto la fortuna di poter scrivere qualcosa «per» il teatro e questo «per» mi piace moltissimo, perché mette insieme quello che è la mia vita, la scrittura, con l'arte e la vita di altre persone, persone bellissime, attori e registi, che danno al testo qualcosa che prima non c'era. Dal punto di vista del linguaggio questo significa per me lavorare per sottrazione: immaginare una storia e poi togliere tutto il superfluo, lasciando solo l'essenziale, far spazio agli altri, permettere a chi ci metterà mani e voce di sorprendermi e farmi rivivere quella magia.

È già al lavoro su un nuovo libro?

Io sono sempre al lavoro su un libro, non potrei mai stare senza scrittura, e spesso tengo aperte più cose contemporaneamente. In questo momento sono alle prese, tra le altre cose, con un romanzo che mi sta toccando molto nel profondo. Si tratta della storia di una madre e di sua figlia adolescente e, benché non vi sia nulla di autobiografico, il fatto che la mia figlia più grande stia per entrare in quell'età non è un dettaglio da poco. Non posso dire di più, perché sono ancora in quella fase in cui tutto il mondo del romanzo appartiene a me ed esclusivamente a me: prima della fine lasciarvi entrare qualcuno è molto, molto difficile. Però non vedo l'ora di parlarne e poter finalmente condividere i miei pensieri con i lettori, consapevole che chi legge un romanzo ha molte cose da dire e, come il migliore degli attori, ha molte emozioni da darmi indietro. Per me il commento di un lettore, dal primo (che di solito è mio marito) allo sconosciuto che mi scrive, è il più bello dei regali.

Finito di stampare nel mese di gennaio 2015
da Grafica Veneta s.p.a., Trebaseleghe (PD)